일본어 구어역 요한묵시록의 언어학적 분석 II

일본어 구어역 요한묵시록의 언어학적 분석 II

A Linguistic Anlaysis of
the Colloquial Japanese Version
of Revelation to John II

이성규·임진영

도서출판 시간의물레

머리말

　본 저서는 일본어 구어역(口語訳) 신약성서(新約聖書)의 요한묵시록(ヨハネの黙示録) 제4장에서 제7장까지를 언어자료로 삼아, 일본어학적 관점에서 그곳에 사용된 다양한 언어 소재를 분석함으로써 통상 일본어학이나 일본어교육에서 주제로 삼지 않거나 지면이 제약되어 있는 어휘, 문형, 문법, 경어법까지 연구 대상에 포함하여 검토하는 것을 목적으로 한다.

　일본어 성서에는 (1)日本聖書協会(1954)『聖書』日本聖書協会. (2)日本聖書協会(1978)『新約聖書』共同訳 日本聖書協会. (3)新改訳聖書刊行会(1970)『新改訳聖書』日本聖書刊行会. (4)日本聖書協会(1987)『聖書』(新共同訳) 日本聖書協会. (5)新約聖書翻訳委員会(1995)『岩波翻訳委員会訳』岩波書店. (6)回復訳編集部(2009)『オンライン聖書 回復訳』http://www.recoveryversion.jp/ 등의 소위 협회본(協会本) 및 (7)前田護郎(1983)『新約聖書』中央公論社. (8)柳生直行(1985)『新約聖書』新教出版社. (9)尾山令仁(2001)『現代訳聖書』現代訳聖書刊行会. (10)高橋照男・私家版(2003)『塚本虎二訳 新約聖書・電子版03版』. (11)高橋照男編(2004)『BbB - BIBLE by Bible 聖書で聖書を読む』http://bbbible.com/ 등의 개인번역본이 있다.

　『구어역성서(口語訳聖書)』는 제2차 세계대전 이후 개신교 신자들이 결성한 일본성서협회(日本聖書協会)가 히브리어의 구약성서와 그리스어의 신약성서를 처음으로 일본어 구어체(口語体)로 발행한 성서이다.

메이지(明治) 이후 일본에서는 선교사 등의 기독교 신자 등이 성서를 문어체(文語体) 일본어로 번역한「문어역성서(文語訳聖書)」를 발행했지만, 제2차 세계대전 이후에는 구어체 즉 현대어에 의한 일본어 번역이 뒤를 이었다. 그 중에서도「구어성서(口語聖書)」「구어역성서(口語訳聖書)」혹은 성서에 관해 단순히「구어역(口語訳)」이라고 하면, 제일 먼저 가리키는 것이「구어역성서(口語訳聖書)」이다. 신약성서는 1954년에, 구약성서는 1955년에 완성되는데, 제이외전(第二外典)은 포함되어 있지 않다.[1]

구어역 성서는 문어역 성서보다 이해하기 쉬워졌다고 하는 호평도 있지만, 한편으로 독자에 대한 호소력이나 논리적 명쾌성, 나아가 문장으로서의 기품 그리고 특히 문체(文体)에 관해서는 악평도 존재한다. 그밖에 인칭대명사를 부자연스럽게 통일시킨 점, 대우표현에 있어서의 일관성도 지적되고 있다. 그러나 다른 한편으로 영어 성서 [Revised Standard Version]에 기초하여 번역했다는 점에서 성서 번역의 질적 향상에 크게 기여했다고 긍정적인 평가를 내리는 주장도 있다.

구어역 신약성서에서는 일본어의 고유어와 한어가 다양하게 사용되고 있는데, 그 의미·용법에 있어서는 현대어와 일치하는 것도 있지만 그 중에는 고전어적인 어감을 살린 예도 존재한다.

구어역은 현대어역이기 때문에 그곳에 사용된 문형이나 문법 사항은 대체적으로 현대어와 일치하지만, 구어역에서만 사용되고 있는 예도 산견된다. 특히 조사, 부사, 지시사, 접속사, 조동사, 추론을 나타내는 형식, 연어, 접사 어류에 관해서는 졸자가 기 집필한 도서나 관련 서적 그리고 인터넷 검색 등을 통해 다양한 용례를 인용하여 향후 이를 일본어교육에도 원용할 수 있게끔 하였다.

특히 성서에서는 구어역(口語訳)에 국한되지 않고 높여야 할 대상 즉 경의

---

1) 出典: フリー百科事典『ウィキペディア(Wikipedia)』
   https://ja.wikipedia.org/wiki/%E5%8F%A3%E8%AA%9E%E8%A8%B3%E8%81%96%E6%9B%B8에서 인용하여 일부 번역함.

주체[하나님·예수]가 존재하고 있기 때문에 복수의 존경어 형식이 사용되고 있다. 또한 구어역 성서에서는 동작이나 작용을 분석적으로 표현하기 위해 일반 사전에 탑재되지 않는 복합동사를 포함하여 다양한 유형의 복합동사가 등장하고 있다. 일본어 성서를 적확히 이해하기 위해서는 이들 일본어 복합동사의 의미·용법을 상세히 검토할 필요가 있다.

연구의 최종 결과물은 한국어 번역이란 모습으로 제시되겠지만, 일본어 성서의 한국어 번역이란 점에서 기존의 한국어 성서와는 입장과 서술 내용이 다르기 때문에 색다른 언어 경관이 전개될 것으로 예상된다. 일본어 자료에 기초한 언어학적 관점에서의 결과이기에 접속사나 부사 등에 있어서 동어 반복이나 용장감 등으로 인하여 다소 어색하거나 부자연스러운 면이 있더라도 가능한 한 의역을 피하고 축어역(逐語訳)하는 방식으로 진행했다.

일본과 한국에서는 여러 유형의 성서가 발간되어 있는데, 이들 성서를 대조언어학적 관점에서 조감하여 양자 간의 유사성과 차이점을 살펴보고 의미 있는 내용에 관해서는 번역 단계에서 적극 반영했다.

『요한묵시록(ヨハネの黙示録)』는 묵시문학이라는 특성상 언어학적 입장에서만 본문을 비판하기에는 난해한 부분이 적지 않았기에, 성서학적 입장에서의 해석도 요구된다. 이에 관해서는 フランシスコ会聖書研究所(1984)의 『新約聖書』의 해설 및 주, 그리고 高橋照男編(2004)의 『BbB - BIBLE by Bible 聖書で聖書を読む』를 상당 부분 참고했다.

본서의 제4장과 제5장은 이성규가, 제6장과 제7장은 공저자인 임진영이 분담하여 집필했다. 일본어 성서에 관해서는 성서학적 입장에서 이본과의 비교 연구도 축적되어 있지만, 어휘와 표현과 같은 언어학적 분석은 본 서의 자매편인 『일본어 구어역 마가복음의 언어학적 분석』과 『일본어 구어역 요한복음의 언어학적 분석』이 아마도 최초라고 사려된다. 『일본어 구어역 요한묵시록 언어학적 분석Ⅱ』부터는 일본어 어휘 연구에서 일련의 성과를 제출하고 있는 임진영 박사와 공동 연구를 진행하기로 했다. 그 이유는 저자 이성규도 정년을 얼마 남기고 있지 않아, 일본어 성서의 언어학적 연구라는 과제를 지도 학생인 임진영 박사가 책임지고 마무리해 주기를 간절히 바라는 마음에서이다.

그리고 본서에 앞서 출판된 『일본어 구어역 마가복음의 언어학적 분석Ⅰ』(2018.10)·『일본어 구어역 마가복음의 언어학적 분석Ⅱ』(2019.04)·『일본어 구어역 마가복음의 언어학적 분석Ⅲ』(2019.10)·『일본어 구어역 마가복음의 언어학적 분석Ⅳ』(2020.04)·『일본어 구어역 요한복음의 언어학적 분석Ⅰ』(2021.3)·『일본어 구어역 요한복음의 언어학적 분석Ⅱ』(2021.5)·『일본어 구어역 요한복음의 언어학적 분석Ⅲ』(2021.10)에서 다룬 내용과 반복이 되지 않도록 노력했지만, 본문 해석을 위해 필요한 경우에는 예외로 한다.

2022년 4월
李成圭·任鎭永

[범례(凡例)]

1. 본 저서는 日本聖書協会(1954)에서 간행한 『聖書』(口語訳)[pp.(新)1-(新)409]을 저본(底本)을 하되, 표기에 있어서는 일본어학 및 일본어교육의 편익을 도모하고자 본문 비판을 행하고 「平仮名」로 되어 있는 원문을 다수 「漢字」로 바꾸었다.
2. 저본에서 장절(章節)로 구성되어 있는 본문을 フランシスコ会聖書研究所(1984)에서 간행한 『新約聖書』에 따라 단락 구분을 해 두었다.
3. 인명과 지명 등의 고유명사의 한글 표기에 관해서는 대한성서공회(2001)에서 간행한 『표준새번역 성경』에 따른다.

目次

머리말 / 4
ヨハネの黙示録(もくしろく) / 12

> ## 第二部(だいにぶ) 予言(よげん)の幻(まぼろし)
> [예언의 환상](4:1~22)

第一項(だいいっこう) この世(よ)について
[이 세상에 관해](4:1~4:12)

ヨハネの黙示録(もくしろく) 第4章 / 17

〔11〕天(てん)の玉座(ぎょくざ) 하늘의 옥좌 ················ 18
　　ヨハネの黙示録 4:1 - 4:11

　　ヨハネの黙示 4:1 - 4:11 ························ 18
　　序言(じょげん) 서언

　　ヨハネの黙示 4:2 - 4:5 ························ 25
　　天(てん)における玉座(ぎょくざ) 하늘에 있어서의 옥좌

　　ヨハネの黙示 4:6 - 4:8 ························ 36
　　四(よっ)つの活物(いきもの) 네 생물

　　ヨハネの黙示 4:9 - 4:11 ························ 52
　　二十四人(にじゅうよにん)の長老(ちょうろう)の賛美(さんび)
　　24명의 장로의 찬미

ヨハネの黙示録(もくしろく)　第5章 / 67

〚 12 〛 巻(ま)き物(もの)と小羊(こひつじ) 두루마리와 어린 양 ·················· 68
　　ヨハネの黙示録 5:1 – 5:14

　　　ヨハネの黙示 5:1 – 5:5 ·· 68
　　　七(なな)つの封印(ふういん)ある巻(ま)き物(もの) 7개 봉인이 있는 두루마리

　　　ヨハネの黙示 5:6 – 5:7 ·· 80
　　　仔羊(こひつじ)巻(ま)き物(もの)を受(う)く 어린 양 두루마리를 받다

　　　ヨハネの黙示 5:8 – 5:14 ··· 88
　　　新(あたら)しき讃美(さんび)の歌(うた) 새 찬미가

ヨハネの黙示録(もくしろく)　第6章 / 119

〚 13 〛 小羊(こひつじ)、巻(ま)き物(もの)の封印(ふういん)を解(と)く ·············· 120
　　어린 양, 두루마리의 봉인을 풀다
　　ヨハネの黙示録 6:1 – 6:17

　　　ヨハネの黙示 6:1 – 6:2 ·· 120
　　　第一(だいいち)の封印(ふういん) ― 白馬(しろうま)〔勝利(しょうり)〕
　　　첫 번째 봉인 – 흰말〔승리〕

　　　ヨハネの黙示 6:3 – 6:4 ·· 130
　　　第二(だいに)の封印(ふういん) ― 赤馬(あかうま)〔戰争(せんそう)〕
　　　두 번째 봉인 – 빨간 말〔전쟁〕

ヨハネの黙示 6:7 - 6:8 ·· 145
第四(だいよん)の封印(ふういん) ─ 青馬(あおうま)〔死(し)〕
네 번째 봉인 - 파란 말〔죽음〕

ヨハネの黙示 6:9 - 6:11 ··· 152
第五(だいご)の封印(ふういん) ─ 殉教(じゅんきょう)
다섯 번째 봉인 - 순교

ヨハネの黙示 6:12 - 6:17 ··· 163
第六(だいろく)の封印(ふういん) ─ 地震(じしん)
여섯 번째 - 지진

ヨハネの黙示録(もくしろく)　第7章 / 197

〔14〕刻印(こくいん)を押(お)されたイスラエルの十二(じゅうに)族(ぞく) ········ 198
　　각인이 찍힌 이스라엘의 12지파
　　ヨハネの黙示録 7:1 - 7:8

　　ヨハネの黙示 7:1 - 7:8 ·· 198
　　十四万四千人(じゅうよんまんよんせんにん)印(いん)せらる
　　　　─ 戦闘(せんとう)の教会(きょうかい)
　　14만 4천 명 도장이 찍히다 - 전투의 교회

〔15〕国々(くにぐに)の民(たみ) 여러 나라의 백성 ······························ 217
　　ヨハネの黙示録 7:9 - 7:17

　　ヨハネの黙示 7:9 - 7:17 ··· 217
　　贖(あがな)われし大群衆(だいぐんしゅう) ─ 勝利(しょうり)の教会(きょうかい)
　　속죄 받은 많은 군중 - 승리의 교회

■ 색인 ··· 252
■ 참고문헌 일람 ·· 256

ヨハネの黙示録(もくしろく)

　フランシスコ会聖書研究所(1984) 『ヨハネの黙示録』 해설에서는 『요한묵시록』의 성격을 다음과 같이 규정하고 있다.
　『요한묵시록』, 즉 요한에게 주어진 묵시서는 신약성서 나아가서는 성서 전체 중에서 마지막 서책뿐만 아니라 신약성서 중에서 유일의 예언서이다. 그 상징과 우화적인 표현은 신약의 어느 서책보다도 구약성서, 특히 예언서, 그것도 에스겔, 스가랴, 다니엘 각 서에 의한 바가 많다.
　기독교의 신앙 때문에 에베소에서 그다지 멀지 않은 소아시아의 근해에 있는 밧모 섬에 유폐되어 있었던 저자는 자신을 요한이라고 말하고 있다(1:1, 1:4, 1:9, 22:8). 이 요한은 일찍부터 제4복음서(요한복음서) 및 3통의 요한의 편지(요한1서, 요한2서, 요한3서)의 저자 사도 요한이라고 되어 있다. 이 점은 그다지 확실하지는 않지만, 전술한 각 서 사이에 밀접한 관계가 있는 것은 확실하다.
　본서는 주(主)인 예수 그리스도를 믿는 신앙으로 인해 격하게 박해받고 있는 기독교도들에게 용기를 북돋우기 위해 쓰였다. 이 박해가 로마제국 당국에 의한 것이었던 것은 본서 전체에서 알 수 있다. 음부(淫婦) 바빌론은 7개 언덕 위에 있는 이교의 도읍 로마를 상징하고(17:9), 6백6십6의 숫자로 나타나는 짐승은, 통상 최초의 강력한 박해자 네로 황제를 의미하는 것으로 되어 있다(13:18).[17:10]에서 본서가 또 한 명의 도미티아누스 황제의 치세(81-96년) 기간에 쓰였을 것이라는 점을 알 수 있다. 저자가 주로 의도한 것은 독자에게 희망과 격려를 해 주고, 이런 박해의 시대에서도 그 신앙에 머무르도록 권하는 점이었다. 이와 같은 배경을 고려해야만 본서를 바르게 이해할 수 있다.

  그리고 상징적인 묘사는 현실적으로 그려내거나 상상할 수 있는, 문자 그대로의 묘사로 해석해서는 안 된다. 따라서 주 그리스도가 7개의 뿔과 7개의 눈이 있는 어린양(5:6)으로 그려지고 있어도 거기에서 상징되고 있는 것은 그리스도의 보편적인 힘과 지혜이다. 즉, 「뿔」이 힘을, 「눈」(「전 세계에 보내진 하나님의 영」이라고 설명되었다)이 지혜를 상징하고, 각각의 수 「7」은 「완전(完全)」 혹은 「완성」을 의미한다. 숫자의 「6」은 불완전(7에 1개 부족하다)을 의미한다. 따라서 짐승의 수는 「6」을 세 번 반복한 「6백6십6」이다. 숫자의 「4」는 세계, 또는 모든 피조물을 의미하고, 한편 「천(千)」은 무한을 의미한다. 완전수 「7」은 종종 「4」와 「3」으로 나누어지고, 양쪽의 수를 곱해서 또 하나의 완전수 「12」가 만들어진다. 「12」의 2배인 「24」는 하늘의 장로들(4:4)의 수이다. 12에 1천을 곱한 1만2천에, 거기에 12를 곱한 「14만4천」은, [7:4]에 나오는 하나님의 종의 총수를 상징한다. 그밖에 색을 상징적으로 사용하는 것도 묵시문학에서의 중요한 특징의 하나이다(6:2, 6:4, 6:5, 6:8 참조).

  본서는 일련의 환영으로 구성되어 있다. 먼저 에베소를 중심으로 하는, 7개 교회에 보내는 7개의 편지 구술(口述)으로 시작되어(1장~3장), 하나님의 옥좌 주위에서 행해지는, 하늘에 있어서의 예배의 묘사가 이어지고 나서, 하늘에서 계속해서 계시가 주어지지만, 통상 이것은 7명의 천사를 통해 이루어진다(4~16장). 다음에 바벨론과 이교도의 나라들의 멸망에 관한 묘사가 계속되고, 최후의 심판으로 맺는다(18~20장). 마지막으로 본서는 「도살된 어린양」 - 본서 전체를 통해, 십자가에 매달려 부활한 주 예수는 이렇게 그려진다 - 이 승리를 거둘 때 나타나는 새로운 하늘, 새로운 땅과 새로운 예루살렘의 멋진 묘사를 한다. 본서는 이 계시를 요한에게 준 분, 즉 영광 속에 계시는 주 예수의 말 「그렇다, 나는 곧 온다」와 모든 독자를 대신해서 이에 대답하는 요한의 말, 「아멘, 주 예수여, 오십시오」로 끝난다[2].

---

2) 이상은 フランシスコ会聖書研究所(1984) 『新約聖書』 サンパウロ. pp.906-908에 의함.

第二部(だいにぶ)　予言(よげん)の幻(まぼろし)
[예언의 환상](4:1~22)

第一項(だいいっこう)　この世(よ)について
[이 세상에 관해](4:1~4:12)

ヨハネの黙示録(もくしろく) 第4章

〖11〗 **天(てん)の玉座(ぎょくざ)** 하늘의 옥좌
　　　[ヨハネの黙示録 4:1 – 4:11]

ヨハネの黙示 4:1 – 4:11
序言(じょげん) 서언

> [1]その後(のち)、わたしが見(み)ていると、見(み)よ、[2]開(ひら)いた門(もん)が天(てん)にあった。そして、先(さき)にラッパのような声(こえ)でわたしに呼(よ)びかけるのを聞(き)いた[3]初(はじ)めの声(こえ)が、「ここに上(のぼ)ってきなさい。[4]そうしたら、これから後(のち)に起(お)こるべきことを、[5]見(み)せてあげよう」と言(い)った。[ヨハネの黙示録 4:1]
> (그 후 내가 보고 있으니, 보아라, 열린 문이 하늘에 있었다. 그리고 전에 나팔과 같은 소리로 내게 말을 거는 것을 들은 처음 소리가 "여기에 올라오너라. 그러면 이제부터 나중에 일어나야 할 것을 보여 주겠다."라고 말했다.) [4:1]

[1] その後(のち)、わたしが見(み)ていると、: 그 후 내가 보고 있으니,

「その後(のち)、」는「그 후」의 뜻으로 이때의「その」는 문맥지시의 용법으로 쓰이고 있다. 번역본에 따라서는 [新改訳1970]・[前田訳1978]・[フランシスコ会訳1984]・[新共同訳1987]에서는「その後(のち)」가, [塚本訳1963]에서는「この(異象(いしょう)の)後(あと)で」가, [岩波翻訳委員会訳1995]에서는「この後(のち)に」와 같이 이동을 보인다.

　[例]この後(のち)、イエスは弟子(でし)たちとユダヤの地(ち)に行(い)き、彼(かれ)らと一緒(いっしょ)にそこに滞在(たいざい)して、バプテスマを授(さず)けておられた。[ヨハネによる福音書 3:22]
　　(이후, 예수께서는 제자들과 유대 지방에 가서, 그들과 함께 거기에 체재하며 세례

를 주고 계셨다.) [요한복음 3:22]

その後(のち)、イエスは十一弟子(じゅうにでし)が食卓(しょくたく)に着(つ)いている所(ところ)に現(あらわ)れ、彼(かれ)らの不信仰(ふしんこう)と、心(こころ)の頑(かたく)ななことをお責(せ)めになった。彼(かれ)らは、甦(よみがえ)られたイエスを見(み)た人々(ひとびと)の言(い)うことを、信(しん)じなかったからである。[マルコによる福音書 16:14]
(그 후 예수께서는 12제자가 식탁에 앉아 있는 곳에 나타나서 그들이 믿음이 없고 마음이 완고한 것을 책망하셨다. 그들이 부활하신 예수님을 본 사람들이 하는 말을 믿지 않았기 때문이다.) [마가복음 16:14]

その後(のち)、主(しゅ)は別(べつ)に七十二人(しちじゅうににん)を選(えら)び、行(い)こうとしておられたすべての町(まち)や村(むら)へ、二人(ふたり)ずつ先(さき)にお遣(つか)わしになった。[ルカによる福音書 10:1]
(그 후, 주께서는 달리 72명을 선택하여 가려고 하신 모든 도시나 마을에 두 사람씩 먼저 보내셨다.) [누가복음 10:1]

その後(のち)、イエスは、その母(はは)、兄弟(きょうだい)たち、弟子(でし)たちと一緒(いっしょ)に、カペナウムに下(くだ)って、幾日(いくにち)かそこにとどまられた。[ヨハネによる福音書 2:12]
(그 후, 예수께서는 어머니, 형제들, 제자들과 함께 가버나움에 내려가서 거기에 며칠 머무셨다.) [요한복음 2:12]

その後(のち)、イエスは宮(みや)でその人(ひと)に出会(であ)ったので、彼(かれ)に言(い)われた、「ごらん、あなたはよくなった。もう罪(つみ)を犯(おか)してはいけない。何(なに)かもっと悪(わる)いことが、あなたの身(み)に起(お)こるかも知(し)れないから」。[ヨハネによる福音書 5:14]
(그 후, 예수께서 성전에서 그 사람을 우연히 만나서, 그에게 말씀하셨다. "그것 봐라! 너는 좋아졌다. 이제 죄를 지어서는 안 된다. 무엇인가 더 나쁜 일이 네 신상에 일어날지도 모르니까.") [요한복음 5:14]

しかしその後(のち)、弟子(でし)たちのあいだにイエスが復活(ふっかつ)したとの信仰(しんこう)がうまれ、これを中心(ちゅうしん)にキリスト教(きょう)が成立(せいりつ)した。
　(그러나 그 후, 제자들 사이에 예수가 부활했다고 하는 신앙이 생겨나 이것을 중심으로 기독교가 성립했다.)

受付(うけつけ)で会(あ)えなければ、披露宴(ひろうえん)会場(かいじょう)でその方(かた)にビールを一杯(いっぱい)お注(つ)ぎしておきます。その後(のち)、平日(へいじつ)の空(あ)き時間(じかん)にでもあくまでも偶然(ぐうぜん)にという感(かん)じでお訪(たず)ねします。
(접수처에서 만나지 못하면 피로연 장소에서 그 분에게 맥주를 한 잔 따라 드립니다. 그 이후, 평일 빈 시간에라도 어디까지나 우연이라는 느낌으로 찾아뵙니다.)

[2] 開(ひら)いた門(もん)が天(てん)にあった。: 열린 문이 하늘에 있었다.
「開(ひら)いた門(もん)が天(てん)にあった」에 관해서는 다음과 같은 설명이 있다. 당시 사람들의 생각에 의하면, 하늘의 주거는 넓은 하늘의 물 위에 있고, 그 주거에는 문이 있었다. 일반에게는 아무도 이 문을 통해 하나님의 주거에 들어갈 수는 없다. 성서에서는 하나님의 출현을 나타내는 경우에,「天(てん)が開(ひら)ける」(하늘이 열리다)라는 표현을 종종 사용하고 있다[3].
이에 관해 타 번역본에서는 다음과 같이 서술하고 있다.

　[例] 天(てん)に(一(ひと)つの)開(ひら)いた門(もん)があった。[塚本訳1963]
　　　(하늘에 (하나의) 열린 문이 있었다.)

　　　天(てん)に一(ひと)つの開(ひら)いた門(もん)があった。[新改訳1970]
　　　(하늘에 하나의 열린 문이 있었다.)

　　　天(てん)で戸(と)が開(ひら)かれて、[前田訳1978]

---

3) ([에스겔 1:1], [마태복음 3:16]과 그 병행 개소, [요한복음 1:51], [사도행전 7:56, 10:11] 참조). 이상은 フランシスコ会聖書研究所(1984)『新約聖書』サンパウロ. p.921 주(4-1)에 의함.

(하늘에서 문이 열려,)

天(てん)には、開(ひら)いた門(もん)があり、[フランシスコ会訳1984]
(하늘에는 열린 문이 있고,)

開(ひら)かれた門(もん)が天(てん)にあった。[新共同訳1987]
(열린 문이 하늘에 있었다.)

すると開(ひら)かれた扉(とびら)が天上(てんじょう)にあるではないか。[岩波翻訳委員会訳1995]
(그러자 열린 문이 천상에 있지 않는가?)

[3] 初(はじ)めの声(こえ)が、: 처음 소리가,

[フランシスコ会聖書研究所(1984)『新約聖書』サンパウロ. p.921 주(4-1)]에 의하면, 「初(はじ)めての声(こえ)」(처음 소리)는 첫 번째 환영을 암시한다고 한다.

[4] そうしたら、これから後(のち)に起(お)るべきことを、: 그렇게 하면 이제부터 나중에 일어나야 할 것을

「そうしたら」는 지시 부사 「そう」(그렇게)에 「する」의 가정 표현인 「したら」가 결합되어 접속사화한 것이다.

  1. 전건(前件)을 가정하여 귀결을 나타내는 용법으로 쓰일 때는 한국어의 「그러면」, 「그때 가서는」에 해당하는 뜻을 나타낸다.

  [例] そこで、イエスは彼(かれ)らに言(い)われた、「一(ひと)つだけ尋(たず)ねよう。それに答(こた)えてほしい。そうしたら、何(なん)の権威(けんい)によって、わたしがこれらの事(こと)をするのか、あなたがたに言(い)おう。[マルコによる福音書 11:29]
  (그래서 예수께서 그들에게 말씀하셨다. "한 가지만 물어보겠다. 그것에 대답해 주

기를 바란다. 그러면 무슨 권위에 의해 내가 이러한 일들을 하는지 너희에게 말하겠다.) [마가복음 11:29]

これらのことを彼(かれ)らに話(はな)しておられると、そこに一人(ひとり)の会堂司(かいどうづかさ)が来(き)て、イエスを拝(はい)して言(い)った、「わたしの娘(むすめ)がただ今(いま)死(し)にました。しかしおいでになって手(て)をその上(うえ)においてやって下(くだ)さい。そうしたら、娘(むすめ)は生(い)き返(かえ)るでしょう」。[マタイによる福音書 9:18]
(이러한 일을 그들에게 이야기하고 계실 때, 거기에 지도자 한 사람이 와서, 예수께 엎드려 절하며 말했다. "제 딸이 방금 죽었습니다. 그러나 오셔서 손을 그 위에 얹어 주십시오. 그러면 딸은 살아날 것입니다.") [마태복음 9:18]

「そうよ、先生(せんせい)、春(はる)はすぐ来(く)るわ。そうしたら、きっと、おばあさまもいらっしゃるわね。」
("그래요. 선생님, 봄이 곧 와요. 그러면, 틀림없이 할머님도 오세요.")

そうしたら、せっかく手(て)に入(い)れた幸(しあわ)せを十分(じゅうぶん)に楽(たの)しむことができないですよ。どうかお幸(しあわ)せに。
(그렇게 하면 모처럼 손에 넣은 행복을 충분히 즐길 수 없어요. 부디 행복하시기를 빕니다.)

 2. 「そうしたら」는 전건(前件)이 계기가 되어 후건(後件)이 발생하는 용법으로 쓰일 때는 한국어의 「그랬더니」, 「그렇게 한 즉」에 상당하는 뜻을 나타낸다.

[例] 一時間目(いちじかんめ)の授業(じゅぎょう)が終(お)わると、食堂(しょくどう)でうどんを食(た)べた。そうしたら、急(きゅう)に煙草(たばこ)が吸(す)いたくなり、トイレに入(はい)った。
(1교시 수업이 끝나자 식당에서 우동을 먹었다. 그랬더니, 갑자기 담배가 피우고 싶어져서 화장실에 갔다.)[4]

---

4) [マルコによる福音書 11:29]의 설명에서 인용.

그리고 [フランシスコ会聖書研究所(1984)『新約聖書』サンパウロ. p.921 주 (4-1)]에 따르면, 「これから後(のち)に起(お)るべきこと」는 [1:19]에서 약속된 대로 요한은 7개의 편지(2~3장)로, 「지금 있는 것」을 나타냈지만, 4장 이하에 있어서는 교회나 세계의 미래에 관한 하나님의 계획을 나타낸다고 한다.

[5] 見(み)せてあげよう : 보여 주겠다

수수표현 「~てやる」계열에는 정중어에서 보통어로 이행 중인 「~てあげる」와 겸양어 I 인 「~て差(さ)し上(あ)げる」가 있는데, 본 절의 「見(み)せてあげよう」는 「見(み)せる」에 수수표현 「~てあげる」가 접속하고, 그 전체에 화자의 의지를 나타내는 조동사 「~よう」가 후접한 것이다.

> [例] すべて重荷(おもに)を負(お)うて苦労(くろう)している者(もの)は、わたしのもとにきなさい。あなたがたを休(やす)ませてあげよう。[マタイによる福音書 11:28]
> (무거운 짐을 지고 고생하는 사람은 모두 내게로 오너라. 내가 너희를 쉬게 하겠다.) [마태복음 11:28]
>
> わたしの名(な)によって願(ねが)うことは、何(なん)でも叶(かな)えてあげよう。父(ちち)が子(こ)によって栄光(えいこう)をお受(う)けになるためである。[ヨハネによる福音書 14:13]
> (내 이름으로 원하는 것은 무엇이든지 이루어 주겠다. 아버지께서 아들에 의해 영광을 받으시기 위해서이다.) [요한복음 14:13]
>
> 何事(なにごと)でもわたしの名(な)によって願(ねが)うならば、わたしはそれをかなえてあげよう。[ヨハネによる福音書 14:14]
> (무슨 일이든지 내 이름으로 원하면 나는 그것을 이루어 주겠다.) [요한복음 14:14]
>
> その日(ひ)には、あなたがたは、わたしの名(な)によって求(もと)めるであろう。わたしは、あなたがたのために父(ちち)に願(ねが)ってあげようとは言(い)うまい。[ヨハネによる福音書 16:26]

(그 날에는 너희는 내 이름으로 구할 것이다. 나는 너희를 위해 아버지께 부탁해 주겠다고는 말하지 않겠다.) [요한복음 16:26]

東京(とうきょう)へ帰(かえ)ったら、真(ま)っ先(さき)に亜由美(あゆみ)のところへ行(い)ってあげよう。
(도쿄에 돌아가면 맨 먼저 아유미에게 가겠다.)

ヨハネの黙示 4:2 - 4:5
天(てん)における玉座(ぎょくざ)
하늘에 있어서의 옥좌

> すると、たちまち、わたしは御霊(みたま)に感(かん)じた。見(み)よ、[1]御座(みざ)が天(てん)に設(もう)けられており、[2]その御座(みざ)にいますかたがあった。[ヨハネの黙示録 4:2]
> (그러자 곧 나는 성령에 감동받았다. 보아라! 보좌가 하늘에 설치되어 있고, 그 보좌에 계신 분이 있었다.) [4:2]

[1] 御座(みざ)が天(てん)に設(もう)けられており、: 보좌가 하늘에 설치되어 있고. 「設(もう)けられており、」는 「設(もう)ける」의 수동 「設(もう)けられる」에 「~ている」의 연용 중지법인 「~ており、」가 접속된 것이다.

이 부분에 대해 타 번역본에서는 다음과 같이 묘사하고 있다.

[例] 天(てん)に玉座(ぎょくざ)があった。[塚本訳1963]
(하늘에 옥좌가 있었다.)

天(てん)に一(ひと)つの御座(みざ)があり、[新改訳1970]
(하늘에 보좌가 하나 있고,)

天(てん)に王座(おうざ)が置(お)かれていて、[前田訳1978]
(하늘에 옥좌가 놓여 있고,)

天(てん)に一(ひと)つの玉座(ぎょくざ)が儲(もう)けられており、[フランシスコ会訳1984]
(하늘에 옥좌가 하나 설치되어 있고,)

天(てん)に玉座(ぎょくざ)が設(もう)けられていて、[新共同訳1987]

(하늘에 옥좌가 설치되어 있고,)

天(てん)に玉座(ぎょくざ)が据(す)えられていて、[岩波翻訳委員会訳1995]
(하늘에 옥좌가 설치되어 있고,)

[2] その御座(みざ)にいますかたがあった。: 그 보좌에 계신 분이 있었다. 「います【在す・坐す】」는 「いる」「ある」의 문어 존경어로, 현대어로는 「いらっしゃる」, 「おいでになる」에 해당하는데, 본 절에서는 연체형으로 후속명사 「かた」를 수식하고 있다.

이 부분을 타 번역본에서는 다음과 같이 기술하고 있다.

[例]そして玉座(ぎょくざ)の上(うえ)に坐(ざ)し給(たま)う者(もの)があって、[塚本訳1963]
(그리고 옥좌 위에 앉으신 자가 있어,)

王座(おうざ)に座(ざ)したもうものがある。[前田訳1978]
(옥좌에 앉으신 자가 있다.)

その座(ざ)に座(すわ)っているかたがおられた。[フランシスコ会訳1984]
(그 자리에 앉아 있는 분이 계셨다.)

その玉座(ぎょくざ)の上(うえ)に座(すわ)っている方(かた)がおられた。[新共同訳1987]
(그 옥좌 위에 앉아 있는 분이 계셨다.)

その御座(みざ)に着(つ)いている方(かた)があり、[新改訳1970]
(그 보좌에 앉아 있는 분이 있고,)

その玉座(ぎょくざ)に座(すわ)っている者(もの)がいた。[岩波翻訳委員会訳1995]
(그 옥좌에 앉아 있는 자가 있었다.)

[塚本訳1963]・[前田訳1978]에서는「座(ざ)したまう」와 같이 존경의「~たまう」가 쓰이고 있고, [フランシスコ会訳1984]・[新共同訳1987]에서는 문말에「おらあれる」의 과거「おられた」가 쓰이고 있고, [新改訳1970]・[岩波翻訳委員会訳1995]에서는 비경칭이 쓰이고 있다.

> その座(ざ)にいますかたは、碧玉(へきぎょく)や赤(あか)めのうのように見(み)え、また、御座(みざ)の周(まわ)りには、緑玉(りょくぎょく)のように見(み)える虹(にじ)が現(あらわ)れていた。[ヨハネの黙示録 4:3]
> (그 자리에 계신 분은 벽옥이나 홍옥처럼 보이고, 또 보좌 주위에는 에메랄드처럼 보이는 무지개가 나타나 있었다.) [4:3]

[フランシスコ会聖書研究所(1984)『新約聖書』サンパウロ. p.921 주(4-2)]에 의하면, 하나님은 영이고, 아무도 직접 또는 육안으로 볼 수는 없다고 한다. 그래서 여기에서는 하나님의 권능의 상징인「座(ざ)」(자리) 혹은 영광을 나타내는 보석「碧玉(へきぎょく)」(벽옥)・「赤(あか)めのう」(홍옥)・「緑玉(りょくぎょく)」(에메랄드)나「虹(にじ)」(무지개)로서 하나님의 모습을 그리고 있고 이 묘사는 [에스겔 1:26~28, 10:1]에 기초하고 있으며, [이사야 6장]을 참조하라고 설명하고 있다.

> [例] 彼(かれ)らの頭(あたま)の上(うえ)の大空(おおぞら)の上(うえ)に、サファイヤのような位(くらい)の形(かたち)があった。またその位(くらい)の形(かたち)の上(うえ)に、人(ひと)の姿(すがた)のような形(かたち)があった。[エゼキエル書 1:26]
> (그들의 머리 위에 있는 넓은 하늘 위에, 사파이어와 같은 보좌의 형태가 있었다. 그리고 그 보좌 형상 위에 사람의 모습과 같은 형상이 있었다.) [에스겔 1:26]
>
> そしてその腰(こし)とみえる所(ところ)の上(うえ)の方(ほう)に、火(ひ)の形(かたち)のような光(ひか)る青銅(せいどう)の色(いろ)のものが、これを囲

(かこ)んでいるのを見(み)た。わたしはその腰(こし)とみえる所(ところ)の下(した)の方(ほう)に、火(ひ)のようなものを見(み)た。そして彼(かれ)のまわりに輝(かがや)きがあった。[エゼキエル書 1:27]
(그리고 그의 허리처럼 보이는 곳의 위쪽에, 불의 형태와 같은 빛나는 청동색의 것이, 이 사람을 둘러싸고 있는 것을 보았다. 나는 그의 허리처럼 보이는 곳 아래쪽에, 불과 같은 것을 보았다. 그리고 그의 주위에 광채가 있었다.) [에스겔 1:27]

そのまわりにある輝(かがや)きのさまは、雨(あめ)の日(ひ)に雲(くも)に起(お)る<u>にじ</u>のようであった。主(しゅ)の栄光(えいこう)の形(かたち)のさまは、このようであった。わたしはこれを見(み)て、わたしの顔(かお)をふせたとき、語(かた)る者(もの)の声(こえ)を聞(き)いた。[エゼキエル書 1:28]
(그 주위에 있는 광채의 모양은, 비가 오는 날에, 구름에 발생하는 무지개와 같았다. 주의 영광이 나타난 모양은 이와 같았다. 나는 이것을 보고 내 얼굴을 땅에 숙였을 때, 이야기하는 이의 음성을 들었다.) [에스겔 1:28]

時(とき)にわたしは見(み)ていたが、見(み)よ、ケルビムの頭(あたま)の上(うえ)の大空(おおぞら)に、<u>サファイヤのようなものが王座(おうざ)の形(かたち)をして、その上(うえ)に現(あらわ)れた。</u>[エゼキエル書 10:1]
(그런데 내가 보고 있었는데, 보아라! 케루빔의 머리 위에 있는 넓은 하늘에 사파이어와 같은 것이 왕좌의 형상을 하고 그 위에 나타났다.) [에스겔 10:1]

また、御座(みざ)の周(まわ)りには二十四(にじゅうよん)の座(ざ)があって、[1] 二十四人(にじゅうよにん)の長老(ちょうろう)が[2]白(しろ)い衣(ころも)を身(み)にまとい、[3]頭(あたま)に金(きん)の冠(かんむり)をかぶって、それらの座(ざ)についていた。[ヨハネの黙示録 4:4]
(그리고 보좌 주위에는 24개의 자리가 있고 24명의 장로가 흰옷을 몸에 감고 머리에 금 면류관을 <u>쓰고</u> 그들 자리에 앉아 있었다.) [4:4]

[1] 二十四人(にじゅうよにん)の長老(ちょうろう)が : 24명의 장로가, [フランシスコ会聖書研究所(1984)『新約聖書』サンパウロ. p.921 주(4-3)]에 의하면, 「二十四(にじゅうよん)」은, 이 중의 12장로로 구 이스라엘의 12부족을 대표시키고, 다른 12장로로 신 이스라엘을 대표시키고 있다고 한다(마태복음 19:28 참조).

[例] イエスは彼(かれ)らに言(い)われた、「よく聞(き)いておくがよい。世(よ)が改(あらた)まって、人(ひと)の子(こ)がその栄光(えいこう)の座(ざ)につく時(とき)には、わたしに従(したが)ってきたあなたがたもまた、十二(じゅうに)の位(くらい)に座(ざ)してイスラエルの<u>十二(じゅうに)の部族(ぶぞく)</u>をさばくであろう。[マタイによる福音書 19:28]
(예수께서 그들에게 말씀하셨다. "잘 들어 두어라. 만물이 새롭게 되어, 인자가 그 영광의 보좌에 앉을 때는, 나를 따라온 너희도 또한 열두 보좌에 앉아 이스라엘의 열두 지파를 심판할 것이다.) [마태복음 19:28]

[2] 白(しろ)い衣(ころも)を身(み)にまとい、 : 흰옷을 몸에 감고,
「まとう[纏う]」는 본 절의 「白(しろ)い衣(ころも)を身(み)にまとい」(흰옷을 몸에 감고)나 「ドレスを身(み)にまとう」(드레스를 몸에 감다[걸치다])와 같이 타동사로 쓰이면 한국어의 「감다, 몸에 걸치다, 두르다, 입다」에 상당하는 뜻을 나타낸다.
「身(み)にまとい、」라는 표현은 요한묵시록에서 본 절의 [4:4]를 포함하여, [7:9], [15:6]와 같이 3회 등장한다.

[例] このヨハネは、<u>らくだの毛(け)ごろもを身(み)にまとい</u>、腰(こし)に皮(かわ)の帯(おび)をしめ、いなごと野(の)の蜜(みつ)とを食物(しょくもつ)としていた。[マルコによる福音書 1:6]
(이 요한은 낙타의 털옷을 입고, 허리에 가죽 띠를 띠고, 메뚜기와 들 꿀을 먹고 살았다.) [마가복음 1:6]

聖(せい)なる亜麻布(あまぬの)の服(ふく)を着(き)、亜麻布(あまぬの)のももひきをその身(み)にまとい、亜麻布(あまぬの)の帯(おび)をしめ、亜麻布(あまぬの)の帽子(ぼうし)をかぶらなければならない。[レビ記 16:4]
(거룩한 아마포로 만든 옷을 입고, 아마포로 만든 속옷을 입고, 아마포로 만든 허리띠를 매고, 아마포로 만든 모자를 써야 한다.) [레위기 16:4]

アハブはこれらの言葉(ことば)を聞(き)いた時(とき)、衣(ころも)を裂(さ)き、荒布(あらぬの)を身(み)にまとい、食(しょく)を断(た)ち、荒布(あらぬの)に伏(ふ)し、打(う)ちしおれて歩(ある)いた。[列王紀上 21:27]
(아합은 이 말을 들었을 때, 옷을 찢고 굵은 베옷을 몸에 걸치고 음식을 끊고, 굵은 베 위에 드러눕고 아주 풀이 죽어 다녔다.) [열왕기상 21:27]

わが民(たみ)の娘(むすめ)よ、荒布(あらぬの)を身(み)にまとい、灰(はい)の中(なか)にまろび、ひとり子(こ)を失(うしな)った時(とき)のように、悲(かな)しみ、いたく嘆(なげ)け。滅(ほろ)ぼす者(もの)が、にわかにわれわれを襲(おそ)うからだ。[エレミヤ書 6:26]
(나의 백성의 딸아, 굵은 베옷을 몸에 두르고, 잿더미 속에서 뒹굴어라. 외아들을 잃었을 때처럼 슬퍼하고 몹시 한탄하라. 멸망시키는 자가 갑자기 우리를 덮쳐 오기 때문이다.) [예레미야 6:26]

ヘシボンよ嘆(なげ)け、アイは滅(ほろ)ぼされた。ラバの娘(むすめ)たちよ呼(よ)ばわれ、荒布(あらぬの)を身(み)にまとい、悲(かな)しんで、まがきのうちを走(はし)りまわれ。ミルコムとその祭司(さいし)およびつかさが共(とも)に捕(とら)え移(うつ)されるからだ。[エレミヤ書 49:3]
(헤스본아, 통곡하여라. 아이 성이 멸망하였다. 랍바의 딸들아, 외치어라. 굵은 베옷을 몸에 걸치고 슬퍼하고, 바자울 안을 이리 뛰고 저리 뛰어라. 몰렉과 그 제사장 및 관리들이 함께 잡혀 끌려가기 때문이다.) [예레미야 49:3]

彼(かれ)らは荒布(あらぬの)を身(み)にまとい、恐(おそ)れが彼(かれ)らをおおい、すべての顔(かお)には恥(はじ)があらわれ、すべての頭(あたま)は髪(かみ)をそり落(お)とす。[エゼキエル書 7:18]

(그들은 굵은 베옷을 입고, 두려움이 그들을 덮고, 모든 얼굴에는 수치심이 드러나고, 모든 머리는 머리를 털을 깎아낸다.) [에스겔 7:18]

その時(とき)、海(うみ)の君(きみ)たちは皆(みな)その位(くらい)からおり、朝服(ちょうふく)を脱(ぬ)ぎ、縫(ぬ)い取(と)りの衣服(いふく)を取(と)り去(さ)り、恐(おそ)れを身(み)にまとい、地(ち)に座(ざ)して、いたく恐(おそ)れ、あなたの事(こと)を驚(おどろ)き、[エゼキエル書 26:16]
(그 때, 바다의 왕들이 모두 그들의 왕좌에서 내려오고, 조복을 벗고, 수놓은 옷들을 빼앗아 가고, 두려움을 몸에 걸치고 땅에 앉아서, 몹시 두려워하며 너 때문에 놀라고,) [에스겔 26:16]

[3] 頭(あたま)に金(きん)の冠(かんむり)をかぶって、: 머리에 금 면류관을 쓰고

「金(きん)の冠(かんむり)をかぶって、」는 「金(きん)の冠(かんむり)をかぶる」(금의 면류관을 쓰다)의 テ形으로 단순 연결의 용법으로 쓰이고 있다. 「~をかぶる」의 예를 살펴보면 다음과 같다.

[例] イエスはいばらの冠(かんむり)をかぶり、紫(むらさき)の上着(うわぎ)を着(き)たままで外(そと)へ出(で)られると、ピラトは彼(かれ)らに言(い)った、「見(み)よ、この人(ひと)だ」。[ヨハネによる福音書 19:5]
(예수께서 가시관을 쓰고, 자색 옷을 입은 채로 밖에 나오시자, 빌라도가 그들에게 말했다, "보아라! 이 사람이다.") [요한복음 19:5]

二十体(にじゅったい)のうち七体(ななたい)のみが王冠(おうかん)を被(かぶ)り、他(た)の人物(じんぶつ)はユダヤ民族(みんぞく)の縁(ふち)なし帽(ぼう)を被(かぶ)っている。
(20체 중에서 7체만이 왕관을 쓰고, 다른 인물은 유대민족의 테두리가 없는 모자를 쓰고 있다.)

彼(かれ)らに共通(きょうつう)する特徴(とくちょう)は、すべてが王冠(おうかん)を被(かぶ)り、権力(けんりょく)の象徴(しょうちょう)たる司教杖(しきょうじょう)を持(も)っていることである。

(그들에게 공통된 특징은 모두가 왕관을 쓰고, 권력의 상징인 사교장을 가지고 있는 점이다.)

ゼウスは頭部(とうぶ)にオリーヴの冠(かんむり)を被(かぶ)り、左手(ひだりて)に王笏(おうしゃく)、右手(みぎて)にニケ像(ぞう)を持(も)つ姿(すがた)で座(すわ)っていた。
(제우스는 두부에 올리브 관을 쓰고, 왼손에 왕홀을, 오른손에 니케상을 들고 있는 모습으로 앉아 있었다.)[5]

彼女(かのじょ)が指(ゆび)さす方(ほう)を見(み)ると、ビルの陰(かげ)に、登山帽(とざんぼう)を被(かぶ)った中年(ちゅうねん)の男(おとこ)が立(た)っていた。「あの人(ひと)は、さっき入(はい)った喫茶店(きっさてん)でも見(み)かけたわ」
(그녀가 손가락으로 가리키는 쪽을 보니, 건물 뒤에 등산모를 쓴 중년의 남자가 서 있었다. "저 사람은 아까 들어갔던 커피숍에서도 봤어.")

「かぶらせる」(씌우다)는 「かぶる」(쓰다)의 복타동사로 「~が~に~を被(かぶ)らせる」와 같이 쓰이는 3항 술어이다.

[例] そして、イエスに紫(むらさき)の衣(ころも)を着(き)せ、いばらの冠(かんむり)を編(あ)んでかぶらせ、[マルコによる福音書 15:17]
(그리고 예수에게 자주색 옷을 입히고, 가시관을 엮어서 씌우고,) [마가복음 15:17]

王妃(おうひ)ワシテに王妃(おうひ)の冠(かんむり)をかぶらせて王(おう)の前(まえ)にこさせよと言(い)った。これは彼女(かのじょ)が美(うつく)しかったので、その美(うつく)しさを民(たみ)らと大臣(だいじん)たちに見(み)せるためであった。[エステル記 1:11]
(왕비 와스디에게 왕비 왕관을 씌우고 왕 앞으로 오도록 말했다. 이것은 그녀가 아름다웠기에 그녀의 아름다움을 백성들과 대신들에게 보이기 위해서였다.) [에스더 1:11]

---

5) [ヨハネによる福音書 19:5]의 설명에서 인용.

外国(がいこく)では子供(こども)に紫外線(しがいせん)よけの帽子(ぼうし)をかぶらせるという。
(외국에서는 아이들에게 자외선 차단 모자를 씌운다고 한다.)

児童(じどう), 幼児(ようじ)に自転車用(じてんしゃよう)ヘルメットをかぶらせるように勤(つと)めなければならない。
(아동, 유아에게 자전거용 안전모를 씌우도록 노력해야 한다.)

[1]御座(みざ)からは、いなずまと、もろもろの声(こえ)と、雷鳴(らいめい)とが、発(はっ)していた。また、七(なな)つの灯(ともしび)が、御座(みざ)の前(まえ)で燃(も)えていた。これらは、神(かみ)の七(なな)つの霊(れい)である[6]。[ヨハネの黙示録 4:5]
(보좌로부터는 번개와 온갖 음성과 천둥이 울려나오고 있었다. 또 7개의 횃불이 보좌 앞에서 타고 있었다. 이것들은 하나님의 7개 영이다.) [4:5]

[1] 御座(みざ)からは、いなずまと、もろもろの声(こえ)と、雷鳴(らいめい)とが、発(はっ)していた。: 보좌로부터 번개와 온갖 음성과 천둥이 울려나오고 있었다.

「発(はっ)する」는 자동사 용법과 타동사 용법이 있는데, 본 절에서는 「いなずまと、もろもろの声(こえ)と、雷鳴(らいめい)とが、発(はっ)していた」(번개와 온갖 음성과 천둥이 울려나오고 있었다)와 같이 자동사로 쓰이고 있다.

이 부분을 타 번역본에서는 다음과 같이 기술하고 있다.

[例]そして、この座(ざ)からは、稲妻(いなずま)と雷(かみなり)のとどろきとが発(はっ)しており、[フランシスコ会訳1984]

---

6) 본 절의 내용에 관해서는 [8:5, 11:19, 16:18], [사무엘하 22:8~22:9], [욥기 37:14~37:18], [시편 77:17~77:18], [에스겔 4:2] 참조. 「七(なな)つの霊(れい)」에 관해서는 1:1 주(4-4) 참조. [フランシスコ会聖書研究所(1984) 『新約聖書』 サンパウロ. p.921 주(4-4)]에 의함.

(그리고 이 보좌로부터는 번개와 천둥소리의 울림이 울려나오고 있었다.)

そして玉座(ぎょくざ)からは、電光(でんこう)と、(鳴(な)り)轟(とどろ)く雷(かみなり)の)声(こえ)と、雷霆(らいてい)とが(絶(た)えず)出(で)ている。[塚本訳1963]
(그리고 옥좌로부터는 전광(번개)과 (크게 울려 퍼지는 천둥) 소리와 뇌정(심한 우레)이 (끊임없이) 나오고 있다.)

王座(おうざ)からいなずまとひびきと雷(かみなり)が出(で)る。[前田訳1978]
(왕좌로부터 번개와 울림과 천둥소리가 나온다.)

玉座(ぎょくざ)からは、稲妻(いなずま)、さまざまな音(おと)、雷(かみなり)が起(お)こった。[新共同訳1987]
(옥좌로부터는 번개, 각가지 소리, 천둥소리가 일어났다.)

御座(みざ)からいなずまと声(こえ)と雷鳴(らいめい)が起(こ)こった。[新改訳1970]
(보좌로부터 번개와 소리와 뇌명(천둥소리)이 일어났다.)

玉座(ぎょくざ)からは稲妻(いなずま)が閃(ひらめ)き、轟音(ごうおん)が聞(き)こえ、また雷(かみなり)の轟(とどろ)きがしていた。[岩波翻訳委員会訳1995]
(옥좌로부터는 번개가 번쩍이고, 굉음이 들리고, 또 천둥소리가 크게 울리는 소리가 나고 있었다.)

[2] もろもろの声(こえ)と、: 온갖 음성과,

「もろもろの声(こえ)」의 「もろもろ[諸々]」는 「多(おお)くのもの(많은 것)・さまざまなもの(다양한 것)・いろいろなもの(여러 가지)・多(おお)くの人(ひと)(많은 사람)」에 상당하는 뜻을 나타내는 딱딱한 말씨이다.

[例]彼女(かのじょ)は男(おとこ)の子(こ)を産(う)むであろう。その名(な)をイエ

スと名(な)づけなさい。彼(かれ)は、おのれの民(たみ)をそのもろもろの罪(つみ)から救(すく)う者(もの)となるからである」。[マタイによる福音書 1:21]
(그녀는 남자 아이를 낳을 것이다. 그 이름을 예수라고 하여라. 그는 자기 백성을 그들의 많은 죄에서 구원하는 사람이 되기 때문이다.") [마태복음 1:21]

そして、その名(な)によって罪(つみ)のゆるしを得(え)させる悔改(くいあらた)めが、エルサレムからはじまって、もろもろの国民(こくみん)に宣(の)べ伝(つた)えられる。[ルカによる福音書 24:47]
(그리고 그의 이름으로 죄의 사함을 얻게 하는 회개가 예루살렘으로부터 시작하여, 모든 백성에게 전파될 것이다.) [누가복음 24:47]

彼(かれ)らはイスラエル人(びと)であって、子(こ)たる身分(みぶん)を授(さず)けられることも、栄光(えいこう)も、もろもろの契約(けいやく)も、律法(りっぽう)を授(さず)けられることも、礼拝(れいはい)も、数々(かずかず)の約束(やくそく)も彼(かれ)らのもの、[ローマ人への手紙 9:4]
(그들은 이스라엘 사람으로 자녀로서의 신분을 받는 것도, 영광도, 온갖 언약도 있고, 율법을 받는 것도, 예배도, 갖가지 약속도 그들의 것,) [로마서 9:4]

それと同(おな)じく、わたしたちも子供(こども)であった時(とき)には、いわゆるこの世(よ)のもろもろの霊力(れいりょく)の下(もと)に、縛(しば)られていた者(もの)であった。[ガラテヤ人への手紙 4:3]
(그와 같이 우리도 어릴 때는, 모든 세상의 갖가지 영력 하에 묶여 있던 사람이었다.) [갈라디아서 4:3]

ヨハネの黙示 4:6 - 4:8
四(よっ)つの活物(いきもの) 네 생물

御座(みざ)の前(まえ)は、[1]水晶(すいしょう)に似(に)たガラスの海(うみ)7)のようであった。[2]御座(みざ)のそば近(ちか)くその周(まわ)りには、四(よっ)つの生(い)き物(もの)がいたが、[3]その前(まえ)にも後(うしろ)にも、一面(いちめん)に目(め)がついていた。[ヨハネの黙示録 4:6]
(보좌 앞은 수정과 비슷한 유리 바다와 같았다. 보좌 옆 가까이 그 주위에는 4개의 생물이 있었는데 그 앞에도 뒤에도 온통 눈이 달려 있었다.) [4:6]

[1] 水晶(すいしょう)に似(に)たガラスの海(うみ) : 수정과 비슷한 유리 바다 「水晶(すいしょう)に似(に)たガラスの海(うみ)」의 「似(に)た」는 형용사적 동사 「似(に)る」의 「夕形」으로 후속명사를 수식・한정하고 있다.

　1. 형용사적 동사 「似(に)る」는 문말 종지로 쓰일 때는 항상 「~ている」 형태를 취한다.

　[例] 双子(ふたご)のように似(に)ている。
　　(쌍둥이처럼 닮았다.)

　　実際(じっさい)、地球(ちきゅう)の海(うみ)の組成(そせい)と、生物(せいぶつ)の体液(たいえき)の　組成(そせい)はよく似(に)ている。
　　(실제로 지구의 바다의 조성과 생물의 체액의 조성은 흡사하다.)

---

7) 「水晶(すいしょう)に似(に)たガラスの海(うみ)」. 고대 사람들은 첫째와 둘째의 하늘 사이에, 하늘의 물이 있고 (창세기 1:7 참조), 이것이 하나님의 주거 잠자리가 된다고 생각하고 있었다. 「ガラス」는 본서에 종종 나온다 (15:2, 21:18, 21:21 참조). 유리는 옛날에는 사치품으로 궁전을 만드는 석재인 대리석보다도 귀중한 물건이었다. フランシスコ会聖書研究所(1984) 『新約聖書』 サンパウロ. p.921 주(4-5)에 의함.
　そのようになった。神(かみ)はおおぞらを造(つく)って、おおぞらの下(した)の水(みず)とおおぞらの上(うえ)の水(みず)とを分(わ)けられた。[創世記 1:7]
　(그와 같이 되었다. 하나님께서 창공을 만들고, 창공 아래에 있는 물과 창공 위에 있는 물로 나누셨다.) [창세기 1:7]

英国(えいこく)では、性別(せいべつ)を問(と)わず、プレゼントの画一化(かくいつか)もなく、クリスマスに似(に)ている。
(영국에서는 성별에 관계없이 선물의 획일화도 없고 크리스마스와 닮았다.)

すべての働(はたら)きバチは一匹(いっぴき)の女王(じょおう)バチの生(う)んだ卵(たまご)から生(しょう)じるため、働(はたら)きバチのもつ遺伝子(いでんし)は女王(じょおう)バチや他(た)の働(はたら)きバチのものとよく似(に)ている。
(모든 일벌은 한 마리의 여왕벌이 낳은 알에서 생기기 때문에 일벌이 가진 유전자는 여왕벌이나 다른 일벌의 것과 흡사하다.)

2. 형용사적 동사「似(に)る」는 연체 수식으로 쓰일 때는 통상 본 절과 같이「~た」형태를 취한다.

[例] 夕顔(ゆうがお)に似(に)た白(しろ)い花(はな)。
(박(메꽃과의 일년생 만초)과 비슷한 흰 꽃.)

意味(いみ)の似(に)た言葉(ことば)。
(의미가 비슷한 말.)

人類(じんるい)の出現(しゅつげん)と進化(しんか)人類(じんるい)の祖先(そせん)は、サルによく似(に)た動物(どうぶつ)で、もともとは木(き)の上(うえ)で暮(く)らしていました。
(인류의 출현과 진화 인류의 선조는 원숭이와 흡사한 동물로 원래는 나무 위에서 살고 있었습니다.)

これらをもとに、地球(ちきゅう)を気候帯(きこうたい)に分(わ)けると、同(おな)じ気候帯(きこうたい)の地域(ちいき)には似(に)た形(かたち)や暮(く)らしをする生物(せいぶつ)が見(み)られる。
(이것들을 기준으로 지구를 기후대로 나누면, 같은 기후대의 지역에는 비슷한 형태나 생활을 하는 생물이 보인다.)

神(かみ)はあらかじめ知(し)っておられる者(もの)たちを、更(さら)に御子(みこ)のかたちに似(に)たものとしようとして、あらかじめ定(さだ)めて下(くだ)さった。それは、御子(みこ)を多(おお)くの兄弟(きょうだい)の中(なか)で長子(ちょうし)とならせるためであった。[ローマ人への手紙 8:29]
(하나님께서는 미리 알고 계신 사람들을, 나아가 당신의 아들의 형상과 같은 모습으로 하려고 해서, 미리 정해 주셨다. 그것은 아드님을 많은 형제 안에서 장자가 되게 하기 위해서였다.) [로마서 8:29]

拝殿(はいでん)の柱(ばしら)は四角(かく)であった。聖所(せいじょ)の前(まえ)には、木(き)の祭壇(さいだん)に似(に)たものがあった。[エゼキエル書 41:21]
(성전의 기둥은 사각형이었다. 성소의 앞에는 나무로 만든 제단과 비슷한 것이 있었다.) [에스겔 41:21]

그런데「~だけ」와 같은 부조사 앞에서「~ている」로 쓰인 예도 지적된다.

[例] あの人(ひと)に似(に)ているだけだ。
(그 사람과 닮았을 뿐이다.)

3. 형용사적 동사「似(に)る」는 연용 수식으로 쓰일 때는「~て」형태를 취한다.

[例] 親(おや)に似(に)てそそっかしい。
(부모를 닮아 덜렁덜렁하다.)

あの声(こえ)を聞(き)いただけで、おれは我(われ)を忘(わす)れてしまうよ。頼(たの)もしい声(こえ)、神(かみ)にも似(に)て、すべての人間(にんげん)を裁(さば)く者(もの)の声(こえ)だ。
(그 소리를 듣기만 해도 나는 내 자신을 잊고 만다. 믿음직스러운 목소리, 하나님과도 닮아 모든 인간을 심판하는 사람의 목소리.)

また、日本(にほん)の国名(こくめい)を「ニッポン」と讀(よ)むのか、あるいは「ニホン」と讀(よ)むのかという問題(もんだい)に似(に)て、二者択一的(にしゃたくいつてき)に決(き)めるのは難(むずか)しいところです。
(그리고 일본의 국명을「Nippon」이라고 읽을 것인가, 혹은「Nihon」이라고 읽을 것인가 하는 문제와 유사하여 양자택일로 정하는 것은 어려운 점이다.)[8]

[2] 御座(みざ)のそば近(ちか)くその周(まわ)りには、四(よっ)つの生(い)き物(もの)がいたが、: 보좌 옆 가까이 그 주위에는 4개의 생물이 있었는데「御座(みざ)のそば」의「そば[側・傍]」는〈위치명사의 하나로 공간의 간격이 별로 없는 곳〉으로 한국어의「옆, 곁」에 상당하는데, 유의어로는「近(ちかく)」(근처)가 있다.

[例] ところが、逆風(ぎゃくふう)が吹(ふ)いていたために、弟子(でし)たちが漕(こ)ぎ悩(なや)んでいるのをごらんになって、夜明(よあ)けの四時(よじ)ごろ、海(うみ)の上(うえ)を歩(ある)いて彼(かれ)らに近(ちか)づき、そのそばを通(とお)り過(す)ぎようとされた。[マルコによる福音書 6:48]
(그런데 역풍이 불어 있었기 때문에 제자들이 잘 젖지 못하는 것을 보시고, 새벽 4시경 바다 위를 걸어 그들에게 가까이 가서, 그 옆을 지나가려고 하셨다.) [마가복음 6:48]

そこで十二人(じゅうににん)をお立(た)てになった。彼(かれ)らを自分(じぶん)のそばに置(お)くためであり、さらに宣教(せんきょう)に遣(つか)わし、[マルコによる福音書 3:14]
(그래서 열둘을 세우셨다. 이것은 그들을 자기 곁에 두기 위해서였고, 또한 선교하러 보내고,) [마가복음 3:14]

イエスが一人(ひとり)になられた時(とき)、そばにいた者(もの)たちが、十二弟子(じゅうにでし)と共(とも)に、これらの譬(たとえ)について尋(たず)ね

---

8) [ヨハネによる福音書 9:9]의 설명에서 인용.

た。[マルコによる福音書 4:10]
(예수께서 혼자 계실 때, 주위에 있던 자들이 12제자와 함께 이들 비유에 관해 물었다.) [마가복음 4:10]

「御座(みざ)のそば近(ちか)く」의「近(ちか)く」는 공간적 의미로 쓰일 경우에는 위치명사와 부사로서의 용법이 있는데, 본 절에서는「보좌 옆 가까이」와 같이 부사로 쓰이고 있다.

□「近(ちか)く」

1. 명사 용법

[例]ペテロは振(ふ)り返(かえ)ると、イエスの愛(あい)しておられた弟子(でし)がついて来(く)るのを見(み)た。この弟子(でし)は、あの夕食(ゆうしょく)のときイエスの胸(むね)近(ちか)くに寄(よ)り掛(か)かって、「主(しゅ)よ、あなたを裏切(うらぎ)る者(もの)は、だれなのですか」と尋(たず)ねた人(ひと)である。[ヨハネによる福音書 21:20]
(베드로가 돌아다보니, 예수께서 사랑하셨던 제자가 따라오는 것을 보았다. 이 제자는 그 저녁 식사 때, 예수의 가슴 가까이에 기대고, "주님, 주님을 배반할 사람은 누구입니까?"라고 물었던 사람이다.) [요한복음 21:20]

さて、イエスの母(はは)と兄弟(きょうだい)たちとがイエスのところにきたが、群衆(ぐんしゅう)のためそば近(ちか)くに行(い)くことができなかった。[ルカによる福音書 8:19]
(예수의 어머니와 형제들이 예수께로 왔으나, 무리 때문에 만날 수 없었다.) [누가복음 8:19]

2. 부사 용법

[例] 机(つくえ)を窓(まど)近(ちか)く移(うつ)す。
(책상을 창문 가까이 옮기다.)

弟子(でし)たちの一人(ひとり)で、イエスの愛(あい)しておられた者(もの)が、み胸(むね)に近(ちか)く席(せき)に着(つ)いていた。[ヨハネによる福音書 13:23]
(제자들 중의 한 사람으로 예수께서 사랑하셨던 사람이 예수님 가슴에 가까이 자리에 앉아 있었다.) [요한복음 13:23]

そこで、ヨセフは彼(かれ)の前(まえ)に恵(めぐ)みを得(え)、そのそば近(ちか)く仕(つか)えた。彼(かれ)はヨセフに家(いえ)をつかさどらせ、持(も)ち物(もの)をみな彼(かれ)の手(て)にゆだねた。[創世記39:4]
(그래서 요셉은 그(주인)의 앞에 은혜를 얻어, 그 근처 가까이에서 그를 섬겼다. 그(보디발)은 요셉에게 집안일을 관장하게 하고 자기가 가진 것을 전부 요셉에게 맡겼다.) [창세기 39:4]

[3] その前(まえ)にも後(うしろ)にも、一面(いちめん)に目(め)がついていた。: 그 앞에도 뒤에도 온통 눈이 달려 있었다.

「一面(いちめん)に目(め)がついていた」の「一面(いちめん)に」는 부사적으로 쓰여 한국어의 「온통, 전체, 일대」에 상당하는 뜻을 나타낸다.

[例] 彼(かれ)の部屋(へや)は壁(かべ)一面(いちめん)に写真(しゃしん)が貼(は)ってあります。
(그의 방에는 온통 벽에 사진이 붙어 있습니다.)

箱(はこ)を舁(か)く者(もの)がヨルダンにきて、箱(はこ)を舁(か)く祭司(さいし)たちの足(あし)が水(みず)ぎわにひたると同時(どうじ)に、――ヨルダンは刈入(かりい)れの間(あいだ)中(ぢゅう)、岸(きし)一面(いちめん)にあふれ

るのであるが、——[ヨシュア記 3:15]
(궤를 메는 사람들이 요단강에 와서 궤를 메는 제사장들의 발을 물가에 담그자마자 - 요단강은 추수 때는 죽 물이 강둑까지 가득 넘치지만, - .) [여호수아 3:15]

彼(かれ)の次(つぎ)はハラルびとアゲの子(こ)シャンマであった。ある時(とき)、ペリシテびとはレヒに集(あつ)まった。そこに一面(いちめん)にレンズ豆(まめ)を作(つく)った地所(じしょ)があった。民(たみ)はペリシテびとの前(まえ)から逃(に)げたが、[サムエル記下 23:11]
(그 사람 다음은 하랄 사람으로 아게의 아들인 삼마였다. 블레셋 사람들이 레히에 집결했다. 거기에 렌틸(콩과의 한해살이풀)을 가득 만든 땅이 있었다. 백성은 블레셋 사람들 앞에서 도망쳤지만,) [사무엘하 23:11]

이 부분에 대해 타 번역본에서는 다음과 같이 서술하고 있다.

[例]この玉座(ぎょくざ)の中央(ちゅうおう)とその周(まわ)りに四(よっ)つの生(い)き物(もの)がいたが、前(まえ)にも後(うし)ろにも一面(いちめん)に目(め)があった。[新共同訳1987]
(이 옥좌의 중앙과 그 주위에 4개의 생물이 있었는데, 앞에도 뒤에도 온통 눈이 있었다.)

玉座(ぎょくざ)の中央(ちゅうおう)と玉座(ぎょくざ)の周囲(しゅうい)には、前面(ぜんめん)も背面(はいめん)も、一面(いちめん)に目(め)で覆(おお)われた四匹(よんひき)の生(い)き物(もの)が待(ま)っていた。[岩波翻訳委員会訳1995]
(옥좌의 중앙과 옥좌의 주위에는 전면도 배면도 온통 눈으로 덮인 4마리의 생물이 기다리고 있었다.)

そして玉座(ぎょくざ)の真中(まんなか)と玉座(ぎょくざ)の周囲(しゅうい)には、前(まえ)にも後(うしろ)にも一杯(いっぱい)に眼(め)がある四(よっ)つの活者(いきもの)がいる。[塚本訳1963]

(그리고 옥좌 한가운데와 옥좌 주위에는 앞에도 뒤에도 가득 눈이 있는 4개의 생물이 있다.)

御座(みざ)の中央(ちゅうおう)と御座(みざ)の回(まわ)りに、前(まえ)もうしろも目(め)で満(み)ちた四(よっ)つの生(い)き物(もの)がいた。[新改訳1970]
(보좌의 중앙과 보좌 주위에 앞에도 뒤에도 눈으로 가득 찬 4개의 생물이 있었다.)

王座(おうざ)の真(ま)ん中(なか)と王座(おうざ)のまわりには前(まえ)も後(うしろ)も目(め)でいっぱいの四(よっ)つの生(い)きものがいる。[前田訳1978]
(왕좌의 한 가운데와 왕좌 주위에는 앞에도 뒤에도 눈으로 가득 찬 4개의 생물이 있다.)

中央(ちゅうおう)には、玉座(ぎょくざ)の周囲(しゅうい)に四(よっ)つの生(い)きものがおり、それらは前(まえ)もうしろも目(め)で満(み)ちていた。[フランシスコ会訳1984]
(중앙에는 옥좌 주위에 4개의 생물이 있고, 그들은 앞에도 뒤에도 눈으로 가득 차 있었다.)

[1]第一(だいいち)の生(い)き物(もの)は獅子(しし)のようであり、[2]第二(だいに)の生(い)き物(もの)は雄牛(おうし)のようであり、第三(だいさん)の生(い)き物(もの)は人(ひと)のような顔(かお)をしており、[3]第四(だいよん)の生(い)き物(もの)は飛(と)ぶ鷲(わし)のようであった。[ヨハネの黙示録 4:7]
(첫 번째 생물은 사자와 같고, 두 번째 생물은 황소와 같고, 세 번째 생물은 사람과 같은 얼굴을 하고 있고, 네 번째 생물은 나는 독수리와 같았다.) [4:7]

[1] 第一(だいいち)の生(い)き物(もの)は獅子(しし)のようであり、: 첫 번째 생물은 사자와 같고,

「しし[獅子]」가 등장하는 성구를 들면 다음과 같다.

[例] しかし、わたしが御言(みことば)を余(あま)すところなく宣(の)べ伝(つた)えて、すべての異邦人(いほうじん)に聞(き)かせるように、主(しゅ)はわたしを助(たす)け、力(ちから)づけて下(くだ)さった。そして、わたしは、<u>獅子(しし)の口(くち)から</u>救(すく)い出(だ)されたのである。[テモテへの第二の手紙 4:17]
(그러나 내가 말씀을 남김없이 전파하여 모든 이방인에게 들려주도록 주께서 나를 돕고, 용기를 북돋워 주셨다. 그리고 나를 사자의 입에서 건져내셨다.) [디모데후서 4:17]

彼(かれ)らは信仰(しんこう)によって、国々(くにぐに)を征服(せいふく)し、義(ぎ)を行(おこな)い、約束(やくそく)のものを受(う)け、<u>獅子(しし)の口(くち)</u>をふさぎ、[ヘブル人への手紙 11:33]
(그들은 믿음으로 나라들을 정복하고 의를 행하고, 약속된 것을 받고, 사자의 입을 막고,) [히브리서 11:33]

身(み)を慎(つつし)み、目(め)をさましていなさい。あなたがたの敵(てき)である悪魔(あくま)が、ほえたける<u>獅子(しし)</u>のように、食(く)いつくすべきものを求(もと)めて歩(ある)き回(まわ)っている。[ペテロの第一の手紙 5:8]
(근신하고 깨어 있어라. 여러분의 적인 악마가, 사납게 울부짖는 사자와 같이, 다 먹어 치울 자를 찾아 돌아다니고 있다.) [베드로전서 5:8]

[2] 第二(だいに)の生(い)き物(もの)は雄牛(おうし)のようであり、: 두 번째 생물은 황소와 같고,

「雄牛(おうし)」가 등장하는 성구를 들면 다음과 같다.

[例] そして、郊外(こうがい)にあるゼウス神殿(しんでん)の祭司(さいし)が、群衆(ぐんしゅう)と共(とも)に、ふたりに犠牲(ぎせい)をささげようと思(おも)って、雄牛(おうし)数頭(すうとう)と花輪(はなわ)とを門前(もんぜん)に持(も)ってきた。[使徒行伝 14:13]
(그리고 교외에 있는 제우스 신전의 제사장이 군중과 함께 두 사람에게 제물을 받

치려고 생각해서 황소 몇 마리와 화환을 성문 앞에 가지고 왔다.) [사도행전 14:13]

もし、やぎや雄牛(おうし)の血(ち)や雌牛(めうし)の灰(はい)が、汚(けが)れた人(ひと)たちの上(うえ)にまきかけられて、肉体(にくたい)をきよめ聖別(せいべつ)するとすれば、[ヘブル人への手紙 9:13]
(만일 염소나 황소의 피와 암소의 재가, 더러워진 사람들 위에 뿌려져서, 육체를 정결하게 하고, 성별한다고 하면,) [히브리서 9:13]

なぜなら、雄牛(おうし)ややぎなどの血(ち)は、罪(つみ)を除(のぞ)き去(さ)ることができないからである。[ヘブル人への手紙 10:4]
(왜냐하면 황소와 염소 등의 피는 죄를 없애 줄 수가 없기 때문이다.) [히브리서 10:4]

[3] 第四(だいよん)の生(い)き物(もの)は飛(と)ぶ鷲(わし)のようであった。: 네 번째 생물은 나는 독수리와 같았다.

「鷲(わし)」가 등장하는 성구를 들면 다음과 같다.

[例] あなたの生(い)きながらえるかぎり、良(よ)き物(もの)をもってあなたを飽(あ)き足(た)らせられる。こうしてあなたは若返(わかがえ)って、鷲(わし)のように新(あら)たになる。[詩編 103:5]
(네가 생존하는 한, 좋은 것으로 너를 흡족히 채워 주신다. 이렇게 해서 너는 젊음을 되찾고 독수리처럼 새롭게 된다.) [시편 103:5]

あなたの目(め)をそれにとめると、それはない、富(とみ)はたちまち自(みずか)ら翼(つばさ)を生(しょう)じて、鷲(わし)のように天(てん)に飛(と)び去(さ)るからだ。[箴言 23:5]
(너의 눈을 그것에 멈추면 그것은 없다. 부는 순식간에 스스로 날개를 만들어 독수리처럼 하늘로 날아가 버리기 때문이다.) [잠언 23:5]

しかし主(しゅ)を待(ま)ち望(のぞ)む者(もの)は新(あら)たなる力(ちから)を得(え)、鷲(わし)のように翼(つばさ)をはって、のぼることができる。走(は

し)っても疲(つか)れることなく、歩(ある)いても弱(よわ)ることはない。[イザヤ書 40:31]

(그러나 주를 고대하는 사람들은 새로운 힘을 얻고, 독수리처럼 날개를 펼치고 올라갈 수 있다. 달려도 지치지 않고 걸어도 피곤하지 않다.) [이사야 40:31]

[4:6b~4:8]에 나오는「四(よっ)つの生(い)きもの」(4개의 생물)는 [에스겔 1:5~1:7, 1:10, 1:18, 10:12, 10:14]와 [이사야 6:2~6:3]에 근거하여 24장로들과 함께 요한묵시록에 (4:9, 4:10, 5:6, 5:8, 5:11, 5:14, 7:11, 14:3 참조) 종종 등장한다[9].

[例] またその中(なか)から四(よっ)つの生(い)きものの形(かたち)が出(で)てきた。その様子(ようす)はこうである。彼(かれ)らは人(ひと)の姿(すがた)をもっていた。[エゼキエル書 1:5]

(그리고 그 안에서 네 생물의 형태가 나왔다. 그 모습은 이러하다. 그들은 사람의 모습을 가지고 있었다.) [에스겔 1:5]

おのおの四(よっ)つの顔(かお)をもち、またそのおのおのに四(よっ)つの翼(つばさ)があった。[エゼキエル書 1:6]

(각각 네 개의 얼굴을 지니고, 또 그 각각에 네 개의 날개를 있었다.) [에스겔 1:6]

その足(あし)はまっすぐで、足(あし)のうらは子牛(こうし)の足(あし)のうらのようであり、みがいた青銅(せいどう)のように光(ひか)っていた。[エゼキエル書 1:7]

(그 다리는 일직선이었고 발바닥은 송아지 발바닥 같았고 광을 낸 청동처럼 빛나고 있었다.) [에스겔 1:7]

顔(かお)の形(かたち)は、おのおのその前方(ぜんぽう)に人(ひと)の顔(かお)をもっていた。四(よっ)つの者(もの)は右(みぎ)の方(ほう)に、獅子(しし)の顔(かお)をもち、四(よっ)つの者(もの)は左(ひだり)の方(ほう)に牛(うし)の

---

9) 이상은 フランシスコ会聖書研究所(1984)『新約聖書』サンパウロ. p.921 주(4-6)에 의함.

顔(かお)をもち、また四(よっ)つの者(もの)は後(うし)ろの方(ほう)に、鷲(わし)の顔(かお)をもっていた。[エゼキエル書 1:10]
(얼굴 생김새는 각각 그 앞쪽에 사람의 얼굴을 갖고 있었다. 네 사람은 오른쪽에 사자의 얼굴을 지니고, 네 사람은 왼쪽에 소의 얼굴을 지니고, 또 네 사람은 뒤쪽에 독수리 얼굴을 갖고 있었다.) [에스겔 1:10]

四(よっ)つの輪(わ)には輪縁(わぶち)と輻(や)とがあり、その輪縁(わぶち)の周囲(しゅうい)は目(め)をもって満(み)たされていた。[エゼキエル書 1:18]
(네 바퀴에는 바퀴 테두리와 바퀴살이 있고, 그 바퀴 테두리의 주위는 눈으로 가득 차 있었다.) [에스겔 1:18]

その輪縁(わぶち)、その輻(や)、および輪(わ)には、まわりに目(め)が満(み)ちていた。—その輪(わ)は四(よっ)つともこれを持(も)っていた。[エゼキエル書 10:12]
(그 바퀴 테두리, 그 바퀴살 및 바퀴에는 주위에 눈이 가득 차 있었다. - 그 바퀴는 네 개 모두 이것을 지니고 있었다.) [에스겔 10:12]

そのおのおのには四(よっ)つの顔(かお)があった。第一(だいいち)の顔(かお)はケルブの顔(かお)、第二(だいに)の顔(かお)は人(ひと)の顔(かお)、第三(だいさん)は獅子(しし)の顔(かお)、第四(だいよん)は鷲(わし)の顔(かお)であった。[エゼキエル書 10:14]
(그 각각에는 얼굴이 네 개 있었다. 첫째 얼굴은 케루빔의 얼굴, 둘째 얼굴은 사람의 얼굴, 셋째 얼굴은 사자의 얼굴, 넷째 얼굴은 독수리의 얼굴이었다.) [에스겔 10:14]

その上(うえ)にセラピムが立(た)ち、おのおの六(むっ)つの翼(つばさ)をもっていた。その二(ふた)つをもって顔(かお)をおおい、二(ふた)つをもって足(あし)をおおい、二(ふた)つをもって飛(と)びかけり、[イザヤ書 6:2]
(그 위에 스랍이 서고, 각각 여섯 날개를 가지고 있었다. 그 두 날개로 얼굴을 가리고, 두 개로 발을 가리고, 두 개로 공중을 날아가고,) [이사야 6:2]

互(たが)いに呼(よ)びかわして言(い)った。「聖(せい)なるかな、聖(せい)なるかな、聖(せい)なるかな、万軍(ばんぐん)の主(しゅ)、その栄光(えいこう)は全地(ぜんち)に満(み)つ」。[イザヤ書 6:3]
(서로 서로를 부르며 말했다. "거룩하다! 거룩하다! 거룩하다! 만군의 주! 그의 영광은 온 땅에 가득하리라.") [이사야 6:3]

> この四(よっ)つの生(い)き物(もの)には、それぞれ六(むっ)つの翼(つばさ)があり、その翼(つばさ)の周(まわ)りも内側(うちがわ)も目(め)で満(み)ちていた。そして、[1]昼(ひる)も夜(よる)も、[2]絶(た)え間(ま)なくこう叫(さけ)びつづけていた、「[3]聖(せい)なるかな、聖(せい)なるかな、聖(せい)なるかな、[4]全能者(ぜんのうしゃ)にして主(しゅ)なる神(かみ)。昔(むかし)いまし、今(いま)いまし、やがてきたるべき者(もの)」。[ヨハネの黙示録 4:8]
> (이 4개의 생물에는 각각 날개가 6개 있고, 그 날개 둘레에도 안쪽에도 눈으로 가득 차 있었다. 그리고 밤낮으로 끊임없이 이렇게 계속 외치고 있었다. "거룩하다, 거룩하다, 거룩하다, 전능자이고 주님인 하나님, 옛날에도 계셨고, 지금도 계시고, 곧 다가올 이.") [4:8]

[1] 昼(ひる)も夜(よる)も、: 밤낮으로,

「昼(ひる)も夜(よる)も」는 연어로 쓰일 경우, 한국어의 「밤낮으로」에 상당하는 뜻을 나타내는데, 일한 양 언어 사이에 어순이 상이하다.

> [例]あなたのみ手(て)が昼(ひる)も夜(よる)も、わたしの上(うえ)に重(おも)かったからである。わたしの力(ちから)は、夏(なつ)のひでりによってかれるように、かれ果(は)てた。[セラ] [詩篇 32:4]
> (주의 손이 밤낮으로 나 위에 무거웠기 때문이다. 내 힘은 여름의 뙤약볕에 의해 마르는 것처럼 완전히 시들어 버렸다.) [셀라] [시편 32:4]

> 主(しゅ)は彼(かれ)らの前(まえ)に行(い)かれ、昼(ひる)は雲(くも)の柱(はしら)をもって彼(かれ)らを導(みちび)き、夜(よる)は火(ひ)の柱(はしら)をもっ

49

て彼(かれ)らを照(てら)し、昼(ひる)も夜(よる)も彼(かれ)らを進(すす)み行(い)かせられた。[出エジプト記 13:21]
(주께서는 그들 앞에 가시며, 낮에는 구름 기둥으로 그들을 인도하고 밤에는 불기둥으로 그들을 비추어, 밤낮으로 그들에게 나아가게 하셨다.) [출애굽기 13:21]

この律法(りっぽう)の書(しょ)をあなたの口(くち)から離(はな)すことなく、昼(ひる)も夜(よる)もそれを思(おも)い、そのうちにしるされていることを、ことごとく守(まも)って行(おこな)わなければならない。そうするならば、あなたの道(みち)は栄(さか)え、あなたは勝利(しょうり)を得(え)るであろう。[ヨシュア記 1:8]
(이 율법서를 네 입에서 떠나지 않게 하고 밤낮으로 그것을 생각하고, 그 안에 기록되어 있는 것을 모두 지키고 행해야 한다. 그러면 네 길이 번창하고 너는 성공을 얻을 것이다.) [여호수아 1:8]

どうぞ、あなたの目(め)を昼(ひる)も夜(よる)もこの家(いえ)に、すなわち、あなたの名(な)をそこに置(お)くと言(い)われた所(ところ)に向(む)かってお開(ひら)きください。どうぞ、しもべがこの所(ところ)に向(む)かってささげる祈(いの)りをお聞(き)きください。[歴代志下 6:20]
(부디 주의 눈을 밤낮으로 이 집에 즉 주의 이름을 거기에 둔다고 말씀하신 곳을 향해 열어 주십시오. 아무쪼록 종이 이 곳을 향해 드리는 기도를 들어 주십시오.) [역대지하 6:20]

「昼(ひる)も夜(よる)も」가 연어가 아닌 단순히 단어 결합으로 쓰이는 경우도 있다.

[例] 地(ち)のある限(かぎ)り、種(たね)まきの時(とき)も、刈入(かりい)れの時(とき)も、暑(あつ)さ寒(さむ)さも、夏(なつ)冬(ふゆ)も、昼(ひる)も夜(よる)もやむことはないであろう」。[創世記 8:22]
(땅이 존재하는 한, 씨 뿌리는 시기도 추수하는 시기도 더위와 추위도, 여름과 겨울도 낮과 밤도 그치지 않을 것이다.") [창세기 8:22]

[2] 絶(た)え間(ま)なくこう叫(さけ)びつづけていた、: 끊임없이 이렇게 계속 외치고 있었다.

「絶(た)え間(ま)なく」는 한국어의 「끊임없이」에 상당하는 연어로서 본 절에서는 부사적으로 쓰이고 있고, 「叫(さけ)びつづけていた」는 「叫(さけ)ぶ」의 연용형 「叫(さけ)び」에 계속상을 나타내는 후항동사 「~つづける」가 결합된 복합동사 「叫(さけ)びつづける」에 「~ていた」가 후접된 것이다.

「絶(た)え間(ま)なく」의 예를 들면 다음과 같다.

[例] そして、夜昼(よるひる)絶(た)え間(ま)なく墓場(はかば)や山(やま)で叫(さけ)びつづけて、石(いし)で自分(じぶん)のからだを傷(きず)つけていた。[マルコによる福音書 5:5]
(그리고 밤낮으로 끊임없이 무덤이나 산에서 계속 고함을 지르고, 돌로 자기 몸에 상처를 내곤 했다.) [마가복음 5:5]

武装(ぶそう)した者(もの)はラッパを吹(ふ)き鳴(な)らす祭司(さいし)たちに先立(さきだ)って行(い)き、しんがりは箱(はこ)に従(したが)った。ラッパは絶(た)え間(ま)なく鳴(な)り響(ひび)いた。[ヨシュア記 6:9]
(무장한 사람들은 나팔을 부는 제사장들보다 앞서서 가고, 후발대는 궤를 따라갔다. 나팔은 끊임없이 울려 퍼졌다.) [여호수아 6:9]

七人(しちにん)の祭司(さいし)たちは、雄羊(おひつじ)の角(つの)のラッパ七本(ななほん)を携(たずさ)えて、主(しゅ)の箱(はこ)に先立(さきだ)ち、絶(た)えず、ラッパを吹(ふ)き鳴(な)らして進(すす)み、武装(ぶそう)した者(もの)はこれに先立(さきだ)って行(い)き、しんがりは主(しゅ)の箱(はこ)に従(したが)った。ラッパは絶(た)え間(ま)なく鳴(な)り響(ひび)いた。[ヨシュア記 6:13]
(일곱 명의 제사장들은 양의 뿔로 만든 일곱 개의 나팔을 들고 주의 궤 앞에서 쉬지 않고 나팔을 불며 나아갔고, 무장한 사람들은 그들보다 앞에 가며, 후위대는 주의 궤를 따라갔다. 나팔은 끊임없이 울려 퍼졌다.) [여호수아 6:13]

一方(いっぽう)、子供(こども)はその間(あいだ)も絶(た)え間(ま)なく泣(な)き続(つづ)けてた。
(한편, 아이는 그 사이도 끊임없이 계속해서 울고 있었다.)

[3] 聖(せい)なるかな、聖(せい)なるかな、聖(せい)なるかな、: 거룩하다, 거룩하다, 거룩하다,

「聖(せい)なるかな……」는 [11:17, 12:10, 19:1]에도 이와 유사한 찬가가 있지만, 본 절의 「聖(せい)なるかな」는 [이사야 6:3]의 인용으로 만물에 대한 하나님의 지배를 찬미하는 것이다.

[例] 互(たがい)に呼(よ)びかわして言(い)った。「聖(せい)なるかな、聖(せい)なるかな、聖(せい)なるかな、万軍(ばんぐん)の主(しゅ)、その栄光(えいこう)は全地(ぜんち)に満(み)つ」。[イザヤ書 6:3]
(서로 부르며 말했다. "거룩하다! 거룩하다! 거룩하다! 만군의 주! 그 영광이 온 땅에 가득하리라.")10)[이사야 6:3]

[4] 全能者(ぜんのうしゃ)にして主(しゅ)なる神(かみ)。: 전능자이고 주님인 하나님.

「全能者(ぜんのうしゃ)にして主(しゅ)なる神(かみ)」는 구어역 성서 요한묵시록에서 [1:8] [4:8] [11:17] [15:3] [16:7] [21:22]와 같이 총 6회 등장한다.

[例] 今(いま)いまし、昔(むかし)いまし、やがてきたるべき者(もの)、全能者(ぜんのうしゃ)にして主(しゅ)なる神(かみ)が仰(おお)せになる、「わたしはアルパであり、オメガである」。[ヨハネの黙示録 1:8]
(지금도 계시고 전에도 계셨고 앞으로 오실 전능하신 주 하나님께서 말씀하신다, "나는 알파요 오메가다.") [요한묵시록 1:8]

---

10) フランシスコ会聖書研究所(1984)『新約聖書』サンパウロ. p.923 주(4-7)에 의함.

ヨハネの黙示 4:9 - 4:11
二十四人(にじゅうよにん)の長老(ちょうろう)の賛美(さんび)
24명의 장로의 찬미

> これらの生(い)き物(もの)が、[1]御座(みざ)にいまし、かつ、[2]世々(よよ)限(かぎ)りなく生(い)きておられるかたに、[3]栄光(えいこう)とほまれとを帰(き)し、また、[4]感謝(かんしゃ)をささげている時(とき)、[ヨハネの黙示録 4:9]
> (이들 생물이 보좌에 계시고, 또한 세세 영원토록 살아 계신 분께 영광과 영예를 돌리고 또 감사를 드리고 있을 때,) [4:9]

[1] 御座(みざ)にいまし、: 보좌에 계시고,

경어동사「います[坐す / 在す]」는「いらっしゃる」「おありになる」의 문어형 경어동사인데 본 절에서는「いまし、」와 같이 연용 중지법으로 쓰이고 있다. 구어역 성서에서 예를 들면 다음과 같다.

> [例] 神(かみ)を見(み)た者(もの)は、まだひとりもいない。もしわたしたちが互(たが)いに愛(あい)し合(あ)うなら、神(かみ)はわたしたちのうちにいまし、神(かみ)の愛(あい)がわたしたちのうちに全(まっと)うされるのである。[ヨハネの第一の手紙 4:12]
> (하나님을 본 사람은 아직 한 사람도 없다. 만일 우리가 서로 사랑한다면, 하나님께서 우리 안에 계시고, 하나님의 사랑이 우리 안에서 이루어지는 것이다.) [요한일서 4:12]
>
> もし人(ひと)が、イエスを神(かみ)の子(こ)と告白(こくはく)すれば、神(かみ)はその人(ひと)のうちにいまし、その人(ひと)は神(かみ)のうちにいるのである。[ヨハネの第一の手紙 4:15]
> (만일 사람이 예수를 하나님의 아들이라고 고백하면, 하나님께서는 그 사람 안에 계시고, 그 사람은 하나님 안에 있는 것이다.) [요한일서 4:15]

神(かみ)はわらべと共(とも)にいまし、わらべは成長(せいちょう)した。彼(かれ)は荒野(あらの)に住(す)んで弓(ゆみ)を射(い)る者(もの)となった。[創世記 21:20]
(하나님께서는 그 아이와 함께 계셨고, 그 아이는 성장했다. 그는 광야에 살면서 활을 쏘는 사람이 되었다.) [창세기 21:20]

ヤコブは誓(ちか)いを立(た)てて言(い)った、「神(かみ)がわたしと共(とも)にいまし、わたしの行(い)くこの道(みち)でわたしを守(まも)り、食(た)べるパンと着(き)る着物(きもの)を賜(たま)い、[創世記 28:20]
(야곱은 서원하며 말했다. "하나님께서 저와 함께 계시고, 제가 가는 이 길에서 저를 지키고, 먹을 빵과 입을 것을 주시고,) [창세기 28:20]

[2] 世々(よよ)限(かぎ)りなく生(い)きておられるかたに、: 세세 영원토록 살아 계신 분께,

「生(い)きておられる」는 「生(い)きている」의 レル형 경어로 본 절에서는 〈神(かみ)〉를 높이기 위해 쓰이고 있다.

[例] 彼(かれ)らは、イエスが生(い)きておられる事(こと)と、彼女(かのじょ)に御自身(ごじしん)を現(あら)わされた事(こと)を聞(き)いたが、信(しん)じなかった。[マルコによる福音書 16:11]
(그들은 예수께서 살아 계시는 것과 그녀에게 자신을 드러내신 것을 들었지만 믿지 않았다.) [마가복음 16:11]

そして、ただ一人(ひとり)、死者(ししゃ)の中(なか)からよみがえって今(いま)も生(い)きておられる彼(かれ)のみが、人類(じんるい)に命(いのち)を与(あた)えることができる方(かた)なのです。
(그리고 오직 한 사람, 죽은 자 가운데에서 살아나서 지금도 살아 계시는 그 사람만이 인류에게 생명을 줄 수 있는 분입니다.)

イエス・キリストは、今日(こんにち)も生(い)きておられる神(かみ)です。信

(しん)じる者(もの)に、大(おお)きな希望(きぼう)と目的(もくてき)を与(あ)えてくださる救(すく)い主(ぬし)です。
(예수 그리스도는 오늘날도 살아 계신 신입니다. 믿는 사람에게 커다란 희망과 목적을 주시는 구세주입니다.)

しかし、キリストの場合(ばあい)はそれで終(お)わりません。三日後(みっかご)によみがえり昇天(しょうてん)し、またいつかおいでになります。今(いま)も生(い)きておられるお方(かた)、私(わたくし)たちとともにいて下(くだ)さるお方(かた)です。
(그러나 그리스도의 경우는 그것으로 끝나지 않습니다. 3일 후에 살아나서 승천하고 다시 언젠가 오십니다. 지금도 살아 계신 분, 저희들과 함께 있어 주실 분입니다.)11)

「~ておられる」는 구어역 신약성서에서는 〈神(かみ)〉에 대해서는 「離(はな)れておられる」[사도행전 17:27]「愛(あい)しておられる」[요한복음 16:27]과 같이, 〈キリスト=人(ひと)の子(こ)=イエス〉에 대해서는 「立(た)っておられる」[사도행전 7:55]「生(い)きておられる」[요한복음 12:34]와 같이 총 4회 사용되고 있다12).

[3] 栄光(えいこう)とほまれとを帰(き)し、: 영광과 영예를 돌리고,

「帰(き)する」는 소위 자타 양용동사인데, 본 절과 같이 타동사로 쓰일 경우는 「돌리다, 탓으로 하다」의 뜻을, 자동사로 쓰일 경우는, 「無(む)に帰(き)する」(무로 돌아가다)와 같이 「돌아가다, ~으로 끝나다, 귀착하다」의 뜻을 나타낸다. 먼저 사전류에서 제시하는 예를 검토하자.

[例] すべての努力(どりょく)が水泡(すいほう)に帰(き)した。
(모든 노력이 수포로 돌아갔다.)

---

11) [マルコによる福音書 16:11]의 설명에서 인용.
12) [ヨハネによる福音書 12:34]의 설명에서 인용.

彼(かれ)はいつも責任(せきにん)を部下(ぶか)に帰(き)している。
(그는 늘 책임을 부하에게 돌린다.)

사전에서는 상기의 예에서 볼 수 있듯이 마이너스적 의미만 제시되어 있는데, 구어역 성서 및 성서 관련 문헌에서는 「栄光(えいこう)を帰(き)する」와 같이 중립적인 의미로도 쓰인다.

[例] すなわち、この援助(えんじょ)を行(おこな)った結果(けっか)として、あなたがたがキリストの福音(ふくいん)の告白(こくはく)に対(たい)して従順(じゅうじゅん)であることや、彼(かれ)らにも、すべての人(ひと)にも、惜(お)しみなく施(ほどこ)しをしていることがわかってきて、彼(かれ)らは神(かみ)に栄光(えいこう)を帰(き)し、[コリント人への第二の手紙 9:13]
(즉 이 원조를 행한 결과로서 여러분이 여러분의 이 봉사의 결과로서, 그리스도의 복음의 고백에 대해 순종하고, 그들에게도 모든 사람에게도 아낌없이 은혜를 베풀고 있는 것을 알게 되고, 그들은 하나님에게 영광을 돌리고,) [고린도후서 9:13]

その時(とき)ヨシュアはアカンに言(い)った、「わが子(こ)よ、イスラエルの神(かみ)、主(しゅ)に栄光(えいこう)を帰(き)し、また主(しゅ)をさんびし、あなたのしたことを今(いま)わたしに告(つ)げなさい。わたしに隠(かく)してはならない」。[ヨシュア記 7:19]
(그때, 여호수아가 아간에게 말했다. "내 아들아, 이스라엘의 하나님 주께 영광을 돌리고 그리고 주를 찬양하고, 네가 한 일을 지금 내게 말해라. 내게 숨겨서는 안 된다".)[여호수아 7:19]

多(おお)くの教会(きょうかい)開拓者達(かいたくしゃたち)の最終的(さいしゅうてき)な目的(もくてき)は土地(とち)に独立(どくりつ)した教会(きょうかい)を成立(せいりつ)させる事(こと)を通(とお)して神(かみ)に栄光(えいこう)を帰(き)する事(こと)です。
(많은 교회 개척자들의 최종적인 목적은 토지에 독립된 교회를 성립시키는 일을 통해 하나님께 영광을 돌리는 것입니다.)

これらすべての賜物(たまもの)は、大(おお)きいもの小(ちい)さいものを問(と)わず、私(わたし)たちがこの世界(せかい)への御霊(みたま)の大使(たいし)となってその恵(めぐ)みを現(あら)わし、栄光(えいこう)を帰(き)するために御霊(みたま)によって与(あた)えられているものです。
(이들 모든 선물은 큰 것 작은 것을 불문하고 우리가 이 세계에 대한 성령의 대사가 되어 그 선물을 나타내고 영광을 돌리기 위해 성령에 의해 받는 것입니다.)

이 부분에 관해 타 번역본에서는 다음과 같이 표현하고 있다.

[例] そして(この四(よっ)つの)活物(いきもの)が、玉座(ぎょくざ)の上(うえ)に坐(ざ)し永遠(えいえん)より永遠(えいえん)に活(い)き給(たま)う者(もの)(を斯(か)く賛美(さんび)しつつ彼(かれ))に栄光(えいこう)と栄誉(えいよ)と感謝(かんしゃ)とを捧(ささ)ぐる時(とき)、[塚本訳1963]
(그리고 (이 네) 생물이 옥좌 위에 앉아 영원토록 살아 계신 사람(을 이렇게 찬미하면서 그)에게 영광과 영예와 감사를 드릴 때,)

栄光(えいこう)、誉(ほま)れ、感謝(かんしゃ)をささげるとき、[新改訳1970]
(영광, 영예, 감사를 드릴 때에,)

栄光(えいこう)と誉(ほま)れと感謝(かんしゃ)をささげるとき、[前田訳1978]
(영광과 영예와 감사를 드릴 때에,)

栄(さか)えと誉(ほま)れと感謝(かんしゃ)とをささげるたびごとに、[フランシスコ会訳1984]
(번영과 영예와 감사를 드릴 때마다,)

これらの生(い)き物(もの)が、栄光(えいこう)と誉(ほま)れをたたえて感謝(かんしゃ)をささげると、[新共同訳1987]
(이들 생물이 영광과 영예를 칭송하고 감사를 드리자,)

これらの生(い)き物(もの)が栄光(えいこう)と誉(ほま)れと感謝(かんしゃ)とを、玉座(ぎょくざ)に座(すわ)っている、世々(よよ)永遠(えいえん)に生(い)き続(つづ)ける者(もの)に捧(ささ)げるたびに、[岩波翻訳委員会訳1995]
(이들 생물이 영광과 영예와 감사를 옥좌에 앉아 있는 세세 영원토록 계속 살아 있는 자에게 바칠 때마다,)

[4] 感謝(かんしゃ)をささげている時(とき)、: 감사를 드리고 있을 때,

「ささげる[捧げる]」는 ①「바치다」, ②「드리다, 올리다」의 뜻을 나타내는데 본 절의 「感謝(かんしゃ)をささげる」(감사를 드리다)는 ②의 용법으로 쓰이고 있다.

[例] この老女(ろうじょ)も、ちょうどそのとき近寄(ちかよ)ってきて、神(かみ)に感謝(かんしゃ)をささげ、そしてこの幼(おさ)な子(ご)のことを、エルサレムの救(すくい)を待(ま)ち望(のぞ)んでいるすべての人々(ひとびと)に語(かた)りきかせた。[ルカによる福音書 2:38]
(이 늙은 여자도 바로 그때 가까이 와서 하나님께 감사를 드리고, 그리고 이 어린이를 예루살렘의 구원을 고대하고 있는 모든 사람에게 이야기하여 들려주었다.) [누가복음 2:38]

そして、あなたがたもまた祈(いのり)をもって、ともどもに、わたしたちを助(たす)けてくれるであろう。これは多(おお)くの人々(ひとびと)の願(ねが)いによりわたしたちに賜(たま)わった恵(めぐ)みについて、多(おお)くの人(ひと)が感謝(かんしゃ)をささげるようになるためである。[コリント人への第二の手紙 1:11]
(그리고 여러분도 또 기도로서 모두 우리를 도와 줄 것이다. 이것은 많은 사람들의 기원에 의해 우리에게 주신 은혜에 관해, 많은 사람들이 많은 사람이 감사를 드리게 되기 위해서이다.) [고린도후서 1:11]

また、卑(いや)しい言葉(ことば)と愚(おろ)かな話(はなし)やみだらな冗談(じょうだん)を避(さ)けなさい。これらは、よろしくない事(こと)である。そ

れよりは、むしろ感謝(かんしゃ)をささげなさい。[エペソ人への手紙 5:4]
(또 더러운 말과 어리석은 이야기나 음란한 농담은 피하라. 이것들은 좋지 않은 일이다. 그것보다 오히려 감사를 드려라.) [에베소서 5:4]

その日(ひ)ダビデは初(はじ)めてアサフと彼(かれ)の兄弟(きょうだい)たちを立(た)てて、主(しゅ)に感謝(かんしゃ)をささげさせた。[歴代志上 16:7]
(그 날 다윗은 처음으로 아삽과 그 형제들을 세워, 주님께 감사를 드리게 하였다.) [역대지상 16:7]

二十四人(にじゅうよにん)の長老(ちょうろう)は、[1]御座(みざ)にいますかたのみまえにひれ伏(ふ)し、[2]世々(よよ)限(かぎ)りなく生(い)きておられるかたを拝(おが)み、[3]彼(かれ)らの冠(かんむり)を御座(みざ)のまえに、投(な)げ出(だ)して言(い)った13)、[ヨハネの黙示録 4:10]
(24명의 장로는 보좌에 계신 분의 앞에 넙죽 엎드려서, 세세 영원토록 살아 계시는 분을 예배하고, 그들의 면류관을 보좌 앞에 내놓으면서 말했다.)[4:10])

[1] 御座(みざ)にいますかたのみまえにひれ伏(ふ)し、: 보좌에 계신 분의 앞에 넙죽 엎드려서,

「御座(みざ)にいますかた」の「います」는「いらっしゃる」「おいでになる」에 상당하는 문어의 경어동사로 본 절에서는 후속명사「かた」를 수식・한정하는 연체형으로 쓰이고 있다.

[例] これらのものは滅(ほろ)びてしまうが、あなたは、いつまでもいますかたである。すべてのものは衣(ころも)のように古(ふる)び、[ヘブル人への手紙 1:11]
(이들 것은 멸망해 버리지만, 주님께서는 언제까지나 계실 분이다. 모든 것은 옷과 같이 낡을 것이요.) [히브리서 1:11]

---

13)「ひれ伏(ふ)し……礼拝(れいはい)し……冠(かんむり)を投(な)げる」는 왕에 대한 복종과 존경을 나타내는 당시의 습관이었다. 이상은 フランシスコ会聖書研究所(1984)『新約聖書』サンパウロ. p.923 주(4-8)에 의함.

しかし彼(かれ)は、永遠(えいえん)にいますかたであるので、変(かわ)らない祭司(さいし)の務(つと)めを持(も)ちつづけておられるのである。[ヘブル人への手紙 7:24]
(그러나 그(예수)는 영원히 계시는 분이므로, 변치 않는 제사장직을 계속 가지고 계시는 것입니다.) [히브리서 7:24]

父(ちち)たちよ。あなたがたに書(か)きおくるのは、あなたがたが、初(はじ)めからいますかたを知(し)ったからである。若者(わかもの)たちよ。あなたがたに書(か)きおくるのは、あなたがたが、悪(あ)しき者(もの)にうち勝(か)ったからである。[ヨハネの第一の手紙 2:13]
(아버지인 여러분, 여러분에게 글을 써서 보내는 것은, 여러분이 태초로부터 계신 분을 알고 있기 때문이다. 젊은이 여러분, 여러분에게 글을 써서 보내는 것은, 여러분이 악한 자와 싸워 이겼기 때문이다.) [요한일서 2:13]

子供(こども)たちよ。あなたがたに書(か)きおくったのは、あなたがたが父(ちち)を知(し)ったからである。父(ちち)たちよ。あなたがたに書(か)きおくったのは、あなたがたが、初(はじ)めからいますかたを知(し)ったからである。若者(わかもの)たちよ。あなたがたに書(か)きおくったのは、あなたがたが強(つよ)い者(もの)であり、神(かみ)の言(ことば)があなたがたに宿(やど)り、そして、あなたがたが悪(あ)しき者(もの)にうち勝(か)ったからである。[口語訳 / ヨハネの第一の手紙 2:14]
(자녀 여러분, 여러분에게 글을 써서 보낸 것은, 여러분이 아버지를 알고 있기 때문이다. 아버지인 여러분, 여러분에게 글을 써서 보낸 것은, 여러분이 태초로부터 계신 분을 알았기 때문이다. 젊은이 여러분, 여러분에게 글을 써서 보낸 것은 여러분이 강한 사람이고 하나님의 말씀이 여러분 안에 있고, 여러분이 악한 자와 싸워 이겼기 때문이다.) [요한일서 2:14]

[2] 世々(よよ)限(かぎ)りなく生(い)きておられるかたを拝(おが)み、: 세세 영원토록 살아 계시는 분을 예배하고,

「生(い)きておられる」는 「生(い)きている」의 레루형 경어로 본 절에서는 〈神

(かみ)〉를 높이는 데에 쓰이고 있다. 「生(い)きている」의 특정형 경어는 다음의 「生(い)きておいでになる」도 쓰이는데, 일반형인 「生(い)きておられる」보다 경의도는 높다.

[例] すると、群衆(ぐんしゅう)はイエスに向(む)かって言(い)った、「わたしたちは法(りっぽう)によって、]キリストはいつまでも生(い)きておいでになるのだ、と聞(き)いていました。それなのに、どうして人(ひと)の子(こ)は上(あ)げられねばならないと、言(い)われるのですか。その人(ひと)の子(こ)とは、だれのことですか」。[ヨハネによる福音書 12:34]
(그러자, 군중은 예수를 향해 말했다. "우리는 율법에 의해 그리스도는 언제까지나 살아 계신다고 들었습니다. 그런데 어째서 인자는 올라가야 한다고 말씀하십니까? 그 인자란 누구를 말합니까?") [요한복음 12:34]

이 부분에 관해 타 번역본에서는 다음과 같이 서술하고 있다.

[例] 永遠(えいえん)より永遠(えいえん)に活(い)き給(たま)う者(もの)を拝(はい)し、[塚本訳1963]
(영원토록 살아 계신 자를 예배하고,)

永遠(えいえん)から永遠(えいえん)に生(い)きたもうもののを拝(はい)し、[前田訳1978]
(영원토록 살아 계신 자를 예배하고,)

永遠(えいえん)に生(い)きておられる方(かた)を拝(おが)み、[新改訳1970]
(영원히 살아 계신 분을 예배하고,)

世々(よよ)限(かぎ)りなく生(い)きておられるかたを礼拝(れいはい)し、[フランシスコ会訳1984]
(세세 영원토록 살아 계신 분을 예배하고,)

世々(よよ)限(かぎ)りなく生(い)きておられる方(かた)を礼拝(れいはい)し、

[新共同訳1987]
(세세 영원토록 살아 계신 분을 예배하고,)

世々(よよ)永遠(えいえん)に生(い)きる者(もの)を礼拝(れいはい)し、[岩波翻訳委員会訳1995]
(세세 영원히 살아 있는 자를 예배하고,)

[3] 彼(かれ)らの冠(かんむり)を御座(みざ)のまえに、投(な)げ出(だ)して言(い)った、: 그들의 면류관을 보좌 앞에 내놓으면서 말했다,

「投(な)げ出(だ)して言(い)った、」의 「投(な)げ出(だ)す」는 「投(な)げる」의 연용형 「投(な)げ」에 공간상을 나타내는 후항동사 「~出(だ)す」가 결합한 복합동사로 한국어의 「내던지다, 내놓다, 팽개치다, 포기하다」에 상당하는 뜻을 나타낸다.

[例] わたしはその二枚(にまい)の板(いた)をつかんで、両手(りょうて)から投(な)げ出(だ)し、あなたがたの目(め)の前(まえ)でこれを砕(くだ)いた。[申命記 9:17]
(나는 그 두 장의 돌 판을 잡아 양손으로 내던져 너희 눈앞에서 이곳을 깨뜨려 버렸다.) [신명기 9:17]

あなたがたの祭壇(さいだん)は荒(あら)され、あなたがたの香(こう)の祭壇(さいだん)はこわされる。わたしはあなたがたの偶像(ぐうぞう)の前(まえ)に、あなたがたの殺(ころ)された者(もの)を投(な)げ出(だ)す。[エゼキエル書 6:4]
(너희 제단은 폐허가 되고, 너희가 분향하는 제단은 부서진다. 나는 너희의 우상들 앞에 너희 가운데서 죽음을 당한 사람들을 던져 버리겠다.) [에스겔 6:4]

つまんないからとて、仕事(しごと)を途中(とちゅう)で投(な)げ出(だ)してはいけません。
(재미없다고 해서 일을 도중에서 내던져서는 안 됩니다.)

やがて彼(かれ)はバス・タオルを腰(こし)に巻(ま)き、ベッドに身(み)を投(な)げ出(だ)して、数分間(すうふんかん)目(め)をつぶってから、フロント係(がかり)に電話(でんわ)をした。
(이윽고 그는 목욕 수건을 허리에 두르고 침대에 몸을 던지고 수 분간 눈을 감고 나서 프런트 담당에게 전화를 했다.)

「[1]われらの主(しゅ)なる神(かみ)よ、[2]あなたこそは、栄光(えいこう)とほまれと力(ちから)とを受(う)けるにふさわしいかた。[3]あなたは万物(ばんぶつ)を造(つく)られました。[4]御旨(みむね)によって、万物(ばんぶつ)は存在(そんざい)し、また造(つく)られたのであります」。[ヨハネの黙示録 4:11]
("우리 주이신 하나님이여, 주님이야말로 영광과 영예와 권능을 받기에 적합한 분. 주님께서는 만물을 만드셨습니다. 주님의 뜻에 따라, 만물은 존재하고, 또 만들어진 것입니다.") [4:11]

[1] われらの主(しゅ)なる神(かみ)よ、 : 우리 주이신 하나님이여,

「われらの主(しゅ)なる神(かみ)よ、」의 「主(しゅ)なる」의 「~なる」는 문어 조동사 「~なり」의 연체형으로 본 절에서는 동격의 의미로 쓰이고 있다. 그리고 「われらの主(しゅ)なる神(かみ)よ」와 같은 관용적인 표현을 구어역 성서에서 들면 다음과 같다.

[例] この約束(やくそく)は、われらの主(しゅ)なる神(かみ)の召(め)しにあずかるすべての者(もの)、すなわちあなたがたと、あなたがたの子(こ)らと、遠(とお)くの者(もの)一同(いちどう)とに、与(あた)えられているものである」。[使徒行伝 2:39]
(이 약속은 우리 주이신 하나님께서 부름을 받은 모든 사람 즉 여러분과 여러분의 자녀와 또 멀리 떨어져 있는 모든 사람들에게 주어진 것이다.") [사도행전 2:39]

もし主(しゅ)を愛(あい)さない者(もの)があれば、のろわれよ。マラナ・タ

(われらの主(しゅ)よ、きたりませ)。[コリント人への第一の手紙 16:22]
만일 주님을 사랑하지 않는 자가 있으면 저주를 받으라. 마라나 타(우리 주님, 오십시오.) [고린도전서 16:22]

主(しゅ)、われらの主(しゅ)よ、あなたの名(な)は地(ち)にあまねく、いかに尊(たっと)いことでしょう。あなたの栄光(えいこう)は天(てん)の上(うえ)にあり、[詩篇 8:1]
(주님, 우리의 주여, 주의 이름은 온 땅에 어찌 그리 존귀한가요? 주의 영광은 나라 위에 있고,) [시편 8:1]

[2] あなたこそは、栄光(えいこう)とほまれと力(ちから)とを受(う)けるにふさわしいかた。: 주님이야말로 영광과 영예와 권능을 받기에 적합한 분.

 본 절에서는 「あなたは…栄光(えいこう)とほまれと力(ちから)とを受(う)ける」의 「受(う)ける」와 같이 [주=하나님]에 대해 비경어가 쓰이고 있다.

이에 관해 타 번역본에서는 다음과 같이 표현되고 있다.

[例] あなたは、栄光(えいこう)と誉(ほま)れと力(ちから)とを受(う)けるにふさわしい方(かた)です。[新改訳1970]
(주님은 영광과 영예와 권능을 받기에 적합한 분입니다.)

あなたこそ、栄(さか)えと誉(ほま)れと力(ちから)とを受(う)けるにふさわしいかた。[フランシスコ会訳1984]
(주님이야 말로 영광과 영예와 권능을 받기에 적합한 분.)

／あなたこそ、／栄光(えいこう)と誉(ほま)れと力(ちから)とを受(う)けるにふさわしい方(かた)。[新共同訳1987]
(／주님이야 말로 ／영광과 영예와 권능을 받기에 적합한 분.)

貴神(かしこきかみ)は(凡(すべ)ての創造(そうぞう)られたものから)栄光(えいこう)と栄誉(えいよ)と権能(けんのう)とを受(う)け、(また凡(すべ)ての創

造(そうぞう)られたものを支配(しはい)し) 給(たま)うに相応(ふさわ)しい。
[塚本訳1963]
(주님은 (모든 창조하신 것에서) 영광과 영예와 권능을 받고 (또 모든 창조하신 것을 지배하)시기에 적합하다.)

あなたは栄光(えいこう)と誉(ほま)れと力(ちから)を受(う)けたもうのにふさわしい。[前田訳1978]
(주님은 영광과 영예와 권능을 받으시기에 적합하다.)

あなたこそ、栄光(えいこう)と誉(ほま)れと力(ちから)とをお受(う)けなさるにふさわしいお方。[岩波翻訳委員会訳1995]
(주님이야 말로 영광과 영예와 권능을 받으시기에 적합한 분.)

[新改訳1970]・[フランシスコ会訳1984]・[新共同訳1987]에서는「受(う)ける」와 같이 비경어가 쓰이고 있다. 그리고 [塚本訳1963]에서는「受(う)け、し給(たま)う」와 같이 앞에서는 비경어가 뒤에서는 경어가 쓰이고 있다. [前田訳1978]에서는「受(う)けたもう」와 같이, [岩波翻訳委員会訳1995]에서는「お受(う)けなさる」와 같이 경어가 쓰이고 있다.

[3] あなたは万物(ばんぶつ)を造(つく)られました。: 주님께서는 만물을 만드셨습니다.

「造(つく)られました」는「造(つく)る」의 レル형 경어「造(つく)られる」의 정중체 과거로 〈あなた = 主(しゅ) = 神(かみ)〉를 높이는 데에 쓰이고 있다.

[例] しかし、天地(てんち)創造(そうぞう)の初(はじ)めから、『神(かみ)は人(ひと)を男(おとこ)と女(おんな)とに造(つく)られた。[マルコによる福音書 10:6]
(그러나 천지 창조 때부터 '하나님께서는 사람을 남자와 여자로 만드셨다.') [마가복음 10:6]

その日(ひ)には、神(かみ)が万物(ばんぶつ)を造(つく)られた創造(そうぞう)

の初(はじ)めから現在(げんざい)に至(いた)るまで、かつてなく今後(こんご)もないような患難(かんなん)が起(お)るからである。[マルコによる福音書 13:19]
(그 날에는 하나님께서 만물을 만드신 창조 초기부터 현재에 이르기까지 전에 없었고 앞으로도 없을 그런 환난이 일어나기 때문이다.) [마가복음 13:19]

愚(おろ)かな者(もの)たちよ、外側(そとがわ)を造(つく)ったかたは、また内側(うちがわ)も造(つく)られたではないか。[ルカによる福音書 11:40]
(어리석은 사람들아, 겉을 만든 분이 속도 만드시지 않았느냐?) [누가복음 11:40]

もろもろの天(てん)はあなたのもの、地(ち)もまたあなたのもの、世界(せかい)とその中(なか)にあるものとはあなたがその基(もとい)をおかれたものです。[詩篇 89:11]北(きた)と南(みなみ)はあなたがこれを造(つく)られました。タボルとヘルモンは、み名(な)を喜(よろこ)び歌(うた)います。[詩篇 89:12]
(모든 하늘은 주님의 것, 땅도 또한 주님의 것, 세계와 그 안에 있는 것은 주님께서 그 기초를 놓으신 것입니다.) [시편 89:11](북녘과 남녘은 주님께서 만드셨습니다. 다볼과 헤르몬이 주님의 이름을 기뻐하며 노래합니다.) [시편 89:12]

「ケルビムの上(うえ)に座(ざ)しておられるイスラエルの神(かみ)、万軍(ばんぐん)の主(しゅ)よ、地(ち)のすべての国(くに)のうちで、ただあなただけが神(かみ)でいらせられます。あなたは天(てん)と地(ち)を造(つく)られました。[イザヤ書 37:16]
(케루빔 ; (라틴어) cherubim[지식을 맡은 천사] 위에 앉아 계시는 이스라엘의 하나님, 만군의 주여, 땅에 있는 모든 나라 중에서 오직 주님만이 하나님이십니다. 주님은 하늘과 땅을 만드셨습니다.) [이사야 37:16]

[4] 御旨(みむね)によって、万物(ばんぶつ)は存在(そんざい)し、また造(つく)られたのであります」。: 주님의 뜻에 따라, 만물은 존재하고, 또 만들어진 것입니다."

「また造(つく)られたのであります」의「造(つく)られた」는 [3]의「造(つく)られました」와 달리,「造(つく)る」의 수동이 과거로 쓰인 예이다. 같은 유형의 예를 들면 다음과 같다.

[例] そして彼(かれ)らに言(い)われた、「全世界(ぜんせかい)に出(で)て行(い)って、すべての造(つく)られたものに福音(ふくいん)を宣(の)べ伝(つた)えよ。[マルコによる福音書 16:15]
(그리고 그들에게 말씀하셨다. "온 세상에 나가서, 모든 만들어진 것에 복음을 전파하여라.) [마가복음 16:15]

しかるに、諸君(しょくん)の見聞(みき)きしているように、あのパウロが、手(て)で造(つく)られたものは神様(かみさま)ではないなどと言(い)って、エペソばかりか、ほとんどアジヤ全体(ぜんたい)にわたって、大(おお)ぜいの人々(ひとびと)を説(と)きつけて誤(あやま)らせた。[使徒行伝 19:26]
(그런데 여러분이 보고 듣고 있는 것처럼, 바로 그 바울이 사람의 손으로 만든 것은 신이 아니라고 말하면서, 에베소뿐만 아니라, 거의 전 아시아에 걸쳐, 많은 사람을 설득해서 잘못을 저지르게 했다.) [사도행전 19:26]

ああ人(ひと)よ。あなたは、神(かみ)に言(い)い逆(さか)らうとは、いったい、何者(なにもの)なのか。造(つく)られたものが造(つく)った者(もの)に向(む)かって、「なぜ、わたしをこのように造(つく)ったのか」と言(い)うことがあろうか。[ローマ人への手紙 9:20]
(아, 이 사람아, 너는, 하나님께 감히 말대답을 하다니, 도대체 어떤 사람이냐? 만들어진 것이 만든 이를 향해 "어찌하여 나를 이렇게 만들었느냐?" 하고 말할 수 있겠느냐? [로마서 9:20]

また、男(おとこ)は女(おんな)のために造(つく)られたのではなく、女(おんな)が男(おとこ)のために造(つく)られたのである。[コリント人への第一の手紙 11:9]
(또 남자는 여자를 위하여 만들어진 것이 아니라, 여자가 남자를 위하여 만들어진 것이다.) [고린도전서 11:9]

ヨハネの黙示録(もくしろく)　第5章[14]

---

[14] 본 장은 구주 그리스도를 중심으로 그려져 있다. 그리스도는 그 탁신(託身)과 부활에 의해 하나님의 구원의 계획을 실현시키신다. 이상은 フランシスコ会聖書研究所(1984)『新約聖書』サンパウロ. p.923 주(5-1)에 의함.

〖12〗巻(ま)き物(もの)と小羊(こひつじ) 두루마리와 어린 양

[ヨハネの黙示録 5:1 – 5:14]

ヨハネの黙示 5:1 – 5:5
七(なな)つの封印(ふういん)ある巻(ま)き物(もの)
7개 봉인이 있는 두루마리

> わたしはまた、御座(みざ)にいますかたの右(みぎ)の手(て)に、[1]巻物(まきもの)があるのを見(み)た。[2]その内側(うちがわ)にも外側(そとがわ)にも字(じ)が書(か)いてあって、七(なな)つの封印(ふういん)で封(ふう)じてあった。[ヨハネの黙示録 5:1]
> (나는 또 보좌에 계신 분의 오른손에 두루마리가 있는 것을 보았다. 그 안쪽에도 바깥쪽에도 글자가 쓰여 있고 7개의 봉인으로 봉해져 있었다.) [5:1]

[1] 巻物(まきもの)があるのを見(み)た。: 두루마리가 있는 것을 보았다.
본 절과 관련 있는 성구를 들면 다음과 같다.

[例] それゆえ、このすべての幻(まぼろし)は、あなたがたには封(ふう)じた書物(しょもつ)の言葉(ことば)のようになり、人々(ひとびと)はこれを読(よ)むことのできる者(もの)にわたして、「これを読(よ)んでください」と言(い)えば、「これは封(ふう)じてあるから読(よ)むことができない」と彼(かれ)は言(い)う。[イザヤ書 29:11]
(그러므로 이 모든 환상이 너희에게는 봉인한 두루마리의 말씀과 같고, 사람들이 이것을 읽을 수 있는 사람에게 건네서 "이것을 읽어 주십시오."라고 말하면, "봉인되어 있어서 읽을 수 없다."라고 그는 말한다.)[이사야 29:11]

この時(とき)わたしが見(み)ると、見(み)よ、わたしの方(ほう)に伸(の)べた手(て)があった。また見(み)よ、手(て)の中(なか)に巻物(まきもの)があった。[エゼキエル書 2:9]
(이 때 내가 보니, 보아라! 내 쪽에 뻗친 손이 있었다. 또 보아라! 손 안에 두루마리가 있었다.) [에스겔 2:9]

彼(かれ)がわたしの前(まえ)にこれを開(ひら)くと、その表(おもて)にも裏(うら)にも文字(もじ)が書(か)いてあった。その書(か)かれていることは悲(かな)しみと、嘆(なげ)きと、災(わざわい)の言葉(ことば)であった。[エゼキエル書 2:10]
(그가 내 앞에 이것을 펼치자, 그 앞에도 뒤에도 글자가 쓰여 있었다. 그 쓰여진 것은 슬픔과 탄식과 재앙의 말이었다.) [에스겔 2:10]

[フランシスコ会聖書研究所(1984)『新約聖書』サンパウロ. p.923 주(5-2)]에 따르면, 이 두루마리의 내용은 분명하지 않지만, 아마, 종말에 있어서의 전 인류에 대한 하나님의 구원 계획이 쓰여 있는 것이라고 한다.

　[2] その内側(うちがわ)にも外側(そとがわ)にも字(じ)が書(か)いてあって、七つの封印(ふういん)で封(ふう)じてあった。: 그 안쪽에도 바깥쪽에도 글자가 쓰여 있고 7개의 봉인으로 봉해져 있었다.

「字(じ)が書(か)いてあって」、「(巻物(まきもの)は)七つの封印(ふういん)で封(ふう)じてあった」와 같이 타동사에「~てある」가 접속되어 (동작주의 행위의) 결과의 상태를 나타내는 어법이 사용되고 있다. 이에 대해 타 번역본에서는 다음과 같이 표현되고 있다.

　[例] それは内側(うちがわ)にも外側(そとがわ)にも (一杯(いっぱい)に) 字(じ)が書(か)いてあり、七(なな)つのの封印(ふういん)を以(もっ)て (固(かた)く) 封(ふう)ぜられてあった。[塚本訳1963]
(그것은 안쪽에도 바깥쪽에도 (가득) 글자가 쓰여 있고, 7개의 봉인으로 (단단히)

봉해져 있었다.)

表(おもて)にも裏(うら)にも字(じ)が書(か)いてあり、七(なな)つの封印(ふういん)で封(ふう)じられていた。[新共同訳1987]
(바깥쪽에도 안쪽에도 글자가 쓰여 있고, 7개의 봉인으로 봉해져 있었다.)

それは内側(うちがわ)にも外側(そとがわ)にも文字(もじ)が書(か)きしるされ、七(なな)つの封印(ふういん)で封(ふう)じられていた。[新改訳1970]
(그것은 안쪽에도 바깥쪽에도 글자가 기록되어, 7개의 봉인으로 봉해져 있었다.)

内(うち)にも外(そと)にも書(か)かれている巻(ま)き物(もの)を。それには七(なな)つの封印(ふういん)がなされている。[前田訳1978]
(안쪽에도 바깥쪽에도 쓰인 두루마리를. 그것에는 7개의 봉인이 되어 있다.)

それは、内側(うちがわ)にも外側(そとがわ)にも文字(もじ)が記(しる)されており、七(なな)つの封印(ふういん)が封(ふう)じられていた。[フランシスコ会訳1984]
(그것은 안쪽에도 바깥쪽에도 글자가 기록되어 있고, 7개의 봉인이 봉해져 있었다.)

内側(うちがわ)にも裏側(そとがわ)にも文字(もじ)が書(か)かれていて、七(なな)つの封印(ふういん)で封(ふう)をされた一巻(いっかん)の小巻物(しょうまきもの)があるのを見(み)た。[岩波翻訳委員会訳1995]
(안쪽에도 바깥쪽에도 글자가 쓰여 있고, 7개의 봉인으로 봉해진 한 권의 작은 두루마리가 있는 것을 보았다.)

그리고 [フランシスコ会聖書研究所(1984)『新約聖書』サンパウロ. p.923 주(5-2)]에 의하면, 「七(なな)つの封印(ふういん)」에 관해서는 고대 로마에서도 유언서를 7개의 봉인으로 봉하는 습관이 있었다고 한다.

> また、一人(ひとり)の強(つよ)い御使(みつかい)が、大声(おおごえ)で、[1]「その巻物(まきもの)を開(ひら)き、封印(ふういん)を解(と)くのにふさわしい者(もの)は、だれか」と呼(よ)ばわっているのを見(み)た。[ヨハネの黙示録 5:2]
> (그리고 힘센 한 천사가 큰소리로 "그 두루마리를 펴고, 봉인을 푸는 데에 적합한 사람은 누군가?"라고 외치고 있는 것을 보았다.) [5:2]

[1] 「その巻物(まきもの)を開(ひら)き、封印(ふういん)をとくのにふさわしい者(もの)は、だれか」と呼(よ)ばわっているのを見(み)た。: 그 두루마리를 펴고, 봉인을 푸는 데에 적합한 사람은 누군가?"라고 외치고 있는 것을 보았다.

「封印(ふういん)を解(と)く」(봉인을 풀다)는 요한묵시록에서만 [5:2] [5:5] [5:9] [6:3] [6:5] [6:7] [6:9] [6:12] [8:1]과 같이 총 9회 등장한다.

그리고 「呼(よ)ばわる」는 「큰 소리로 부르다, 외치다」에 상당하는 뜻을 나타내는 자동사로 구어역에서 예를 들면 다음과 같다.

[例] 荒野(あらの)で呼(よ)ばわる者(もの)の声(こえ)がする、『主(しゅ)の道(みち)を備(そな)えよ、その道(みち)筋(すじ)をまっすぐにせよ』」と書(か)いてあるように、[マルコによる福音書 1:3]
(광야에서 외치는 이의 소리가 난다. '주의 길을 예비하고, 그의 길을 곧게 하여라'라고 쓰여 있는 것처럼,) [마가복음 1:3]

それは、預言者(よげんしゃ)イザヤの言葉(ことば)の書(しょ)に書(か)いてあるとおりである。すなわち「荒野(あらの)で呼(よ)ばわる者(もの)の声(こえ)がする、『主(しゅ)の道(みち)を備(そな)えよ、その道(みち)筋(すじ)をまっすぐにせよ』。[口語訳 / ルカによる福音書 3:4]
(그것은 예언자 이사야의 말이 기록된 서책에 쓰여 있는 대로이다. 즉 "광야에서 외치는 이의 소리가 난다, '주의 길을 예비하라, 그 길을 곧게 하여라.') [구어역/누가복음 3:4]

彼(かれ)は言(い)った、「わたしは、預言者(よげんしゃ)イザヤが言(い)ったように、『主(しゅ)の道(みち)をまっすぐにせよと荒野(あらの)で呼(よ)ばわる者(もの)の声(こえ)』である」。[ヨハネによる福音書 1:23]
(그(요한)가 말했다. "나는 예언자 이사야가 말한 것처럼, '주의 길을 곧게 하여라 하고 광야에서 외치는 이의 소리'요.") [요한복음 1:23]

異邦人(いほうじん)の中(なか)にあって、りっぱな行(おこな)いをしなさい。そうすれば、彼(かれ)らは、あなたがたを悪人(あくにん)呼(よ)ばわりしていても、あなたがたのりっぱなわざを見(み)て、かえって、おとずれの日(ひ)に神(かみ)をあがめるようになろう。[ペテロの第一の手紙 2:12]
(이방인 가운데서 행실을 바르게 하라. 그렇게 하면 그들이 여러분을 악을 행하는 사람이라고 부르더라도 여러분의 바른 행위를 보고 오히려 하나님이 오시 날에, 하나님을 우러러 받들게 될 것이다.) [베드로전서 2:12]

しかし、天(てん)にも地(ち)にも地(ち)の下(した)にも、この巻物(まきもの)を開(ひら)いて、[1]それを見(み)ることのできる者(もの)は、[2]ひとりもいなかった。[ヨハネの黙示録 5:3]
(그러나 하늘에도 땅에도 땅 아래에도 이 두루마리를 펼치고, 그것을 볼 수 있는 사람은 한 사람도 없었다.) [5:3]

[1] それを見(み)ることのできる者(もの)は、: 그것을 볼 수 있는 사람은.
「見(み)ることのできる者(もの)」는 「[見(み)ることができる]者(もの)」에서 연체수식절 내의 주격 표시를 「~の」로 전환한 예이다.

[例] 主格(しゅかく)の「の」に先行(せんこう)して現(あら)われることのできる要素(ようそ)は、述語(じゅつご)のみと関係(かんけい)するものであってはならない。
(주격의 「の」에 선행해서 나타날 수 있는 요소는 술어에만 관계하는 것이어서는 안 된다.)

願(ねが)わくは、わたしの福音(ふくいん)とイエス・キリストの宣教(せんきょう)とにより、かつ、長(なが)き世々(よよ)にわたって、隠(かく)されていたが、今(いま)やあらわされ、預言(よげん)の書(しょ)をとおして、永遠(えいえん)の神(かみ)の命令(めいれい)に従(したが)い、信仰(しんこう)の従順(じゅうじゅん)に至(いた)らせるために、もろもろの国(くに)人(ひと)に告(つ)げ知(し)らされた奥義(おくぎ)の啓示(けいじ)によって、<u>あなたがたを力(ちから)づけることのできるかた</u>、[ローマ人への手紙 16:26]
(바라건대, 내 복음과 예수 그리스도의 선교에 의해 또한 세세 영원토록 숨겨져 있었지만, 바야흐로 나타나, 예언서를 통해 영원한 하나님의 명에 따라, 믿음의 순종에 이르게 하기 위해, 모든 나라 사람들에게 알려진 비밀의 계시에 의해 여러분에게 용기를 북돋을 수 있는 분.) [로마서 16:26]

そして、あなたが多(おお)くの証人(しょうにん)の前(まえ)でわたしから聞(き)いたことを、さらにほかの者(もの)たちにも<u>教(おし)えることのできるような忠実(ちゅうじつ)な人々(ひとびと)</u>に、ゆだねなさい。[テモテへの第二の手紙 2:2]
(그리고 그대가 많은 증인 앞에서 나에게서 들은 것을 또한 다른 사람들에게도 가르칠 수 있는 그런 충실한 사람들에게 맡겨라.) [디모데후서 2:2]

わたしたちは皆(みな)、多(おお)くのあやまちを犯(おか)すものである。もし、言葉(ことば)の上(うえ)であやまちのない人(ひと)があれば、そういう人(ひと)は、全身(ぜんしん)をも<u>制御(せいぎょ)することのできる完全(かんぜん)な人(ひと)</u>である。[ヤコブの手紙 3:2]
(우리는 모두 많은 실수를 저지르는 법이다. 만일 말을 하면서 실수가 없는 사람이 있으면 그런 사람은 전신도 제어할 수 있는 완전한 사람이다.) [야고보서 3:2]

[2] ひとりもいなかった。: 한 사람도 없었다.
본 절에서는 「ひとりもいなかった」와 같이 유생명사의 부존재를 「いる」의 부정 「いない」의 과거로 나타내고 있다.

[例] 彼(かれ)らの中(なか)に乏(とぼ)しい者(もの)は、ひとりもいなかった。地所(じしょ)や家屋(かおく)を持(も)っている人(ひと)たちは、それを売(う)り、売(う)った物(もの)の代金(だいきん)をもってきて、[使徒行伝 4:34]
(그들 중에는 가난한 사람은 하나도 없었다. 땅이나 가옥을 가지고 있는 사람들은, 그것을 팔아, 판 물건의 대금을 가지고 와서) [사도행전 4:34]

この世(よ)の支配者(しはいしゃ)たちのうちで、この知恵(ちえ)を知(し)っていた者(もの)は、ひとりもいなかった。もし知(し)っていたなら、栄光(えいこう)の主(しゅ)を十字架(じゅうじか)につけはしなかったであろう。[コリント人への第一の手紙 2:8]
(이 세상 지배자들 중에서 이 지혜를 알고 있었던 사람은 하나도 없었다. 만일 알고 있었더라면, 영광의 주를 십자가에 매달지는 않았을 것이다.) [고린도전서 2:8]

わたしは彼(かれ)らをアハワに流(なが)れる川(かわ)のほとりに集(あつ)めて、そこに三日(みっか)のあいだ露営(ろえい)した。わたしは民(たみ)と祭司(さいし)とを調(しら)べたが、そこにはレビの子孫(しそん)はひとりもいなかったので、[エズラ記 8:15]
(나는 그들을 아하와에 흐르는 강가에 모으고, 거기에 사흘 동안 노영했다. 나는 백성과 제사장을 조사했지만, 거기에는 레위 자손은 하나도 없어서,) [에스라 8:15]

わたしが来(き)たとき、なぜひとりもいなかったか。わたしが呼(よ)んだとき、なぜひとりも答(こた)える者(もの)がなかったか。……[イザヤ書 50:2]
(내가 왔을 때 왜 한 사람도 없었느냐? 내가 불렀을 때 왜 한 사람도 대답하는 사람이 없었느냐?……) [이사야 50:2]

한편, 유생명사의 부존재에 관해 구어역에서는 다음의「ひとりもなかった」와 같이「なかった」가 쓰이는 예도 있다.

[例] そのとき、弟子(でし)たちが帰(かえ)って来(き)て、イエスが一人(ひとり)の女(おんな)と話(はな)しておられるのを見(み)て不思議(ふしぎ)に思(おも)ったが、しかし、「何(なに)を求(もと)めておられますか」とも、「何(なに)

を彼女(かのじょ)と話(はな)しておられるのですか」とも、尋(たず)ねる者(もの)は一人(ひとり)もなかった。[ヨハネによる福音書 4:27]
(그때, 제자들이 돌아와서 예수께서 한 여자와 이야기를 하고 계신 것을 보고 이상하게 생각했지만, 그러나 "무엇을 찾고 계십니까?"라고도 "무엇을 그녀와 이야기하고 계신 것입니까?"라고도 묻는 사람은 한 사람도 없었다.) [요한복음 4:27]

> 巻物(まきもの)を開(ひら)いて[1]それを見(み)るのにふさわしい者(もの)が見当(みあた)らないので、[2]わたしは激(はげ)しく泣(な)いていた。[ヨハネの黙示録 5:4]
> (두루마리를 펴서 그것을 보는 데에 합당한 사람이 보이지 않아서 나는 격하게 울고 있었다.) [5:4]

[1] それを見(み)るのにふさわしい者(もの)が見当(みあた)らないので、: 그것을 보는 데에 합당한 사람이 보이지 않아서,

「見当(みあた)らない」의 「見当(みあ)たる」는 「見(み)る」의 연용형 「見(み)」에 후항동사 「~当(あ)たる」가 결합된 복합동사로 한국어의 「찾던 것이 발견되다, 보이다, 눈에 띄다」에 상당하는 뜻을 나타낸다.

그런데 「見当(みあ)たる」는, 「見(み)つかる」와 같은 의미를 나타내지만, 통상 본 절의 「見当(みあ)たらない」와 같이 부정으로 쓰이는 경우가 대부분이다. 그리고 「見(み)つかった」라고는 하지만, 「見当(みあ)たった」와 같이 과거형으로도 거의 쓰이지 않는다.

[例] お店(みせ)を探(さが)したけど、見当(みあ)たらない。
(가게를 찾았지만, 보이지 않다.)[특정 지점, 기본적으로는 당사자가 있는 곳 주변을 찾았지만, 없다.]

お店(みせ)が見(み)つからない。
(가게를 못 찾겠다.)[어떻게 찾았는지 여하튼 가게가 없다.]

그럼 「見当(みあ)たらない」의 예를 들어보자.

[例] イエスのからだが見当(みあた)らないので、帰(かえ)ってきましたが、そのとき御使(みつかい)が現(あらわ)れて、『イエスは生(い)きておられる』と告(つ)げたと申(もう)すのです。[ルカによる福音書 24:23]
(예수의 몸(시신)이 보이지 않아, 돌아왔습니다만, 그때 천사가 나타나서, '예수께서는 살아 계신다.'고 알렸다고 말하는 것입니다.) [누가복음 24:23]

彼(かれ)の理論(りろん)にはまったく欠陥(けっかん)が見当(みあ)たらない。
(그의 이론에는 전혀 결함이 보이지 않는다.)

お探(さが)しの本(ほん)はこちらの本棚(ほんだな)には見当(みあ)たらないです。
(찾으시는 책은 이쪽 책장에는 보이지 않습니다.)

お探(さが)しの番号(ばんごう)の会員(かいいん)カードは見当(みあ)たりませんでした。もう一度(いちど)ご確認(かくにん)いただけますでしょうか。
(찾으시는 번호 회원 카드는 찾지 못했습니다. 다시 한번 확인해 주시겠습니까?)

クレジットカードが見当(みあ)たらないのですが、見(み)つかるまでカードの利用(りよう)を一時的(いちじてき)に停止(ていし)することはできますか。
(신용카드를 찾지 못했는데, 찾을 때까지 카드 이용을 일시적으로 정지할 수 있습니까?)

[2] わたしは激(はげ)しく泣(な)いていた。: 나는 격하게 울고 있었다.
「激(はげ)しく泣(な)いていた」의 「激(はげ)しく」는 「激(はげ)しい」의 연용형이 부사적으로 쓰인 것인데, 한국어로는 문맥에 따라 다양하게 대응한다.

[例] 雨(あめ)がさらに激(はげ)しく降(ふ)り出(だ)した。
(비가 더욱 세차게 오기 시작했다.)

車(くるま)が激(はげ)しく行(ゆ)き交(か)う道路(どうろ)だから、いつも混(こ)んでいる。
(차가 빈번하게 오가는 길이라서 항상 붐빈다.)

一昨夜(いっさくや)、二人(ふたり)は激(はげ)しく諍(いさか)った。
(그저께 밤 두 사람은 심하게 다퉜다.)

すると、霊(れい)は叫(さけ)び声(ごえ)をあげ、激(はげ)しく引(ひ)きつけさせて出(で)て行(い)った。その子(こ)は死人(しにん)のようになったので、多(おお)くの人(ひと)は、死(し)んだのだと言(い)った。[マルコによる福音書 9:26]
(그러자, 악령은 큰소리로 외치고, [아이에게] 심하게 경련을 일으키고 나갔다. 그 아이는 죽은 사람처럼 되었기 때문에 많은 사람은 [아이가] 죽었다고 말했다.) [마가복음 9:26]

多(おお)くの人々(ひとびと)は彼(かれ)を叱(しか)って黙(だま)らせようとしたが、彼(かれ)はますます激(はげ)しく叫(さけ)びつづけた、「ダビデの子(こ)イエスよ、わたしを哀(あわ)れんでください」。[マルコによる福音書 10:48]
(많은 사람이 그를 꾸짖고 조용히 하게 하려고 했지만, 그는 더욱더 거세게 계속해서 외쳤다. "다윗의 자손 예수여, 저를 불쌍하게 여겨 주십시오.") [마가복음 10:48]

しかし、彼(かれ)は、「あなたがたの話(はな)しているその人(ひと)のことは何(なに)も知(し)らない」と言(い)い張(は)って、激(はげ)しく誓(ちか)いはじめた。[マルコによる福音書 14:71]
(그러나 그는 "당신들이 이야기하는 그 사람에 관해서는 아무것도 몰라."라고 우기고 격하게 맹서하기 시작했다.) [마가복음 14:71]

ピラトは言(い)った、「あの人(ひと)は、いったい、どんな悪事(あくじ)をしたのか」。すると、彼(かれ)らはいっそう激(はげ)しく叫(さけ)んで、「十字架(じゅうじか)につけよ」と言(い)った。[マルコによる福音書 15:14]

(빌라도는 말했다. "그 사람이 도대체 어떤 나쁜 짓을 했느냐?" 그러자, 그들은 더욱 더 격하게 소리를 지르고, "십자가에 매달아라!" 라고 말했다.) [마가복음 15:14]

イエスがそこを出(で)て行(い)かれると、律法(りっぽう)学者(がくしゃ)やパリサイ人(びと)は、激(はげ)しく詰(つ)め寄(よ)り、いろいろな事(こと)を問(と)いかけて、[ルカによる福音書 11:53]

(예수께서 거기를 나오시자, 율법학자들과 바리새파 사람들은 격하게 따지고 덤비고 여러 가지로 질문을 던져서,) [누가복음 11:53]

すると、長老(ちょうろう)の一人(ひとり)がわたしに言(い)った、「泣(な)くな。見(み)よ、[1]ユダ族(ぞく)の獅子(しし)、[2]ダビデの若枝(わかえだ)であるかたが、勝利(しょうり)を得(え)たので、その巻物(まきもの)を開(ひら)き七(なな)つの封印(ふういん)を解(と)くことができる」。[ヨハネの黙示録 5:5]

(그러자 장로 중의 한 사람이 나에게 말했다. "울지 마라. 보아라! 유다 지파의 사자, 다윗의 애가지인 분께서 승리를 얻었기에 그 두루마리를 펴고, 7개의 봉인을 풀 수 있다.") [5:5]

[1] ユダ族(ぞく)の獅子(しし)、: 유다 지파의 사자,

「ユダ族(ぞく)の獅子(しし)」는 메시아를 가리킨다. 태조(太祖) 야곱의 축복의 말 중에서 유다 지파는 사자로 불려 다른 이스라엘 지파에 대한 지배권을 받고(창세기 49:9 참조), 이 지파에서 메시아가 태어난다고 한다15).

[例] ユダは、獅子(しし)の子(こ)。わが子(こ)よ、あなたは獲物(えもの)をもって上(のぼ)って来(く)る。彼(かれ)は雄(お)じしのようにうずくまり、雌(め)じしのように身(み)を伏(ふ)せる。だれがこれを起(おこ)すことができよう。
[創世記 49:9]

(유다는 사자 새끼다. 내 아들아, 너는 사냥한 먹이로 올라온다. 그는 사자처럼 웅

---

15) フランシスコ会聖書研究所(1984)『新約聖書』サンパウロ. p.923 주(5-3)에 의함.

크리고 암사자처럼 몸을 엎드린다. 누가 이것을 일으킬 수 있겠느냐?) [창세기 49:9]

[2] ダビデの若枝(わかえだ)であるかたが、勝利(しょうり)を得(え)たので、： 다윗의 어린 가지인 분께서 승리를 얻었기에,

「ダビデの若枝(わかえだ)」는 메시아의 칭호이며, [이사야 11:1, 11:10 참조. 그리고 로마서 15:12 참조]에 기초한 표현이다[16].

[例] エッサイの株(かぶ)から一(ひと)つの芽(め)が出(で)、その根(ね)から一(ひと)つの若(わか)枝(えだ)が生(は)えて実(み)を結(むす)び、[イザヤ書 11:1]
(이새의 줄기에서 한 싹이 나오고 그의 뿌리에서 하나의 어린 가지가 돋아나 열매를 맺고,) [이사야 11:1]

その日(ひ)、エッサイの根(ね)が立(た)って、もろもろの民(たみ)の旗(はた)となり、もろもろの国(くに)びとはこれに尋(たず)ね求(もと)め、その置(お)かれる所(ところ)に栄光(えいこう)がある。[イザヤ書 11:10]
(그 날, 이새의 뿌리가 일어서고 여러 백성들의 깃발이 되고, 여러 나라 사람들이 이것에 찾아오고, 그 놓여 있는 곳에 영광이 있다.) [이사야 11:10]

またイザヤは言(い)っている、「エッサイの根(ね)から芽(め)が出(で)て、異邦人(いほうじん)を治(おさ)めるために立(た)ち上(あ)がる者(もの)が来(く)る。異邦人(いほうじん)は彼(かれ)に望(のぞ)みをおくであろう」。[ローマ人への手紙 15:12]
(그리고 이사야는 말한다, "이새의 뿌리에서 싹이 나서 이방인을 다스리기 위해 일어나는 사람이 온다. 이방인은 그에게 소망을 둘 것이다.") [로마서 15:12]

---

16) フランシスコ会聖書研究所(1984) 『新約聖書』 サンパウロ. p.923 주(5-3)에 의함.

ヨハネの黙示 5:6 - 5:7
仔羊(こひつじ)巻(ま)き物(もの)を受(う)く
어린 양 두루마리를 받다

> わたしはまた、御座(みざ)と四(よっ)つの生(い)き物(もの)との間(あいだ)、長老(ちょうろう)たちの間(あいだ)に、[1]ほふられたと見(み)える小羊(こひつじ)が立(た)っているのを見(み)た。[2]それに七(なな)つの角(つの)と七(なな)つの目(め)とがあった。これらの目(め)は、全世界(ぜんせかい)につかわされた、[3]神(かみ)の七(なな)つの霊(れい)である。[ヨハネの黙示録 5:6]
> (나는 또 보좌와 네 생물 사이에, 장로들 사이에 죽음을 당한 것으로 보이는 어린 양이 서 있는 것을 보았다. 그에게 7개의 뿔과 7개의 눈이 있었다. 이 눈들은 온 세상에 보내진, 하나님의 7개의 영이다.) [5:6]

[1] ほふられたと見(み)える小羊(こひつじ)が立(た)っているのを見(み)た。
: 죽음을 당한 것으로 보이는 어린 양이 서 있는 것을 보았다.

「ほふられたと見(み)える小羊(こひつじ)」의 「ほふられた」는 「ほふる[屠る]」(잡다, 도살하다)의 수동 「ほふられる」의 과거로 여기에서는 「죽음(죽임)을 당하다」로 번역해 둔다.

[例] やがて過越(すぎこし)の小羊(こひつじ)が<u>ほふられた</u>ので、祭司(さいし)はその血(ち)を受(う)け取(と)って注(そそ)いだ。レビびとはその皮(かわ)をはいだ。[歴代志下 35:11]
(이윽고 유월절 어린양이 도살되었기에 제사장들은 그 피를 받아 뿌렸다. 레위 사람들은 그 가죽을 벗겼다.) [역대지하 35:11]

新(あたら)しい粉(こな)のかたまりになるために、古(ふる)いパン種(だね)を取(と)り除(のぞ)きなさい。あなたがたは、事実(じじつ)パン種(だね)のない者(もの)なのだから。わたしたちの過越(すぎこし)の小羊(こひつじ)であ

るキリストは、すでにほふられたのだ。[口語訳 / コリント人への第一の手紙 5:7]
(새 반죽이 되기 위해서 오래된 누룩을 제거하라. 여러분은 사실 누룩이 없는 사람이니까. 우리들의 유월절 어린양인 그리스도는 이미 죽음을 당했다.) [고린도전서 5:7]

「ほふられた……子羊(こひつじ)」는 [이사야 53:7]에 의거한다. 그리고 「죽음을 당한 어린 양」은 십자가의 비의(秘儀)를 암시한다.

[例] 彼(かれ)はしえたげられ、苦(くる)しめられたけれども、口(くち)を開(ひら)かなかった。ほふり場(ば)にひかれて行(い)く小羊(こひつじ)のように、また毛(け)を切(き)る者(もの)の前(まえ)に黙(だま)っている羊(ひつじ)のように、口(くち)を開(ひら)かなかった。[イザヤ書 53:7]
(그는 학대를 받고 괴롭힘을 당했지만 입을 열지 않았다. 도살장으로 끌려가는 어린 양처럼, 또 털을 깎는 사람 앞에서 잠자코 있는 양처럼, 입을 열지 않았다.) [이사야 53:7]

[2]それに七つの角(つの)と七つの目(め)とがあった。: 그에게 7개의 뿔과 7개의 눈이 있었다.

「それ」는 사물을 나타내는 지시대명사인데, 본 절에서는 인대명사(人代名詞)로 전용되어, 小羊(こひつじ)를 가리킨다.

이 부분에 관해 타 번역본에서는 다음과 같이 기술하고 있다.

[例] 小羊(こひつじ)が立(た)っているのを私(わたし)は見(み)た。それには七(なな)つの角(つの)と七(なな)つの眼(め)とがあった。[塚本訳1963]
(어린 양이 서 있는 것을 나는 보았다. 그에게는 7개의 뿔과 7개의 눈이 있었다.)

そしてわたしは見(み)た、……、ほふられたような小羊(こひつじ)が立(た)っているのを。それには七(なな)つの角(つの)と七(なな)つの目(め)があり、[前

田訳1978]
(그리고 나는 보았다, ……, 죽임을 당한 그런 어린 양이 서 있는 것을. 그에게는 7개의 뿔과 7개의 눈이 있고,)

ほふられたと見(み)える小羊(こひつじ)が立っているのを見た。これに七(なな)つの角(つの)と七(なな)つの目(め)があった。[新改訳1970]
(죽임을 당한 것처럼 어린 양이 서 있는 것을 보았다. 이 사람에게 7개의 뿔과 7개의 눈이 있었다.)

その小羊(こひつじ)には、七(なな)つの角(つの)と七(なな)つの目(め)とがあった。[フランシスコ会訳1984]
(그 어린 양에게는 7개의 뿔과 7개의 눈이 있었다.)

その小羊(こひつじ)は七つの角(つの)を持(も)ち、七(なな)つの目(め)を持(も)っていたが、[岩波翻訳委員会訳1995]
(그 어린 양은 7개의 뿔을 가지고 있고, 7개의 눈을 가지고 있었지만.)

屠(ほふ)られたような小羊(こひつじ)が立(た)っているのを見(み)た。小羊(こひつじ)には七(なな)つの角(つの)と七(なな)つの目(め)があった。[新共同訳1987]
(죽임을 당한 그런 어린 양이 서 있는 것을 보았다. 어린 양에게는 7개의 뿔과 7개의 눈이 있었다.)

「七(なな)つの角(つの)」(7개의 뿔)의 뿔은 구약성서에서 칼과 왕권을 나타낸다고 한다(신명기 33:17, 누가 1:69 참조)[17].

[예] 彼(かれ)の牛(うし)のういごは威厳(いげん)があり、その角(つの)は野牛(やぎゅう)の角(つの)のよう、これをもって国々(くにぐに)の民(たみ)をことごとく突(つ)き倒(たお)し、地(ち)のはてにまで及(およ)ぶ。このような者(もの)はエフライムに幾万(いくまん)とあり、またこのような者(もの)はマ

---
17) フランシスコ会聖書研究所(1984)『新約聖書』サンパウロ. p.923 주(5-4)에 의함.

ナセに幾千(いくせん)とある」。[申命記 33:17]
(그의 수송아지의 첫배 새끼는 위엄이 있고, 그 뿔은 들소의 뿔과 같다, 이 뿔로 나라들의 백성을 모두 내받고 땅 끝에까지 미친다. 이와 같은 자는 에브라임에게 몇 만이나 있고, 또 이와 같은 사람은 므낫세에게 몇 천이나 있다.") [신명기 33:17]

わたしたちのために救(すくい)の角(つの)を僕(しもべ)ダビデの家(いえ)にお立(た)てになった。[ルカによる福音書 1:69]
(우리를 위하여 구원의 뿔을 종 다윗의 집에 세우셨다.) [누가복음 1:69]

「七(なな)つの目(め)」(7개의 눈)은 [스가랴 3:9, 4:10]에 의거하며, 어린 양의 전지(全知)를 상징한다고 한다[18].

[例] 万軍(ばんぐん)の主(しゅ)は言(い)われる、見(み)よ、ヨシュアの前(まえ)にわたしが置(お)いた石(いし)の上(うえ)に、すなわち七(なな)つの目(め)をもっているこの一(ひと)つの石(いし)の上(うえ)に、わたしはみずから文字(もじ)を彫刻(ちょうこく)する。そしてわたしはこの地(ち)の罪(つみ)を、一日(いちにち)の内(うち)に取(と)り除(のぞ)く。[ゼカリヤ書 3:9]
(만군의 주가 말씀하신다. 보아라! 여호수아 앞에 내가 둔 돌 위에, 즉 일곱 개의 눈을 가지고 있는, 이 하나의 돌 위에 나는 직접 글자를 조각하겠다. 그리고 나는 이 땅의 죄를 하루 안에 없애겠다.) [스가랴 3:9]

だれでも小(ちい)さい事(こと)の日(ひ)をいやしめた者(もの)は、ゼルバベルの手(て)に、下(さ)げ振(ふ)りのあるのを見(み)て、喜(よろこ)ぶ。これらの七(なな)つのものは、あまねく全地(ぜんち)を行(ゆ)き来(き)する主(しゅ)の目(め)である」。[ゼカリヤ書 4:10]
(누구든지 작은 일의 날을 비웃는 자는 스룹바벨의 손에 다림추(측량추)가 있는 것을 보고, 기뻐한다. 이 일곱 눈은 온 세상을 두루 왕래하는 주의 눈이다.") [스가랴 4:10]

---

18) フランシスコ会聖書研究所(1984)『新約聖書』サンパウロ. p.923 주(5-4)에 의함.

[3] 神(かみ)の七(なな)つの霊(れい)である。: 하나님의 7개의 영이다.

「七(なな)つの霊(れい)」라는 표현은 「おん父(ちち)」(아버님)와 「おん子(こ)」(아드님)에서 발생하는 성령이라고 한다(1:1 주(6), 4:5 참조)[19].

[1]小羊(こひつじ)は進(すす)み出(で)て、御座(みざ)にいますかたの右(みぎ)の手(て)から、[2]巻物(まきもの)を受(う)けとった。[ヨハネの黙示録 5:7]
(어린 양은 앞으로 나와서 보좌에 계신 분의 오른손에서 두루마리를 받았다.)
[5:7]

[1] 小羊(こひつじ)は進(すす)み出(で)て、: 어린 양은 앞으로 나와서,
「進(すす)み出(で)て、」는 「進(すす)む」의 연용형 「進(すす)み」에 후항동사 「~出(で)る」가 결합된 복합동사 「進(すす)み出(で)る」의 「テ형」이다.

[例] ついに、団長(だんちょう)が前(まえ)へ進(すす)み出(で)て言(い)った。
(결국 단장이 앞으로 나아가 말했다.)

「ちょと失礼(しつれい)」そう言(い)って沢井(さわい)理事官(りじかん)は前(まえ)へ進(すす)み出(で)て、紙包(かみづつ)みを取(と)り出(だ)した。
("잠깐 실례합니다." 그렇게 말하고 사와이 이사관은 앞에 나아가, 종이에 싼 것을 꺼냈다.)

男(おとこ)は、自(みずか)ら一歩前(いっぽまえ)に進(すす)み出(で)て、言(い)った。指揮官(しきかん)との面会(めんかい)を要求(ようきゅう)したのは自分(じぶん)です。
(남자는 직접 한 걸음 앞으로 나가서, 말했다. 지휘관과의 면담을 요구한 것은 저입니다.)[20]

---

[19] 이상은 フランシスコ会聖書研究所(1984) 『新約聖書』 サンパウロ. p.923 주(5-4)에 의함. [참고, 가톨릭에서는 특히 문어체의 기도에서는 「御父」는 「おんちち」라고, 「御子」는 「おんこ」라고 읽는다]
[20] [ヨハネによる福音書 18:4]의 설명에서 인용.

あなたがたが戦(たたか)いに臨(のぞ)むとき、祭司(さいし)は進(すす)み出(で)て民(たみ)に告(つ)げて、[申命記 20:2]
(너희가 전쟁에 임할 때, 제사장은 앞으로 나아가 백성에게 연설하고,) [신명기 20:2]

彼女(かのじょ)たちは、祭司(さいし)エレアザル、ヌンの子(こ)ヨシュアおよび、つかさたちの前(まえ)に進(すす)み出(で)て、「わたしたちの兄弟(きょうだい)と同(おな)じように、わたしたちにも、嗣業(しぎょう)を与(あた)えよと、主(しゅ)はモーセに命(めい)じおきになりました」と言(い)ったので、ヨシュアは主(しゅ)の命(めい)にしたがって、彼(かれ)らの父(ちち)の兄弟(きょうだい)たちと同(おな)じように、彼女(かのじょ)たちにも嗣業(しぎょう)を与(あた)えた。[ヨシュア記 17:4].
(그녀들은 제사장 엘르아살과 눈의 아들 여호수아 및 지도자들 앞에 나아가서 "우리 형제와 마찬가지로 우리에게도 유산을 주라고 주께서 모세에게 명하셨습니다."라고 말했기에, 여호수아는 주의 명에 따라 그들 아버지의 형제들과 마찬가지로 그녀들에게도 사업을 주었다.) [여호수아 17: 4]

その女(おんな)は自分(じぶん)の身(み)に起(お)こったことを知(し)って、恐(おそ)れおののきながら進(すす)み出(で)て、みまえにひれ伏(ふ)して、すべてありのままを申(もう)し上(あ)げた。[マルコによる福音書 5:33]
(그 여자는 자기 몸에 일어난 것을 알고 무서워 벌벌 떨면서 앞으로 나아가 예수님 앞에 넙죽 엎드리고 모든 것을 사실대로 말씀드렸다.) [마가복음 5:33]

しかしイエスは、自分(じぶん)の身(み)に起(お)ろうとすることをことごとく承知(しょうち)しておられ、進(すす)み出(で)て彼(かれ)らに言(い)われた、「だれを捜(さが)しているのか」。[ヨハネによる福音書 18:4]
(그러나 예수께서는 자기 몸에 일어나려고 하는 것을 모두 알고 계셔 앞으로 나아가, 그들에게 말씀하셨다. "누구를 찾고 있느냐?") [요한복음 18:4]

それから、その前(まえ)に進(すす)み出(で)て、「ユダヤ人(じん)の王(おう)、万歳(ばんざい)」と言(い)った。そして平手(ひらて)でイエスを打(う)ち続(つ

づ)けた。[ヨハネによる福音書 19:3]

(그리고 나서 그 앞에 나와서 "유대인의 왕, 만세"라고 말했다. 그리고 손바닥으로 예수를 계속해서 때렸다.) [요한복음 19:3]

[2] 巻物(まきもの)を受(う)けとった。: 두루마리를 받았다.

「うけとる[受(う)けとる・受取(うけと)る・受(う)け取(と)る]」는 ①「받다, 수령하다」, ②「해석하다, 이해하다」, ③「책임지고 일을 떠맡다」의 뜻을 나타내는데, 본 절에서는 ①의 용법으로 쓰이고 있다.

[例] どうかわたしが持(も)ってきた贈(おく)り物(もの)を受(う)けてください。神(かみ)がわたしを恵(めぐ)まれたので、わたしはじゅうぶんもっていますから」。こうして彼(かれ)がしいたので、彼(かれ)は受(う)け取(と)った。
[創世記 33:11]

(제발 내가 가지고 온 선물을 받아 주십시오. 하나님께서 제게 은혜를 베푸셔서 저는 많이 가지고 있으니까요." 이렇게 해서 그(야곱)가 강하게 권하자 그(에서)는 받았다.) [창세기 33:11]

彼(かれ)らは聖所(せいじょ)の組立(くみた)ての工事(こうじ)をするために、イスラエルの人々(ひとびと)が携(たずさ)えてきたもろもろのささげ物(もの)を、モーセから受(う)け取(と)ったが、民(たみ)はなおも朝(あさ)ごとに、自発(じはつ)のささげ物(もの)を彼(かれ)のもとに携(たずさ)えてきた。
[出エジプト記 36:3]

(그들은 성소 공사를 하기 위해 이스라엘 백성들이 가져온 모든 예물을 모세에게서 받았지만, 백성들은 여전히 아침마다 자발적인 예물을 그에게 가지고 왔다.) [출애굽기 36:3]

モーセと祭司(さいし)エレアザルとは、彼(かれ)らから細工(さいく)を施(ほどこ)した金(きん)の飾(かざ)り物(もの)を受(う)け取(と)った。[民数記 31:51]

(모세와 제사장 엘르아살은 그들에게서 세공한 금으로 만든 장식물을 받았다.) [민

수기 31:51]

そこで祭司(さいし)およびレビびとたちは、その金銀(きんぎん)および器物(うつわもの)を、エルサレムにあるわれわれの神(かみ)の宮(みや)に携(たず さ)えて行(い)くため、その重(おも)さのものを受(う)け取(と)った。[エズラ記 8:30]

(그래서 제사장들 및 레위 사람들은, 그 금은 및 그릇들을 예루살렘에 있는 우리 하나님의 성전으로 가지고 가기 위해 그 무게의 것을 받았다.) [에스라 8:30]

ヨハネの黙示 5:8 - 5:14
新(あたら)しき讃美(さんび)の歌(うた)
새 찬미가

> 巻物(まきもの)を受(う)けとった時(とき)、四(よっ)つの生(い)き物(もの)と二十四人(にじゅうよにん)の長老(ちょうろう)とは、[1]おのおの、[2]立琴(たてごと)と、香(こう)の満(み)ちている金(きん)の鉢(はち)とを手(て)に持(も)って、小羊(こひつじ)の前(まえ)にひれ伏(ふ)した。[3]この香(こう)は聖徒(せいと)の祈(いのり)である。[ヨハネの黙示録 5:8]
> (두루마리를 받았을 때, 네 생물과 24명의 장로는 각각 하프와 향이 가득 찬 금 대접을 가지고 어린 양에게 넙죽 엎드렸다. 이 향은 성도의 기도이다.) [5:8]

[1] おのおの、: 각각

「おのおの[各・各各]」에는 명사적 용법과 부사적 용법이 있는데, 다음과 같이 쓰인다.

1. 사람에 관해서는 「한 사람 한 사람, 각자」의 뜻을 나타내며 유의어로는 「一人一人(ひとりひとり)」「銘々(めいめい)」「各自(かくじ)」 등이 있다.

[例] おのおのの業務(ぎょうむ)。
(각자의 업무.)

おのおの一(ひと)つずつ持(も)つ。
(각자 하나씩 가지고 있다.)

人々(ひとびと)はおのおの家(いえ)に帰(かえ)って行(い)った。
(사람들은 각자 집에 돌아갔다.)

ボクたちはそれをじっと見(み)つめながら、「今年(ことし)の桜(さくら)もも

う終(お)わりかな」「ええ」と各々(おのおの)言(い)い合(あ)った。
(우리들은 그것을 지그시 응시하면서 "올해 벚꽃도 이제 마지막인가" "네"라고 각자 서로 말했다.)

さて、兵卒(へいそつ)たちはイエスを十字架(じゅうじか)につけてから、その上着(うわぎ)を取(と)って四(よっ)つに分(わ)け、各々(おのおの)、その一(ひと)つを取(と)った。また下着(したぎ)を手(て)に取(と)ってみたが、それには縫(ぬ)い目(め)がなく、上(うえ)の方(ほう)から全部(ぜんぶ)一(ひと)つに織(お)ったものであった。[ヨハネによる福音書 19:23]
(그런데, 병사들은 예수를 십자가에 매단 다음, 그 겉옷을 가져 와서 네 개로 나누고, 각자 그 하나를 가졌다. 그리고 속옷을 손으로 집어 보았지만, 그것에는 바느질 자리가 없고, 위에서 전부 하나로 짠 것이었다.) [요한복음 19:23]

2. 사물에 관해서는「하나하나, 각각」의 뜻을 나타내며 유의어로는「ひとつひとつ」「それぞれ」「各個(かっこ)」등이 있다.

[例] おのおのの条項(じょうこう)を参照(さんしょう)する。
(각각의 조항을 참조하다.)[21]

[2] 立琴(たてごと)と、香(こう)の満(み)ちている金(きん)の鉢(はち) : 하프와 향이 가득 찬 금 대접

「立琴(たてごと)」에 대해 한국어 성경[개역개정·개역한글·공동번역·표준새번역]에서는「거문고」로, [우리말성경]에서는「하프」로 나와 있는데, 여기에서는「立琴(たてごと)＝竪琴(たてごと) ; ハープ」를「하프」로 번역해 둔다.「立琴(たてごと)」는 フランシスコ会聖書研究所(1984)『新約聖書』サンパウロ. p.923 주(5-5)에 의하면, 옛날부터 전례의 노래인 시편의 반주를 위해 사용되었다 (14:2, 15:2)고 한다.

---

21) [ヨハネによる福音書 7:53]의 설명에서 인용.

[3] この香(こう)は聖徒(せいと)の祈(いの)りである。: 이 향은 성도의 기도이다. [フランシスコ会聖書研究所(1984)『新約聖書』サンパウロ. p.923 주(5-5)]에 의하면, 「香(こう)は……祈(いの)り」에 관해서는 [8:3~8:4], [시편 141:2], [지혜서 18:21]을 참조하라고 나와 있다.

[例] わたしの祈(いの)りを、み前(まえ)にささげる薫香(くんこう)のようにみなし、わたしのあげる手(て)を、夕(ゆう)べの供(そな)え物(もの)のようにみなしてください。[詩篇 141:2]
(내 기도를 주님께 드리는 훈향처럼 여기고, 내가 올리는 손을 저녁 제물처럼 간주해 주십시오.) [시편 141:2]

咎(とがめ)のない一人(ひとり)の人(ひと)が、急(いそ)ぎ出(い)でて／彼(かれ)らのために戦(たたか)ったからである。／彼(かれ)は、自分(じぶん)に委(ゆだ)ねられた祭司(さいし)の職(しょく)を武器(ぶき)として／祈(いの)りと、香(かおり)による贖(あがな)いを献(ささ)げ／あなたの怒(いか)りに立(た)ち向(む)かい／災(わざわ)いに終(お)わりをもたらし／自分(じぶん)があなたの僕(しもべ)であることを示(しめ)した。[知恵の書 18:21]
(흠이 없는 사람 하나가 서둘러 나와서／그들을 위해 싸웠기 때문이다. ／ 그는 자기에 맡겨진 제사장 직을 무기로서／기도와 훈향에 의한 속죄를 받치고 ／ 당신의 분노에 대항하고 ／ 재앙에 끝을 내고 ／ 자기가 당신의 종임을 나타냈다.) [지혜서 18:21]

그리고「聖徒(せいと)の祈(いの)り」[5:8], [8:3]라는 말은 [フランシスコ会聖書研究所(1984)『新約聖書』サンパウロ. p.923 주(5-5)]에 의하면, 신약성서에서는 일반적으로 하나님의 백성인 교회의 신자를 가리킨다고 한다.

彼(かれ)らは[1]新(あたら)しい歌(うた)を歌(うた)って言(い)った、「あなたこそは、その巻物(まきもの)を受(う)けとり、[2]封印(ふういん)を解(と)くにふさわしいかたであります。あなたはほふられ、その血(ち)によって、神(かみ)のため

> に、[3]あらゆる部族(ぶぞく)、国語(こくご)、民族(みんぞく)、国民(こくみん)の中(なか)から人々(ひとびと)をあがない、[ヨハネの黙示録 5:9]
> (그들은 새 노래를 부르며 말했다. "주님이야말로 그 두루마리를 받고 봉인을 풀기에 합당한 분입니다. 주님은 죽음을 당하고 그 피로써 하나님을 위해 모든 부족, 언어, 종족, 백성 중에서 사람들을 사고,) [5:9]

[1] 新(あたら)しい歌(うた)を歌(うた)って言(い)った. : 새 노래를 부르며 말했다. 하나님이 이스라엘 백성의 역사에 개입할 때, 백성들은 감사의 기쁨을 나타내기 위해「新(あたら)しい歌(うた)」(새 노래)를 부른다고 한다(시편 33:3, 98:1, 유딧(유딧기) 16:1, 이사야 42:10 참조). 장로들은 하나님의 최고의 개입, 즉 예수 그리스도가 하나님의 백성을 속죄하신 것을 감사하기 위해 본 장의 첫 번째 찬가(9~10절)를 부른다[22].

[例] 新(あたら)しい歌(うた)を主(しゅ)にむかって歌(うた)い、喜(よろこ)びの声(こえ)をあげて巧(たく)みに琴(こと)をかきならせ。[詩篇 33:3]
(새 노래를 주님을 향해 부르며 기쁨의 소리를 내며 솜씨 좋게 하프를 켜라.) [시편 33:3]

新(あたら)しき歌(うた)を主(しゅ)にむかってうたえ。主(しゅ)はくすしきみわざをなされたからである。その右(みぎ)の手(て)と聖(せい)なる腕(うで)とは、おのれのために勝利(しょうり)を得(え)られた。[詩篇 98:1]
(새 노래를 주님을 향해 불러라. 주님은 영묘한 기적을 행하셨기 때문이다. 그 오른손과 그 거룩하신 팔로 너희를 위해 승리를 얻으셨다.) [시편 98:1]

ユディトは歌(うた)った。「タンバリンに合(あ)わせて神(かみ)をたたえ、/シンバルに合(あ)わせて主(しゅ)に歌(うた)え。詩(し)と賛美(さんび)を主(しゅ)にささげ、/主(しゅ)をあがめて御名(みな)を呼(よ)び求(もと)めよ。[ユディト記 16:1]

---

22) 이상은 フランシスコ会聖書研究所(1984)『新約聖書』サンパウロ. p.925 주(5-6)에 의함.

(유딧이 노래하였다. "탬버린에 맞추어 하느님을 칭송하라, / 심벌즈에 맞추어 주께 노래하라. 시와 찬미를 주님께 바치고, / 주님을 우러러 받들며 그분의 이름을 갈구하라.) [유딧기 16:1]

主(しゅ)にむかって新(あたら)しき歌(うた)をうたえ。地(ち)の果(はて)から主(しゅ)をほめたたえよ。海(うみ)とその中(なか)に満(み)ちるもの、海沿(うみぞ)いの国々(くにぐに)とそれに住(す)む者(もの)とは成(な)りどよめ。[イザヤ 42:10]

(주를 향해 새 노래를 불러라. 땅 끝에서부터 주를 칭송하여라. 바다와 그 속에 가득 찬 것, 해안가에 있는 나라들과 그것에 사는 사람들은 울려 퍼져라.) [이사야 42:10]

[2] 封印(ふういん)を解(と)くにふさわしいかたであります。 : 봉인을 풀기에 합당한 분입니다.

「ふさわしいかたであります」의 「~であります」는 단정의 조동사 「~だ」의 문장체인 「~である」의 정중체다.

[例] すでにお聞(き)きになっている事(こと)が確実(かくじつ)であることを、これによって十分(じゅうぶん)に知(し)っていただきたいためであります。 [ルカによる福音書 1:4]

(이미 들으신 것이 확실한 것을 이것에 의해 충분히 알아 주셨으면 하기 위해서입니다.) [누가복음 1:4]

異邦人(いほうじん)を照(てら)す啓示(けいじ)の光(ひかり)、み民(たみ)イスラエルの栄光(えいこう)であります」。[ルカによる福音書 2:32]

(이방인을 비추는 계시의 빛, 주의 백성 이스라엘의 영광입니다.") [누가복음 2:32]

あなたがいつでもわたしの願(ねが)いを聞(き)き入(い)れて下(くだ)さることを、よく知(し)っています。しかし、こう申(もう)しますのは、そばに立(た)っている人々(ひとびと)に、あなたがわたしを遣(つか)わされたことを、

信(しん)じさせるためであります」。[ヨハネによる福音書 11:42]
(아버지께서 언제나 제 부탁을 들어주시는 것을 잘 알고 있습니다. 그러나 이렇게 말씀드리는 것은 곁에 서 있는 사람들에게 아버지께서 저를 보내신 것을 믿게 하기 위해서입니다.") [요한복음 11:42]

永遠(えいえん)の命(いのち)とは、唯一(ゆいいつ)の、まことの神(かみ)でいますあなたと、また、あなたがつかわされたイエス・キリストとを知(し)ることであります。[ヨハネによる福音書 17:3]
(영생이란 것은 유일하고 참된 하나님이신 주님과 또 아버지께서 보내신 예수 그리스도를 아는 것입니다.) [요한복음 17:3]

わたしはもうこの世(よ)にはいなくなりますが、彼(かれ)らはこの世(よ)に残(のこ)っており、わたしはみもとに参(まい)ります。聖(せい)なる父(ちち)よ、わたしに賜(たま)わった御名(みな)によって彼(かれ)らを守(まも)って下(くだ)さい。それはわたしたちが一(ひと)つであるように、彼(かれ)らも一(ひと)つになるためであります。[ヨハネによる福音書 17:11]
(나는 이제 더 이상 이 세상에는 없어지지만 그들은 이 세상에 남아 있고, 나는 아버지 곁으로 갑니다. 거룩하신 아버지여, 내게 주신 아버지의 이름으로 그들을 지켜 주십시오. 그것은 우리가 하나인 것과 같이, 그들도 하나가 되기 위해서입니다.) [요한복음 17:11]

今(いま)わたしはみもとに参(まい)ります。そして世(よ)にいる間(あいだ)にこれらのことを語(かた)るのは、わたしの喜(よろこ)びが彼(かれ)らのうちに満(み)ちあふれるためであります。[ヨハネによる福音書 17:13]
(지금 나는 아버지 곁에 갑니다. 그리고 세상에 있는 동안에 이러한 것들을 이야기하는 것은, 내 기쁨이 그들 가운데 차고 넘치게 하기 위해서입니다.) [요한복음 17:13]

この超過(ちょうか)請求(せいきゅう)については、彼(かれ)はすでに知(し)っていると見(み)られるわけであります。
(이 초과 청구에 관해서는 그는 이미 알고 있을 것으로 여겨집니다.)

[3] あらゆる部族(ぶぞく)、国語(こくご)、民族(みんぞく)、国民(こくみん)の中(なか)から人々(ひとびと)をあがない、: 모든 부족, 언어, 종족, 백성 중에서 사람들을 사고,

「人々(ひとびと)をあがない、」의 「あがない、」는 「あがなう[贖う]」의 연용 중지법으로 단순 연결의 용법으로 쓰이고 있다. 그리고 「贖(あがな)う」는 ①「속죄하기 위해 금품을 내어 사다」, ②「속죄하다」의 뜻이 있는데, 본 절에서는 ①의 용법으로 쓰이고 있다.

이 부분에 관해 타 번역본에서는 다음과 같이 서술되어 있다.

[例] あらゆる部族(ぶぞく)とあらゆる国語(こくご)[の違(ちが)う民(たみ)]とあらゆる国民(こくみん)とあらゆる民族(みんぞく)の中(なか)からあなたの血潮(ちしお)によって、[人々(ひとびと)を]神(かみ)のために贖(あがな)われ、[岩波翻訳委員会訳1995]
(모든 부족과 모든 언어[가 다른 족속]과 모든 백성과 모든 종족 중에서 당신의 피로서 [사람들을] 하나님을 위해 사시고,)

あらゆる種族(しゅぞく)と言葉(ことば)の違(ちが)う民(たみ)、／あらゆる民族(みんぞく)と国民(こくみん)の中(なか)から、／御自分(ごじぶん)の血(ち)で、神(かみ)のために人々(ひとびと)を贖(あがな)われ、[新共同訳1987]
(모든 종족과 말이 다른 족속, / 모든 종족과 백성 중에서 / 당신의 피로 하나님을 위해 사람들을 사시고,)

すべての種族(しゅぞく)と言語(げんご)の異(こと)なる人々(ひとびと)、すべての民族(みんぞく)と国民(こくみん)とのうちから神(かみ)のために人々(ひとびと)をあがなった。[フランシスコ会訳1984]
(모든 종족과 언어가 다른 사람들, 모든 족속과 백성 중에서 하나님을 위해 사람들을 샀다.)

すべての部族(ぶぞく)と国語(こくご)と民族(みんぞく)と国民(こくみん)とから、人々(ひとびと)を神(かみ)へとあがない、[前田訳1978]

(모든 부족과 언어와 족속과 백성에서 사람들을 하나님께 드리기 위해 사고,)

あらゆる部族(ぶぞく)、国語(こくご)、民族(みんぞく)、国民(こくみん)の中(なか)から、神(かみ)のために人々(ひとびと)を贖(あがな)い、[新改訳1970]
(모든 부족, 언어, 족속, 백성 중에서 하나님을 위해 사람들을 사서,)

凡(すべ)ての種族(しゅぞく)と国語(こくご)と民(たみ)と国民(こくみん)と(の価(あたい))から人(ひと)を神(かみ)のために買(か)い、[塚本訳1963]
(모든 종족과 언어와 족속과 백성의 가격에서 사람을 하나님을 위해 사고,)

그리고 한국어 성경에서는 다음과 같이 묘사되어 있다.

[例]
　각 족속과 방언과 백성과 나라 가운데에서 사람들을 피로 사서 하나님께 드리시고 [개역개정 5:9]
　각 족속과 방언과 백성과 나라 가운데서 사람들을 피로 사서 하나님께 드리시고 [개역한글 5:9]
　당신의 피로 값을 치러 모든 민족과 언어와 백성과 나라로부터 사람들을 구해 내셔서 하느님께 바치셨습니다.) [공동번역 5:9]
　모든 종족과 언어와 백성과 민족 가운데서 사람들을 사셔서 하나님께 드리셨습니다. [표준새번역 5:9]
　모든 족속과 언어와 백성과 나라들로부터 사람들을 하나님께로 구속해 드리셨고 [우리말성경 5:9]
　모든 종족과 언어와 백성과 민족 가운데에서 사람들을 속량하시어 하느님께 바치셨기 때문입니다. [가톨릭 성경 5:9]

わたしたちの神(かみ)のために、[1]彼(かれ)らを御国(みくに)の民(たみ)とし、[2]祭司(さいし)となさいました。[3]彼(かれ)らは地上(ちじょう)を支配(しはい)するに至(いた)るでしょう」。[ヨハネの黙示録 5:10]
(우리 하나님을 위해 그들을 하늘나라의 백성으로 만들고, 제사장으로 삼으셨습니다. 그들은 지상을 지배하게 되겠지요.") [5:10]

[フランシスコ会聖書研究所(1984)『新約聖書』サンパウロ. p.925 주(5-7)]에서는 본 절은 [요한묵시록 1:6, 20:6], [출애굽기 19:6] [베드로전서 2:9]와 그 주(6)을 참조하라고 설명하고 있다.

[例] あなたがたはわたしに対(たい)して祭司(さいし)の国(くに)となり、また聖(せい)なる民(たみ)となるであろう』。これがあなたのイスラエルの人々(ひとびと)に語(かた)るべき言葉(ことば)である」。[出エジプト記 19:6]
(너희는 나에 대해 제사장의 나라가 되고, 또 거룩한 백성이 될 것이다.' 이것이 네 이스라엘 사람들에게 이야기해야 할 말이다.") [출애굽기 19:6]

しかし、あなたがたは、選(えら)ばれた種族(しゅぞく)、祭司(さいし)の国(くに)、聖(せい)なる国民(こくみん)、神(かみ)につける民(たみ)である。それによって、暗(くら)やみから驚(おどろ)くべきみ光(ひかり)に招(まね)き入(い)れて下(くだ)さったかたのみわざを、あなたがたが語(かた)り伝(つた)えるためである。[ペテロの第一の手紙 2:9]
(그러나 여러분은 선택받은 종족, 제사장의 나라, 거룩한 백성, 하나님에 속하는 족속이다. 그것에 의해 어둠에서 놀랄 만한 빛에 인도해 주신 분의 업적을, 여러분이 이야기하여 전하기 위해서이다.) [베드로전서 2:9]

[1] 彼(かれ)らを御国(みくに)の民(たみ)とし、: 그들을 하늘나라의 백성으로 만들고. 「民(たみ)とし、」는 「民(たみ)にする」의 연용 중지법 「民(たみ)にし、」의 딱딱한 표현이다.

[例] この民(たみ)イスラエルの神(かみ)は、わたしたちの先祖(せんぞ)を選(えら)び、エジプトの地(ち)に滞在(たいざい)中(ちゅう)、この民(たみ)を大(おお)いなるものとし、み腕(うで)を高(たか)くさし上(あ)げて、彼(かれ)らをその地(ち)から導(みちび)き出(だ)された。[使徒行伝 13:17]
(이 족속 이스라엘의 하나님께서 우리 조상들을 선택하여, 이집트 땅에 체재하는 중에, 이 족속을 위대한 것으로 삼고, 팔을 높이 들여 올려서 그들을 그 땅에서 인

도해 내셨다.) [사도행전 13:17]

それから、彼(かれ)はデルベに行(い)き、次(つぎ)にルステラに行(い)った。そこにテモテという名(な)の弟子(でし)がいた。信者(しんじゃ)のユダヤ婦人(ふじん)を母(はは)とし、ギリシヤ人(じん)を父(ちち)としており、[使徒行伝 16:1]
(그리고 나서 그(바울)는 더베에 갔고 그 다음에 루스드라에 갔다. 거기에 디모데라는 제자가 있었다. 신자인 유대 여자를 어머니로 삼고, 그리스 사람을 아버지로 삼고 있고,) [사도행전 16:1]

彼(かれ)らは神(かみ)の真理(しんり)を変(か)えて虚偽(きょぎ)とし、創造者(そうぞうしゃ)の代(かわ)りに被造物(ひぞうぶつ)を拝(おが)み、これに仕(つか)えたのである。創造者(そうぞうしゃ)こそ永遠(えいえん)にほむべきものである、アァメン。[ローマ人への手紙 1:25]
(그들은 하나님의 진리를 바꾸어 허위로 하고, 창조주 대신에 피조물을 숭배하고 이를 섬긴 것이다. 창조자야 말로 영원히 찬송을 받으실 분이다. 아멘.) [로마서 1:25]

もしあなたが、自(みずか)らユダヤ人(じん)と称(しょう)し、律法(りっぽう)に安(やす)んじ、神(かみ)を誇(ほこり)とし、[ローマ人への手紙 2:17]
(만일 네가 스스로 유대 사람이라고 칭하며 율법을 의지하며, 하나님을 자랑으로 삼고,) [로마서 2:17]

そうすれば、神(かみ)はあなたを完全(かんぜん)に清(きよ)めて尊(とうと)い神(かみ)の器(うつわ)とし、主(しゅ)は共(とも)にあってあなたを守(まも)り、聖(せい)なる生涯(しょうがい)を全(まっと)うさせてくださるであろう。
(그렇게 하면 하나님은 당신을 완전히 깨끗하게 해서 고귀한 하나님의 그릇으로 삼아, 주께서 함께 있어 당신을 지키고 성스러운 생애를 다하게 해 주실 것이다.)

神殿(しんでん)を建(た)てる際(さい)、菱形(ひしがた)或(あるい)は長方形(ちょうほうけい)に土(つち)や石(いし)を盛(も)って固(かた)めて土台(どだ

い)とし、この上(うえ)に建物(たてもの)を造(つく)る。
(성전을 세울 때, 마름모꼴 혹은 직사각형으로 흙이나 돌을 높이 쌓아 올려 단단하게 해서 토대로 하고, 그 위에 건물을 세운다.)

[2] 祭司(さいし)となさいました23)。: 제사장으로 삼으셨습니다.
「なさいました」는 「する」의 특정형 경어 「なさる」의 정녕 과거체로 〈神(かみ)〉를 높이는 데에 쓰이고 있다.

[例] 言(い)った、『この最後(さいご)の者(もの)たちは一時間(いちじかん)しか働(はたら)かなかったのに、あなたは一日(いちにち)じゅう、労苦(ろうく)と暑(あつ)さを辛抱(しんぼう)したわたしたちと同(おな)じ扱(あつか)いをなさいました』。[口語訳 / マタイによる福音書 20:12]
(그들은 말했다. '마지막에 온 이 사람들은 한 시간밖에 일하지 않았는데도, 그대는 하루 종일 노고와 더위를 참은 우리들과 똑같은 취급을 하셨습니다'.) [마태복음 20:12]

それだのに、遊女(ゆうじょ)どもと一緒(いっしょ)になって、あなたの身代(しんだい)を食(く)いつぶしたこのあなたの子(こ)が帰(かえ)ってくると、そのために肥(こ)えた子牛(こうし)をほふりなさいました』。
[口語訳 / ルカによる福音書 15:30]
(그런데도 창녀들과 어울려서 아버지의 재산을 다 삼켜 버린 이 아들이 돌아오니, 그를 위해 살진 송아지를 잡으셨습니다.') [누가복음 15:30]

家来(けらい)たちは彼(かれ)に言(い)った、「あなたのなさったこの事(こと)はなんでしょうか。あなたは子(こ)の生(い)きている間(あいだ)はその子(こ)のために断食(だんじき)して泣(な)かれました。しかし子(こ)が死(し)ぬと、あなたは起(お)きて食事(しょくじ)をなさいました」。[サムエル記下 12:21]

---

23) [1:6, 20:6], [출애굽기 19:6], [베드로전서 2:9와 그 주(6)] 참조. 이상은 フランシスコ会聖書研究所(1984) 『新約聖書』 サンパウロ. p.925 주(5-7)에 의함.

(부하들이 그(다윗)에게 말했다. "주인님께서 하신 이 일은 무엇입니까? 아이가 살아 있을 동안은 그 아이를 위해 단식하고 우셨습니다. 그러나 아이가 죽자, 주인님은 일어나서 식사를 하셨습니다.") [사무엘하 12:21]

もろもろの民(たみ)の中(なか)に、わたしたちをちりあくたとなさいました。[哀歌 3:55]
(여러 백성 중에 우리를 쓰레기로 만드셨습니다.) [예레미야애가 3:45]

[3] 彼(かれ)らは地上(ちじょう)を支配(しはい)するに至(いた)るでしょう」。 : 그들은 지상을 지배하게 되겠지요.

「支配(しはい)する至(いた)る」는 동사 「支配(しはい)する」에 「~に至(いた)る」(~에 이르다)가 접속된 것으로 한국어의 「지배하게 이르다 → 지배하게 되다」에 상당하는 뜻을 나타낸다. 「~に至(いた)る」 문형에는 명사도 동사도 쓰이는데 각각의 예를 들면 다음과 같다.

1. 「명사＋に至(いた)る」

[例] こうして義人(ぎじん)アベルの血(ち)から、聖所(せいじょ)と祭壇(さいだん)との間(あいだ)であなたがたが殺(ころ)したバラキヤの子(こ)ザカリヤの血(ち)に至(いた)るまで、地上(ちじょう)に流(なが)された義人(ぎじん)の血(ち)の報(むく)いが、ことごとくあなたがたに及(およ)ぶであろう。[マタイによる福音書 23:35]
(이렇게 해서 의인 아벨의 피로부터, 성소와 제단 사이에서 너희가 살해한 바라캬의 아들 사가랴의 피에 이르기까지, 땅에 흘린 의인의 피의 응보가 죄다 너희에게 이를 것이다.) [마태복음 23:35]

また、彼(かれ)は大(おお)いなるラッパの音(おと)と共(とも)に御使(みつかい)たちをつかわして、天(てん)のはてからはてに至(いた)るまで、四方(しほう)からその選民(せんみん)を呼(よ)び集(あつ)めるであろう。[マタイによ

る福音書 24:31]
(그리고 그는 큰 나팔 소리와 함께 천사들을 보내서 하늘 끝에서 끝까지, 사방에서 그 선민을 불러 모을 것이다.) [마태복음 24:31]

シモンが言(い)った、「主(しゅ)よ、わたしは獄(ごく)にでも、また<u>死(し)に至(いた)る</u>までも、あなたとご一緒(いっしょ)に行(い)く覚悟(かくご)です」。[ルカによる福音書 22:33]
(베드로가 말하였다. "주님, 저는 감옥에도, 그리고 죽음에 이를 때까지도, 주님과 함께 갈 각오가 되어 있습니다.") [누가복음 22:33]

しかし今(いま)や、あなたがたは罪(つみ)から解放(かいほう)されて神(かみ)に仕(つか)え、<u>きよきに至(いた)る</u>実(み)を結(むす)んでいる。その終極(しゅうきょく)は永遠(えいえん)のいのちである。[ローマ人への手紙 6:22]
(그러나 이제 여러분은 죄에서 해방되어, 하나님을 모시고, 정결함에 이르는 열매를 맺고 있다. 그 종국은 영원한 생명이다.) [로마서 6:22]

2. 「동사＋に至(いた)る」

[例] 良(よ)い地(ち)に落(お)ちたのは、御言(みことば)を聞(き)いたのち、これを正(ただ)しい良(よ)い心(こころ)でしっかりと守(まも)り、耐(た)え忍(しの)んで<u>実(み)を結(むす)ぶに至(いた)る</u>人(ひと)たちのことである。[ルカによる福音書 8:15]
(좋은 땅에 떨어진 것은, 말씀을 듣고 나서 이것을 바르고 착한 마음으로 굳게 지키고 참아 견뎌 열매를 맺게 되는 사람들을 가리킨다.) [누가복음 8:15]

すなわち、キリストが苦難(くなん)を受(う)けること、また、死人(しにん)の中(なか)から最初(さいしょ)によみがえって、この国民(こくみん)と異邦人(いほうじん)とに、<u>光(ひかり)を宣(の)べ伝(つた)えるに至(いた)る</u>ことを、あかししたのです」。[使徒行伝 26:23]
(즉 그리스도가 고난 받는 것과 그리고 죽은 사람 가운데서 가장 먼저 살아나서

이 백성과 이방인에게 빛을 선포하게 되는 것을 증언한 것입니다.") [사도행전 26:23]

そして、アブラハムは割礼(かつれい)というしるしを受(う)けたが、それは、無割礼(むかつれい)のままで信仰(しんこう)によって受(う)けた義(ぎ)の証印(しょういん)であって、彼(かれ)が、無割礼(むかつれい)のままで信(しん)じて義(ぎ)とされるに至(いた)るすべての人(ひと)の父(ちち)となり、[ローマ人への手紙 4:11]
(그리고 아브라함은 할례라는 표를 받았는데, 그것은 할례를 받지 않은 채로 믿음으로 받은 의의 증인이며, 그가 할례를 받지 않은 채로 믿고 의로움을 인정받게 되는 모든 사람들의 조상이 되고,) [로마서 4:11]

さらに見(み)ていると、御座(みざ)と生(い)き物(もの)と長老(ちょうろう)たちとの周(まわ)りに、[1]多(おお)くの御使(みつかい)たちの声(こえ)が上(あ)がるのを聞(き)いた。[2]その数(かず)は万(まん)の幾万倍(いくまんばい)、千(せん)の幾千倍(いくせんばい)もあって、[ヨハネの黙示録 5:11]
(더 보고 있으니, 보좌의 생물과 장로들 주위에 많은 천사들의 음성이 나는 것을 들었다. 그 수는 만의 수만 배, 천의 수천 배나 있고,) [5:11]

[1] 多(おお)くの御使(みつかい)たちの声(こえ)が上(あ)がるのを聞(き)いた。: 많은 천사들의 음성이 나는 것을 들었다.
「声(こえ)が上(あ)がる」는 〈어디부터인가 모르지만 소리가 발해지는 모습. 또는 군중의 누군가가 감탄의 소리를 내거나 화가 나서 고함치거나 하는 것〉을 나타내는 것으로 본 절에서는 「음성이 나다, 소리가 나다」와 같이 번역해 둔다.

[例] 妙技(みょうぎ)に嗟嘆(さたん)の声(こえ)が上(あ)がる。
(묘기에 감탄의 소리가 절로 나오다.)

不満(ふまん)の声(こえ)が上(あ)がる。
(불만의 소리가 나오다.)

称嘆(しょうたん)の声(こえ)が上(あ)がる。
(칭탄의 소리가 자자하다.)

聞(き)け、地(ち)の全面(ぜんめん)から、わが民(たみ)の娘(むすめ)の声(こえ)があがるのを。「主(しゅ)はシオンにおられないのか、シオンの王(おう)はそのうちにおられないのか」。「なぜ彼(かれ)らはその彫像(ちょうぞう)と、異邦(いほう)の偶像(ぐうぞう)とをもって、わたしを怒(いか)らせたのか」。[エレミヤ書 8:19]
(들어라, 땅의 전면에서, 나의 백성의 딸의 소리가 나는 것을. "주께서는 시온에 계시지 않느냐? 시온의 왕은 그 안에 계시지 않느냐?" "왜 그들은 조상과 이방의 우상으로 나를 노하게 했느냐?") [예레미야 8:19]

구어역 신약성서에서는 본 절의 「声(こえ)が上(あ)がる」가 1회, 구약성서에서는 「声(こえ)があがる」가 1회로 총 2회 출현한다.

이 부분을 타 번역본에서는 다음과 같이 표현하고 있다.

[例] 多(おお)くの天使(てんし)の声(こえ)を聞(き)いた。[塚本訳1963]
(많은 천사들의 음성을 들었다.)

多(おお)くの御使(みつか)いたちの声(こえ)を聞(き)いた。[新改訳1970]
(많은 천사들의 음성을 들었다.)

多(おお)くの天使(てんし)の声(こえ)を聞(き)いた。[前田訳1978]
(많은 천사들의 음성을 들었다.)

多(おお)くの天使(てんし)の声(こえ)を聞(き)いた。[新共同訳1987]
(많은 천사들의 음성을 들었다.)

大勢(おおぜい)の天使(てんし)たちの声(こえ)を聞(き)いた。[岩波翻訳委員会訳1995]
(많은 천사들의 음성을 들었다.)

多(おお)くの天使(てんし)たちの声(こえ)が聞(き)こえた。[フランシスコ会訳1984]
(많은 천사들의 음성이 들렸다.)

[塚本訳1963]・[新改訳1970]・[前田訳1978]・[新共同訳1987]・[岩波翻訳委員会訳1995]에서는「声(こえ)を聞(き)いた」와 같이 능동의 자동사가 쓰이고 있고, [フランシスコ会訳1984]에서만「声(こえ)が聞(きこ)えた」와 같이 자발동사가 쓰이고 있다.

[2] その数(かず)は万の幾(いく)万倍(ばい)、千の幾(いく)千倍(ばい)もあって、:
그 수는 만의 수만 배, 천의 수천 배나 있고,

본 절에서 천사들은 어린 양을 찬양해서 두 번째 찬가를 부른다. 천사의 수는 [フランシスコ会聖書研究所(1984)『新約聖書』サンパウロ. p.925 주(5-8)]에 의하면, [다니엘 7:10]에 의거한다.

[예] 彼(かれ)の前(まえ)から、ひと筋(すじ)の火(ひ)の流(なが)れが出(で)てきた。彼(かれ)に仕(つか)える者(もの)は千々(せんせん)、彼(かれ)の前(まえ)にはべる者(もの)は万々(まんまん)、審判(しんぱん)を行(おこな)う者(もの)はその席(せき)に着(つ)き、かずかずの書(か)き物(もの)が開(ひら)かれた。[ダニエル書 7:10]
(그 앞으로부터 한 줄기의 불길이 강물처럼 흘러 나왔다. 그를 섬기는 사람들은 수천이요, 그 앞에 시중드는 사람은 수만이었다. 심판을 행하는 사람들은 그 자리에 앉아 있고, 여러 가지 서책이 펼쳐졌다.) [다니엘 7:10]

이에 관해 타 번역본에서는 다음과 같이 다양하게 표현되고 있다.

[例] その数(かず)は<u>千々(せんせん)万々(まんまん)</u>であって、[塚本訳1963]
(그 수는 수천수만이고,)

その数(かず)は<u>万(まん)の幾万倍(いくまんばい)、千(せん)の幾千倍(いくせんばい)</u>であった。[新改訳1970]
(그 수는 만의 몇 만 배, 천의 몇 천 배이었다.)

その数(かず)は<u>万(まん)の何万倍(なんまんばい)、千(せん)の何千倍(なんせんばい)</u>であった。[前田訳1978]
(그 수는 만의 몇 만 배, 천의 몇 천 배이었다.)

その数(かず)は<u>万(まん)の数万倍(すうまんばい)、千(せん)の数千倍(すうせんばい)</u>であった。[新共同訳1987]
(그 수는 만의 수만 배, 천의 수천 배이었다.)

彼(かれ)らの数(かず)は、<u>万(まん)の数万倍(すうまんばい)、千(せん)の数千倍(すうせんばい)</u>であって、[岩波翻訳委員会訳1995]
(그들의 수는 만의 수만 배, 천의 수천 배이고,)

その数(かず)は<u>何万(なんまん)何億(なんおく)</u>であったが、[フランシスコ会訳1984]
(그 수는 몇만 몇억이었지만,)

大声(おおごえ)で叫(さけ)んでいた、「[1]ほふられた小羊(こひつじ)こそは、[2]力(ちから)と、富(とみ)と、知恵(ちえ)と、勢(いきお)いと、ほまれと、栄光(えいこう)と、賛美(さんび)とを受(う)けるにふさわしい」。[ヨハネの黙示録 5:12]
(큰소리로 외치고 있었다. "죽음을 당한 어린 양이야말로 권능과 부와 지혜와 힘과 영예와 영광과 찬송을 받기에 합당하다.") [5:12]

[1] ほふられた小羊(こひつじ)こそは、: 죽음을 당한 어린 양이야말로, 「ほふられた小羊(こひつじ)こそは」의 「〜こそは」는 〈어떤 사물을 다른 것과

구별하여 특히 내세우는 데 쓰는 말〉인「~こそ」에 계조사「~は」가 접속된 것이다.

여기에서「~こそ」의 의미·용법을 살펴보면 다음과 같다.

□「~こそ」의 의미·용법

1.「こそ」는 특히 어떤 말을 강조해서 말할 때 쓰이는데, 한국어의「~야 말로」「~만은」에 상당하는 뜻을 나타낸다.

[例] <u>これこそ</u>私(わたし)が是非(ぜひ)ともほしいと思(おも)っていたものです。
(이것이야말로 내가 꼭 가지고 싶었던 것입니다.)

くそまじめな男(おとこ)だから、冗談(じょうだん)でも言(い)おうものなら、<u>それこそ</u>目(め)に角(かど)を立(た)てるぞ。
(아주 고지식한 남자이니, 농담이라도 하려고 하면 그야말로 눈에 쌍심지를 돋굴 거야.)

毎日(まいにち)の<u>努力(どりょく)こそ</u>成功(せいこう)の原因(げんいん)なのですから、一生懸命(いっしょうけんめい)にやってください。
(하루하루의 노력이야말로 성공의 원인이니, 열심히 하세요.)

上役(うわやく)との約束(やくそく)もあり、<u>今度(こんど)こそ</u>どうにかして成功(せいこう)させたいんです。
(상사와의 약속도 있고, 이번이야말로 어떻게 해서든 성공시키고 싶습니다.)

そこでイエスは彼(かれ)らに尋(たず)ねられた、「それでは、あなたがたはわたしをだれと言(い)うか」。ペテロが答(こた)えて言(い)った、「<u>あなたこそ</u>キリストです」。[マルコによる福音書 8:29]
(그때 예수께서는 그들에게 물으셨다. "그러면, 너희는 나를 누구라고 말하느냐?" 베드로가 대답하여 말했다. "선생님이야말로 그리스도입니다.") [마가복음 8:29]

そして、もしあなたがたが受(う)けいれることを望(のぞ)めば、この人(ひと)
こそは、きたるべきエリヤなのである。[マタイによる福音書 11:14]
(그리고 만일 너희가 받아들이는 것을 바라면, 요한 바로 그 사람이야말로 장차 오기로 되어 있는 엘리야이다.) [마태복음 11:14]

それで、小(ちい)さい者(もの)から大(おお)きい者(もの)にいたるまで皆(みな)、彼(かれ)について行(い)き、「この人(ひと)こそは『大能(たいのう)』と呼(よ)ばれる神(かみ)の力(ちから)である」と言(い)っていた。[使徒行伝 8:10]
(그래서 작은 사람으로부터 큰 사람에 이르기까지 모두 그에 관해 "이 사람이야말로 '큰 능력자로 불리는 하나님의 능력이다." 하고 말했다.) [사도행전 8:10]

わたしはこの人(ひと)を知(し)らなかった。しかし、水(みず)でバプテスマを授(さず)けるようにと、わたしをお遣(つか)わしになったその方(かた)が、わたしに言(い)われた、『ある人(ひと)の上(うえ)に、御霊(みたま)が下(くだ)って留(とど)まるのを見(み)たら、その人(ひと)こそは、御霊(みたま)によってバプテスマを授(さず)ける方(かた)である』。[ヨハネによる福音書 1:33]
(나는 이 사람을 몰랐다. 그러나 물로 세례를 주라고 나를 보내신 그 분이 내게 말씀하셨다. '어떤 사람 위에 성령이 내려와서 머무는 것을 본다면 그 사람이야 말로 성령에 의해 세례를 주시는 분이다.') [요한복음 1:33]

このイエスこそは『あなたがた家(いえ)造(つく)りらに捨(す)てられたが、隅(すみ)のかしら石(いし)となった石(いし)』なのである。[使徒行伝 4:11]
(이 예수야말로 '너희 집 짓는 사람들에게는 버려졌지만, 집 모퉁이의 머릿돌'인 것이다.) [사도행전 4:11]

2. 그리고 용언의 접속되면 한국어의 「~하기 때문에」「~하기에」에 대응한다.

[例] あなたのことを思(おも)えばこそ、こうやって注意(ちゅうい)しているのです。
(당신을 생각하기에 이렇게 주의를 주는 것입니다.)

中田(なかた)曰(いわ)く、凡人(ぼんじん)でも周(まわ)りにバカやアホがいてこそ、普通(ふつう)の
人(ひと)以上(いじょう)に引(ひ)き立(た)つということだ。
(나카타 말하기를, 범인도 주위에 바보나 멍청이가 있기 때문에 보통 사람 이상으로 한층 돋보이는 것이라고 한다.)24)

[2] 力(ちから)と、富(とみ)と、知恵(ちえ)と、勢(いきお)いと、ほまれと、栄光(えいこう)と、賛美(さんび)とを受(う)けるにふさわしい」。: 권능과 부와 지혜와 힘과 영예와 영광과 찬송을 받기에 합당하다.

어린 양을 찬미하는 7개의 단어는 어린 양이 칼과 영광에 가득 차고 넘쳐 있는 것을 나타낸다. 첫 4개 단어「富(とみ)、知恵(ちえ)、勢(いきお)い、ほまれ」는 지배력을, 다음의 3개 단어「ほまれ、栄光(えいこう)、賛美(さんび)」는 어린 양에 대한 천사의 찬미를 나타낸다25).

7개 단어는 한국어 성경에서는 다음과 같이 번역되어 있다.

[例]
큰 음성으로 이르되 죽임을 당하신 어린 양은 능력과 부와 지혜와 힘과 존귀와 영광과 찬송을 받으시기에 합당하도다 하더라. [개역개정 5:12]

큰 음성으로 가로되 죽임을 당하신 어린양이 능력과 부와 지혜와 힘과 존귀와 영광과 찬송을 받으시기에 합당하도다 하더라. [개역한글 5:12]

그들은 큰소리로 "죽임을 당하신 어린 양은 권능과 부귀와 지혜와 힘과 영예와 영광과 찬양을 받으실 자격이 있으십니다." 하고 외치고 있었습니다. [공동번역 5:12]

그들은 큰소리로 "죽임을 당하신 어린 양은 권세와 부와 지혜와 힘과 존귀와 영광과 찬양을 마땅히 받으실 만합니다." 하고 외치고 있었습니다. [표준새번역 5:12]

그들은 큰 소리로 말했습니다. "죽임을 당하신 어린 양은 능력과 부귀와 지혜와 힘

---

24) [マルコによる福音書 8:29]의 설명에서 인용.
25) フランシスコ会聖書研究所(1984)『新約聖書』サンパウロ. p.925 주(5-9)에 의함.

과 존귀와 영광과 찬양을 받으시기에 합당하십니다." [우리말성경 5:12]

> またわたしは、[1]天(てん)と地(ち)、地(ち)の下(した)と海(うみ)の中(なか)にあるすべての造(つく)られたもの、そして、[2]それらの中(なか)にあるすべてのものの言(い)う声(こえ)を聞(き)いた、「御座(みざ)にいますかたと小羊(こひつじ)とに、賛美(さんび)と、ほまれと、栄光(えいこう)と、権力(けんりょく)とが、世々(よよ)限(かぎ)りなくあるように」。[ヨハネの黙示録 5:13]
> (또 나는 하늘과 땅, 땅 아래와 바다 속에 있는 모든 피조물, 그리고 그들 중에 있는 모든 것이 말하는 소리를 들었다. "보좌에 계신 분과 어린 양에게 찬미와, 영예와 영광과 권력이 세세 영원토록 있기를 바랍니다.") [5:13]

본 절은 [フランシスコ会聖書研究所(1984)『新約聖書』サンパウロ. p.925 주(5-10)]에 의하면, 전 우주가 일제히 하나님과 그리스도의 지배를 찬미하며 세 번째 찬가를 부르는(4:9~4:11 참조) 장면이라고 한다.

[1] 天(てん)と地(ち)、地(ち)の下(した)と海(うみ)の中(なか)にあるすべての造(つく)られたもの、: 하늘과 땅, 땅 아래와 바다 속에 있는 모든 피조물,

「すべての造(つく)られたもの」(모든 만들어진 것, 모든 피조물)은 「すべての[造(つく)られたもの]」와 같이 「造(つく)られた」가 「もの」를 수식하고, 그 전체에 「すべて」가 한정하는 구조를 취하고 있다.

[例] そして彼(かれ)らに言(い)われた、「全世界(ぜんせかい)に出(で)て行(い)って、すべての造(つく)られたものに福音(ふくいん)を宣(の)べ伝(つた)えよ。 [マルコによる福音書 16:15]
(그리고 예수께서 그들에게 말씀하셨다. "온 세상에 나가서, 만민에게 복음을 전파하여라.) [마가복음 16:15]

御子(みこ)は、見(み)えない神(かみ)のかたちであって、すべての造(つく)ら

れたものに先(さき)だって生(うま)れたかたである。[コロサイ人への手紙 1:15]
(아드님은 보이지 않는 하나님의 형상이고, 모든 피조물보다 먼저 나신 분이다.) [골로새서 1:15]

ただし、あなたがたは、ゆるぐことがなく、しっかりと信仰(しんこう)にふみとどまり、すでに聞(き)いている福音(ふくいん)の望(のぞ)みから移(うつ)り行(い)くことのないようにすべきである。この福音(ふくいん)は、天(てん)の下(した)にあるすべての造(つく)られたものに対(たい)して宣(の)べ伝(つた)えられたものであって、それにこのパウロが奉仕(ほうし)しているのである。[コロサイ人への手紙 1:23]
(다만, 여러분은 움직이지 않고, 신앙에 굳건히 서 있어야 하고, 이미 들은 복음의 소망에서 떠나지 않도록 해야 한다. 이 복음은 하늘 아래에 있는 모든 피조물에 대해 전파된 것으로 그것에 나 바울이 봉사하고 있는 것이다.) [골로새서 1:23]

[2] それらの中(なか)にあるすべてのものの言(い)う声(こえ)を聞(き)いた、 : 그들 중에 있는 모든 것이 말하는 소리를 들었다,

「すべてのものの言(い)う声(こえ)」(모든 것이 말하는 소리」는「[[すべてのもの]の言(い)う声(こえ)」와 같이「すべての」가 뒤에 오는「もの」를 수식하여 그 전체가 연체수식절 내의 주격 역할을 하고 있다.「~の言(い)う+명사」의 구조의 예를 들면 다음과 같다.

[例] 彼(かれ)らは王(おう)の言(い)うことを聞(き)いて出(で)かけると、見(み)よ、彼(かれ)らが東方(とうほう)で見(み)た星(ほし)が、彼(かれ)らより先(さき)に進(すす)んで、幼(おさ)な子(ご)のいる所(ところ)まで行(い)き、その上(うえ)にとどまった。[マタイによる福音書 2:9]
(그들은 왕이 말하는 것을 듣고 떠나자, 보아라! 그들이 동방에서 본 별이 그들보다 앞에 나아가서 아기가 있는 곳까지 이르러서, 그 위에 멈추었다.) [마태복음 2:9]

もし彼(かれ)らの言(い)うことを聞(き)かないなら、教会(きょうかい)に申(もう)し出(で)なさい。もし教会(きょうかい)の言(い)うことも聞(き)かないなら、その人(ひと)を異邦人(いほうじん)または取税人(しゅぜいにん)同様(どうよう)に扱(あつか)いなさい。[マタイによる福音書 18:17]
(만일 그들이 말하는 것을 듣지 않으면, 교회에 말하여라. 만일 교회가 말하는 것도 듣지 않으면, 그를 이방인이나 또는 세리처럼 취급하라.) [마태복음 18:17]

それから、イエスは再(ふたた)び群衆(ぐんしゅう)を呼(よ)び寄(よ)せて言(い)われた、「あなたがたはみんな、わたしの言(い)うことを聞(き)いて悟(さと)るがよい。[マルコによる福音書 7:14]
(그리고 나서 예수께서는 다시 군중을 가까이 불러들여 말씀하셨다. "너희는 모두 내가 하는 말을 듣고 깨달아라.) [마가복음 7:14]

すると、ペテロはそれを打(う)ち消(け)して、「わたしは知(し)らない。あなたの言(い)うことが何(なん)の事(こと)か、わからない」と言(い)って、庭口(にわぐち)の方(ほう)に出(で)て行(い)った。[マルコによる福音書 14:68]
(그러자, 베드로는 그것을 부인하고, "나는 모른다. 네가 말하는 것이 무슨 일인지 이해하지 못하겠다."고 말하고 뜰 출입구 쪽으로 나갔다.) [마가복음 14:68]

その後(のち)、イエスは十一弟子(じゅういちでし)が食卓(しょくたく)に着(つ)いている所(ところ)に現(あらわ)れ、彼(かれ)らの不信仰(ふしんこう)と、心(こころ)の頑(かたく)ななことをお責(せ)めになった。彼(かれ)らは、甦(よみがえ)られたイエスを見(み)た人々(ひとびと)の言(い)うことを、信(しん)じなかったからである。[マルコによる福音書 16:14]
(그 후 예수께서는 12제자가 식탁에 앉아 있는 곳에 나타나서 그들이 믿음이 없고 마음이 완고한 것을 책망하셨다. 그들이 부활하신 예수님을 본 사람들이 하는 말을 믿지 않았기 때문이다.) [마가복음 16:14]

イエスは女(おんな)に言(い)われた、「女(おんな)よ、わたしの言(い)うことを信(しん)じなさい。あなたがたが、この山(やま)でも、またエルサレムでもな

い所(ところ)で、父(ちち)を礼拝(れいはい)する時(とき)が来(く)る。[ヨハネによる福音書 4:21]
(예수께서 여자에게 말씀하셨다. "여자여, 내가 하는 말을 믿어라. 너희가 이 산도 아니고 또 예루살렘도 아닌 곳에서 아버지에게 예배드릴 때가 온다.") [요한복음 4:21]

あなたがたについて、わたしの言(い)うべきこと、裁(さば)くべきことが、たくさんある。しかし、わたしを遣(つか)わされた方(かた)は真実(しんじつ)な方(かた)である。わたしは、その方(かた)から聞(き)いたままを世(よ)に向(む)かって語(かた)るのである」。[ヨハネによる福音書 8:26]
(너희에 관해 내가 말해야 할 것, 판단해야 할 것이 많이 있다. 그러나 나를 보내신 분은 진실한 분이다. 나는 그 분에게서 들은 그대로를 세상을 향해 이야기하는 것이다.) [요한복음 8:26]

[1]四(よっ)つの生(い)き物(もの)はアァメンと唱(とな)え、[2]長老(ちょうろう)たちはひれ伏(ふ)して礼拝(れいはい)した。[ヨハネの黙示録 5:14]
(네 생물은 아멘이라고 소리 높여 부르며, 장로들은 넙죽 엎드려서 예배를 드렸다.) [5:14]

[1] 四(よっ)つの生(い)き物(もの)はアァメンと唱(とな)え、: 네 생물은 아멘이라고 소리 높여 부르며,

「アァメンと唱(とな)え、」の「唱(とな)え、」는 「唱(とな)える」의 연용중지법이며, 「唱(とな)える」는 ①「소리 내어 읽다」, ②「소리 높이 부르다, 외치다」, ③「주창하다」의 뜻을 나타내는데 본 절에서는 ②의 용법으로 쓰인 것이다.

[例] そして訴(うった)え出(で)て言(い)った、「わたしたちは、この人(ひと)が国民(こくみん)を惑(まど)わし、貢(みつぎ)をカイザルに納(おさ)めることを禁(きん)じ、また自分(じぶん)こそ王(おう)なるキリストだと、となえているところを目撃(もくげき)しました」。[ルカによる福音書 23:2]

(그리고 [예수를] 고소하러 나와서 말했다. "우리는 이 사람이 백성을 오도하고, 공물을 황제에게 바치는 것을 금지하고, 그리고 자기야 말로 왕인 그리스도라고 주장하고 있는 것을 목격했습니다.") [누가복음 23:2]

そして彼(かれ)はここでも、御名(みな)をとなえる者(もの)たちをみな捕縛(ほばく)する權(けん)を、祭司長(さいしちょう)たちから得(え)てきているのです」。[使徒行伝 9:14]
(그리고 그는 여기에서도 주의 이름을 소리 높이 부르는 사람들을 모두 포박할 권한을 대제사장들에게서 받아 가지고, 왔습니다.") [사도행전 9:14]

これを聞(き)いた人(ひと)たちはみな非常(ひじょう)に驚(おどろ)いて言(い)った、「あれは、エルサレムでこの名(な)をとなえる者(もの)たちを苦(くる)しめた男(おとこ)ではないか。その上(うえ)ここにやってきたのも、彼(かれ)らを縛(しば)りあげて、祭司長(さいしちょう)たちのところへひっぱって行(い)くためではなかったか」。[使徒行伝 9:21]
(이것을 들은 사람들은 모두 몹시 놀라 말하였다. "그 사람은, 예루살렘에서 예수의 이름을 소리 높여 부르는 사람들을 괴롭혔던 남자가 아닌가? 게다가 여기에 찾아온 것도, 그들을 꽁꽁 묶어 대제사장들에게로 끌고 가기 위해서가 아니었던가?") [사도행전 9:21]

殘(のこ)っている人々(ひとびと)も、わたしの名(な)を唱(とな)えているすべての異邦人(いほうじん)も、主(しゅ)を尋(たず)ね求(もと)めるようになるためである。[使徒行伝 15:17]
(남아 있는 사람들도 내 이름을 소리 높여 부르는 모두 이방인들도 주를 찾도록 되기 위해서이다.) [사도행전 15:17]

そこで今(いま)、なんのためらうことがあろうか。すぐ立(た)って、み名(な)をとなえてバプテスマを受(う)け、あなたの罪(つみ)を洗(あら)い落(おと)しなさい」。[使徒行伝]
(그러니 이제 무슨 망설임이 있겠느냐? 당장 일어나, 그분의 이름을 소리 높여 부르고 세례를 받고, 당신의 죄를 씻어 없애라.') [사도행전 22:16]

そうでないと、もしあなたが霊(れい)で祝福(しゅくふく)の言葉(ことば)を唱(とな)えても、初心者(しょしんじゃ)の席(せき)にいる者(もの)は、あなたの感謝(かんしゃ)に対(たい)して、どうしてアァメンと言(い)えようか。あなたが何(なに)を言(い)っているのか、彼(かれ)には通(つう)じない。[コリント人への第一の手紙 14:16]
(그렇지 않으면, 만일 그대가 영으로 축복의 말을 소리 높여 불러도 초심자의 자리에 있는 사람은, 그대의 감사에 대해 어찌 "아멘"이라고 말할 수 있겠느냐? 그대가 무엇을 말하는지 그에게는 통하지 않는다.) [고린도전서 14:16]

なぜなら、神(かみ)の約束(やくそく)はことごとく、彼(かれ)において「しかり」となったからである。だから、わたしたちは、彼(かれ)によって「アァメン」と唱(とな)えて、神(かみ)に栄光(えいこう)を帰(き)するのである。[コリント人への第二の手紙 1:20]
(왜냐하면, 하나님의 약속은 모두 그(그리스도) 안에서 '예'가 되었기 때문이다. 그러므로 우리는 그(그리스도)로 인해 '아멘'이라고 소리 높여 부르고, 하나님께 영광을 돌리는 것이다.) [고린도후서 1:20]

彼(かれ)は大(おお)いなる者(もの)となり、いと高(たか)き者(もの)の子(こ)と、となえられるでしょう。そして、主(しゅ)なる神(かみ)は彼(かれ)に父(ちち)ダビデの王座(おうざ)をお与(あた)えになり、[ルカによる福音書 1:32]
(그는 큰 사람이 되고, 가장 높은 사람의 아들이라고 불릴 것입니다. 그리고 주인 하나님께서 그에게 그의 조상 다윗의 왕좌를 주시고,) [누가복음 1:32]

御使(みつかい)が答(こた)えて言(い)った、「聖霊(せいれい)があなたに臨(のぞ)み、いと高(たか)き者(もの)の力(ちから)があなたをおおうでしょう。それゆえに、生(うま)れ出(で)る子(こ)は聖(せい)なるものであり、神(かみ)の子(こ)と、となえられるでしょう。[ルカによる福音書 1:35]
(천사가 대답하여 말하였다. "성령이 네게 임해, 가장 높은 이의 능력이 너를 덮을 것이다. 그러기에 태어날 아기는 거룩한 이이고, 하나님의 아들이라고 불릴 것이다.) [누가복음 1:35]

それは主(しゅ)の律法(りっぽう)に「母(はは)の胎(たい)を初(はじ)めて開(ひら)く男(おとこ)の子(こ)はみな、主(しゅ)に聖別された者(もの)と、となえられねばならない」と書(か)いてあるとおり、幼(おさ)な子(ご)を主(しゅ)にささげるためであり、[ルカによる福音書 2:23]
(그것은 주의 율법에 "어머니의 태를 처음 여는 남자 아이는 모두 주에게 성별된 사람이라고 불려야 한다."라고 쓰여 있는 대로 어린이를 주에게 바치기 위해서이고,) [누가복음 2:23]

その際(さい)、わたしの切(せつ)に望(のぞ)んだところは、他人(たにん)の土台(どだい)の上(うえ)に建(た)てることをしないで、キリストの御名(みな)がまだ唱(とな)えられていない所(ところ)に福音(ふくいん)を宣(の)べ伝(つた)えることであった。[ローマ人への手紙 15:20]
(그 때, 내가 간절히 바라던 바는, 남의 터 위에 세우지 않고, 그리스도의 이름이 아직 알려지지 않은 곳에 복음을 전하는 것이었다.) [로마서 15:20]

神(かみ)によって、メルキゼデクに等(ひと)しい大祭司(だいさいし)と、となえられたのである。[ヘブル人への手紙 5:10]
(하나님에 의해 멜기세덱와 대등한 대제사장으로 불렸던 것이다.) [히브리서 5:10]

彼(かれ)を、すべての支配(しはい)、権威(けんい)、権力(けんりょく)、権勢(けんせい)の上(うえ)におき、また、この世(よ)ばかりでなくきたるべき世(よ)においても唱(とな)えられる、あらゆる名(な)の上(うえ)におかれたのである。[エペソ人への手紙 1:21]
(그를 모든 지배, 권세, 권력, 권세 위에 두고, 그리고 이 세상뿐만 아니라 오는 세상에 있어서도 불리는, 모든 이름 위에 두신 것이다.) [에베소서 1:21]

あなたがたに対(たい)して唱(とな)えられた尊(たっと)い御名(みな)を汚(けが)すのは、実(じつ)に彼(かれ)らではないか。[ヤコブの手紙 2:7]
(여러분에 대해 불린 존귀한 이름을 모독하는 것은 실로 그들이 아닌가?) [야고보서 2:7]

こうして、「アブラハムは神(かみ)を信(しん)じた。それによって、彼(かれ)は義(ぎ)と認(みと)められた」という聖書(せいしょ)の言葉(ことば)が成就(じょうじゅ)し、そして、彼(かれ)は「神(かみ)の友(とも)」と唱(とな)えられたのである。[ヤコブの手紙 2:23]
(이렇게 "아브라함은 하나님을 믿었다. 그로 인해 그는 의로 인정받았다."고 하는 성서의 말씀이 이루어지고, 그리고 그는 '하나님의 벗이라고 불린 것이다.) [야고보서 2:23]

そして彼(かれ)らに言(い)われた、『わたしの家(いえ)は、祈(いのり)の家(いえ)ととなえらるべきである』と書(か)いてある。それだのに、あなたがたはそれを強盗(ごうとう)の巣(す)にしている」。[マタイによる福音書 21:13]
(그리고 그들에게 말씀하셨다. '내 집은 기도하는 집이라고 불릴 것이다.' 라고 쓰여 있다. 그런데도 너희는 그것을 강도들의 소굴로 삼았다.") [마태복음 21:13]

[2] 長老(ちょうろう)たちはひれ伏(ふ)して礼拝(れいはい)した。: 장로들은 넙죽 엎드려서 예배를 드렸다.

「礼拝(れいはい)する」는 한자의 문면대로 옮기면 「예배하다」인데 구어역 성서 번역에 있어서는 「예배하다」「예배드리다」「배례하다」등으로 번역해 둔다. 한편 구어역 성서에서는 「礼拝(れいはい)を捧(ささ)げる」(예배를 드리다), 「拝(おが)む」(배례하다, 예배하다)와 같은 표현도 쓰인다.

[例] わたしたちの先祖(せんぞ)は、この山(やま)で礼拝(れいはい)をしたのですが、あなたがたは礼拝(れいはい)すべき場所(ばしょ)は、エルサレムにあると言(い)っています」。[ヨハネによる福音書 4:20]
(우리 선조들은 이 산에서 예배를 드렸습니다만, 선생님들 사람들은 예배해야 할 곳은 예루살렘에 있다고 합니다.") [요한복음 4:20]

イエスは女(おんな)に言(い)われた、「女(おんな)よ、わたしの言(い)うことを信(しん)じなさい。あなたがたが、この山(やま)でも、またエルサレムでもな

い所(ところ)で、父(ちち)を礼拝(れいはい)する時(とき)が来(く)る。[ヨハネによる福音書 4:21]
(예수께서 여자에게 말씀하셨다. "여자여, 내가 하는 말을 믿어라. 너희가 이 산도 아니고 또 예루살렘도 아닌 곳에서 아버지에게 예배할 때가 온다.") [요한복음 4:21]

しかし、真(まこと)の礼拝(れいはい)をする者(もの)たちが、霊(れい)と真(まこと)とをもって父(ちち)を礼拝(れいはい)する時(とき)が来(く)る。そうだ、今(いま)来(き)ている。父(ちち)は、このような礼拝(れいはい)をする者(もの)たちを求(もと)めておられるからである。[ヨハネによる福音書 4:23]
(그러나 참된 예배를 하는 사람들이 영과 진리로서 아버지를 예배할 때가 온다. 그렇다, 지금 와 있다. 아버지께서는 이와 같은 예배를 하는 사람들을 찾고 계시기 때문이다.) [4:23]

神(かみ)は霊(れい)であるから、礼拝(れいはい)をする者(もの)も、霊(れい)と真(まこと)とをもって礼拝(れいはい)すべきである」。[ヨハネによる福音書 4:24]
(하나님은 영이니, 예배를 하는 사람도 영과 진리로 예배를 드려야 한다.") [요한복음 4:24])

祭(まつり)で礼拝(れいはい)するために上(のぼ)ってきた人々(ひとびと)のうちに、数人(すうにん)のギリシヤ人(じん)がいた。[ヨハネによる福音書 12:20]
(축제 때 예배하러 올라온 사람들 중에 그리스 사람이 몇 명 있었다.) [요한복음 12:20]

それから、さらに仰(おお)せになった、『彼(かれ)らを奴隷(どれい)にする国民(こくみん)を、わたしはさばくであろう。その後(のち)、彼(かれ)らはそこからのがれ出(で)て、この場所(ばしょ)でわたしを礼拝(れいはい)するであろう』。[使徒行伝 7:7]
(그리고 더 [하나님께서] 말씀하셨다. '그들을 종으로 삼는 백성을 내가 심판할 것이다. 그 후, 그들은 거기에서 도망쳐 나와, 이곳에서 나를 예배할 것이다.') [사도행전 7:7]

お調(しら)べになればわかるはずですが、わたしが礼拝(れいはい)をしにエルサレムに上(のぼ)ってから、まだ十二日(じゅうににち)そこそこにしかなりません。[使徒行伝 24:11]
(조사하시면 아시겠지만, 내가 예배하러 예루살렘에 올라간 지 아직 열이틀밖에 되지 못했습니다.) [사도행전 24:11]

神(かみ)の霊(れい)によって礼拝(れいはい)をし、キリスト・イエスを誇(ほこ)りとし、肉(にく)を頼(たの)みとしないわたしたちこそ、割礼(かつれい)の者(もの)である。[ピリピ人への手紙 3:3]
(하나님의 영으로 예배하며, 그리스도 예수를 자랑으로 여기고, 육체에 의하지 않는 우리야말로, 할례를 받은 사람이다.) [빌립보서 3:3]

ヨハネの黙示録(もくしろく)　第6章[26]

---

[26] 7개의 봉인 중에서 6개가 풀리는 본 장의 묘사는, 앞으로 오는 그리스도의 승리의 전조이며,「소묵시(小默示)」라고 불리기에 적합하다. 왜냐하면, 여기에는 묵시의 모든 상징이 포함되어 있기 때문이다. 또한, 재앙을 초래하는 묵시적 묘사는 구약성서에도 ([예레미야 15:2~15:3, 21:7, 24:10], 에스겔 14:21, 호세아 10:8 등 참조), 신약성서에도 ([마태복음 24장, 마가복음 13장, 누가복음 21:9~21:11, 21:25 참조], 자수 보이는 것이다. 이상은 フランシスコ会聖書研究所(1984)『新約聖書』サンパウロ. p.925 주(6-1)에 의함.

〔13〕 小羊(こひつじ)、巻(ま)き物(もの)の封印(ふういん)を解(と)く
어린 양, 두루마리의 봉인을 풀다
[ヨハネの黙示録 6:1 - 6:17]

ヨハネの黙示 6:1 - 6:2
第一(だいいち)の封印(ふういん) ―
白馬(しろうま)〔勝利(しょうり)〕
첫 번째 봉인 - 흰말〔승리〕

[1]小羊(こひつじ)がその七(なな)つの封印(ふういん)の一(ひと)つを解(と)いた時(とき)、わたしが見(み)ていると、四(よっ)つの生(い)き物(もの)の一(ひと)つが、[2]雷(かみなり)のような声(こえ)で「来(き)たれ」と呼(よ)ぶのを聞(き)いた。[ヨハネの黙示録 6:1]
(어린 양이 그 7개의 봉인 중의 하나를 떼었을 때, 내가 보고 있으니, 네 생물 중의 하나가 천둥과 같은 소리로 "오너라" 하고 부르는 것을 들었다.) [6:1]

[1] 小羊(こひつじ)がその七(なな)つの封印(ふういん)の一(ひと)つを解(と)いた時(とき)、: 어린 양이 그 7개의 봉인 중의 하나를 떼었을 때,

구어역의 본 절에서는 「封印(ふういん)の一(ひと)つを解(と)いた時(とき)」의 「解(と)いた」와 같이 과거형이 쓰이고 있는데, 타 번역본에서는 다음과 같이 표현되고 있다.

[例]小羊(こひつじ)が七(なな)つの封印(ふういん)の一(ひと)つを<u>解(と)いた</u>とき、[新改訳1970]
(어린 양이 7개의 봉인 중의 하나를 떼었을 때,

小羊(こひつじ)が七(なな)つの封印(ふういん)の第一(だいいち)を<u>解(と)い
た</u>時(とき)、[フランシスコ会訳1984]
(어린 양이 7개의 봉인 중의 첫 번째를 떼었을 때,)

仔羊(こひつじ)が七(なな)つの封印(ふういん)の最初(さいしょ)の) 一(ひ
と)つを<u>開(ひら)いた</u>時(とき)、[塚本訳1963]
(어린 양이 7개의 봉인 중의 (최초의) 하나를 열었을 때,)

小羊(こひつじ)が七(なな)つの封印(ふういん)の第一(だいいち)を<u>開(ひら)
いた</u>。[前田訳1978]
(어린 양이 7개의 봉인 중의 첫 번째를 열었다.)

小羊(こひつじ)が七(なな)つの封印(ふういん)の一(ひと)つを<u>開(ひら)いた</u>。
[新共同訳1987]
(어린 양이 7개의 봉인 중의 하나를 열었다.)

私(わたし)は小羊(こひつじ)が七(なな)つの封印(ふういん)の一(ひと)つを
<u>解(と)く</u>のを見(み)たが、[岩波翻訳委員会訳1995]
(나는 어린 양이 7개의 봉인 중의 하나를 여는 것을 보았다.)

[新改訳1970]・[フランシスコ会訳1984]에서는「解(と)く」의 과거「解(と)いた」
가, [塚本訳1963]・[前田訳1978]・[新共同訳1987]에서는「開(ひら)く」의 과거
「開(ひら)いた」가, [岩波翻訳委員会訳1995]에서는「解(と)く」와 같은 현재형이
쓰이고 있다.

[2] 雷(かみなり)のような声(こえ)で「来(き)たれ」と呼(よ)ぶのを聞(き)いた。:
천둥과 같은 소리로 "오너라" 하고 부르는 것을 들었다.
「来(き)たる」는 다음과 같이 2개의 형태와 용법이 있다.

1.「来(きた)る」:《「きた (来至) る」의 음변화(音変化)》로서 5단(4단)활용을

하는 자동사로 쓰일 경우에는「오다, 다가오다, 찾아오다」의 뜻을 나타낸다.

[例] 米(べい)大統領(だいとうりょう)来(き)たる。
(미 대통령이 오다(방문하다).)

世界的(せかいてき)なピアニストA(エー)氏(し)来(き)たる。
(세계적인 피아니스트 A씨가 오다(찾아오다).)

2.「来(き)たる」: カ行変格活用의 동사「く」의 연용형(連用形)「き」+완료의 조동사「たり」의 연체형에서 전화(轉化)되어 연체사로 쓰일 경우에는「오는, 이번」의 뜻을 나타낸다.

[例] 来(き)たる十日(とおか)の投票日(とうひょうび)には。
(오는 10일 투표일에는.)

運動会(うんどうかい)は来(き)たる二十日(はつか)に開(ひら)かれる。
(운동회는 오는 20일에 열린다.)

3.「来る」라고 쓰고「きたる」라고 읽을 때도 있고,「来る」라고 쓰고「くる」라고 읽을 때도 있다. 그리고「きたる」를「来たる」라고 쓸 때도 있다. (이하 인용)

[例] 来(きた)る11月(じゅういちがつ)23日(にじゅうさんにち)。
(오늘 11월 23일.)[이 경우에는 아직 그 날은 오지 않았다. 앞으로 오는 것이다.]

英国(えいこく)より来(き)たる客人(きゃくじん)。
(영국에서 오는 손님.)[이미 벌써 와 있는 것이다.]27)

본 절의「来(き)たれ」는「오다」의「来(き)たる」의 명령형으로 [フランシスコ会

---

27) https://hinative.com/ja/questions/7090151에서 인용해서 적의 번역함.

聖書研究所(1984)『新約聖書』サンパウロ. p.925 주(6-2)]에 의하면, 이 명령 (6:3, 6:5, 6:7)은 4개의 생물이 각각 차례로 등장하는 기사(騎士)에 대한 부름이고 각각 하나의 재앙, 즉 전쟁, 내란, 기근, 페스트를 초래한다고 한다.

한편 이에 대해 타 번역본에서는 다음과 같이 표현되고 있다.

[예]雷鳴(らいめい)のように、「来(き)たれ」というのを聞(き)いた。[前田訳1978]
(뇌명처럼 "오너라"라고 하는 것을 들었다.)

雷(かみなり)のような (大(おお)きな) 声(こえ)で「来(こ)い」と言(い)うのを聞(き)いた。[塚本訳1963]
(천둥과 같은 (큰) 소리로 "와라"라고 하는 것을 들었다.)

雷(かみなり)のような声(こえ)で、「出(で)て来(こ)い」と言(い)うのを、わたしは聞(き)いた。[フランシスコ会訳1984]
(천둥과 같은 소리로 "나와라"라고 하는 것을 나는 들었다.)

雷(かみなり)のような声(こえ)で「出(で)て来(こ)い」と言(い)うのを、わたしは聞(き)いた。[新共同訳1987]
(천둥과 같은 소리로 "나와라"라고 하는 것을 나는 들었다.)

雷(かみなり)の轟(とどろ)きのような声(こえ)で、「出(で)て来(こ)い」と言(い)うのを聞(き)いた。[岩波翻訳委員会訳1995]
(천둥의 굉음과 같은 소리로 "나와라"라고 하는 것을 들었다.)

雷(かみなり)のような声(こえ)で「来(き)なさい。」と言(い)うのを私(わたし)は聞(き)いた。[新改訳1970]
(천둥과 같은 소리로 "나와라"라고 하는 것을 나는 들었다.)

> そして見(み)ていると、見(み)よ、白(しろ)い馬(うま)が出(で)てきた。そして、[1]それに乗(の)っている者(もの)は、弓(ゆみ)を手(て)に持(も)っており、[2]また冠(かんむり)を与(あた)えられて、[3]勝利(しょうり)の上(うえ)にもなお勝利(しょうり)を得(え)ようとして出(で)かけた。[ヨハネの黙示録 6:2]
> (또 보고 있으니, 보아라! 흰 말이 나왔다. 그리고 그것을 타고 있는 사람은 활을 손에 들고 있고, 또 면류관을 받아, 승리에다가 더 승리를 얻으려고 나갔다.) [6:2]

[1] それに乗(の)っている者(もの)は、弓(ゆみ)を手(て)に持(も)っており、: 그것을 타고 있는 사람은 활을 손에 들고 있고,

[フランシスコ会聖書研究所(1984)『新約聖書』サンパウロ. p.925 주(6-3)에] 의하면 본 절에 관해서는 이하의 [스가랴 1:8, 6:3, 6:6]을 참조하라고 하고 있다.

[예]「わたしは夜(よる)、見(み)ていると、ひとりの人(ひと)が赤馬(あかうま)に乗(の)って、谷間(たにま)にあるミルトスの木(き)の中(なか)に立(た)ち、その後(うしろ)に赤馬(あかうま)、栗毛(くりげ)の馬(うま)、白馬(しろうま)がいた。[ゼカリヤ書 1:8]
(나는 밤에 보고 있으니, 한 사람이 붉은 말을 타고 골짜기에 있는 화석류나무 가운데에 서서, 그 사람 뒤에 붉은 말, 밤색 말, 흰 말이 있었다.) [스가랴 1:8]

第三(だいさん)の戦車(せんしゃ)には白馬(しろうま)を着(つ)け、第四(だいよん)の戦車(せんしゃ)には、まだらのねずみ色(いろ)の馬(うま)を着(つ)けていた。[ゼカリヤ書 6:3]
(세 번째 병거에는 흰 말이, 네 번째 병거는 얼룩말들이 끌고 있었다.) [스가랴 6:3]

黒馬(くろうま)を着(つ)けた戦車(せんしゃ)は、北(きた)の国(くに)をさして出(で)て行(い)き、白馬(しろうま)は西(にし)の国(くに)をさして出(で)て行(い)き、まだらの馬(うま)は南(みなみ)の国(くに)をさして出(で)て行(い)く

のです」。[ゼカリヤ書 6:6]
(검은 말들이 끄는 병거는 북쪽 지역을 가리키고 나가고, 흰 말들이 끄는 병거는 서쪽 지역을 가리키고 나가고, 얼룩말들이 끄는 병거는 남쪽 지역을 가리키고 나갑니다.") [스가랴 6:6]

그리고「弓(ゆみ)」(활)은 싸우는 사람의 상징이고 신약성서에서는 여기에서만 나오는데, 구약성서 스가랴에서「弓(ゆみ)」가 쓰인 예를 들면 다음과 같다.

[例] わたしはエフライムから戦車(せんしゃ)を断(た)ち、エルサレムから軍馬(ぐんば)を断(た)つ。また、いくさ弓(ゆみ)も断(た)たれる。彼(かれ)は国々(くにぐに)の民(たみ)に平和(へいわ)を告(つ)げ、その政治(せいじ)は海(うみ)から海(うみ)に及(およ)び、大川(おおかわ)から地(ち)の果(はて)にまで及(およ)ぶ。[ゼカリヤ書 9:10]
(나는 에브라임에서 병거를 없애고, 예루살렘에서 군마를 없애고, 그리고 전쟁할 때에 쓰는 활도 꺾어진다. 그는 여러 나라 백성에게 평화를 고하고, 그의 정치는 바다에서 바다에 이르고, 큰 강(유프라테스 강)에서 땅 끝에까지 이른다.) [스가랴 9:10]

わたしはユダを張(は)って、わが弓(ゆみ)となし、エフライムをその矢(や)とした。シオンよ、わたしはあなたの子(こ)らを呼(よ)び起(おこ)して、ギリシヤの人々(ひとびと)を攻(せ)めさせ、あなたを勇士(ゆうし)のつるぎのようにさせる。[ゼカリヤ書 9:13]
(나는 유다를 당겨 내 활로 삼고, 에브라임을 그 화살로 삼았다. 시온아, 내가 네 자식들을 불러일으켜, 그리스의 사람들을 치게 하고, 너를 용사의 칼처럼 삼겠다.) [스가랴 9:13]

隅(すみ)石(いし)は彼(かれ)らから出(で)、天幕(てんまく)の杭(くい)も彼(かれ)らから出(で)、いくさ弓(ゆみ)も彼(かれ)らから出(で)、支配者(しはいしゃ)も皆(みな)彼(かれ)らの中(なか)から出(で)る。[ゼカリヤ書 10:4]
(모퉁잇돌은 그들로부터 나오고, 천막의 말뚝도 그들로부터 나오고, 싸울 때 쓰는

활도 그들로부터 나오고, 지배자도 모두 그들 안에서 나온다.) [스가랴 10:4]

[2] また冠(かんむり)を与(あた)えられて、: 또 면류관을 받아,

「冠(かんむり)を与(あた)えられる」는 구어역에서 본 절에서의 예가 유일하다. 「~を与(あた)えられる」는 「~を与(あた)える」의 수동인데, 직역을 하면 어색하기 때문에, 여기에서는 「~이 주어지다 → ~을 받다」또는 「~을 가지다」로 번역해 둔다.

구어역 신약성서에서 「~を与(あた)えられる」의 예를 들면 다음과 같다.

[例]そこでわたしは、彼(かれ)らに答(こた)えた、『訴(うった)えられた者(もの)が、訴(うった)えた者(もの)の前(まえ)に立(た)って、告訴(こくそ)に対(たい)し弁明(べんめい)する機会(きかい)を与(あた)えられない前(まえ)に、その人(ひと)を見放(みはな)してしまうのは、ローマ人(じん)の慣例(かんれい)にはないことである』。[使徒行伝 25:16]
그래서 나는 그들에게 대답했다, '피고가 원고 앞에 서서 그 고소에 대해 변명할 기회를 가지기 전에, 그 사람을 넘겨주는 일은 로마 사람의 관례에는 없는 것이다.) [사도행전 25:16]

そしてわたしは、それをエルサレムで敢行(かんこう)し、祭司長(さいしちょう)たちから権限(けんげん)を与(あた)えられて、多(おお)くの聖徒(せいと)たちを獄(ごく)に閉(と)じ込(こ)め、彼(かれ)らが殺(ころ)される時(とき)には、それに賛成(さんせい)の意(い)を表(あらわ)しました。[使徒行伝 26:10]
(그리고 저는 그것을 예루살렘에서 감행하고, 제사장들에게서 권한을 위임받아, 많은 성도들을 옥에 감금하고, 그들이 죽임을 당할 때는 그것에 찬성의 뜻을 나타냈습니다.) [사도행전 26:10]

愛(あい)する者(もの)たちよ。わたしたちは、このような約束(やくそく)を与(あた)えられているのだから、肉(にく)と霊(れい)とのいっさいの汚(けが)

れから自分(じぶん)をきよめ、神(かみ)をおそれて全(まった)く清(きよ)くなろうではないか。[コリント人への第二の手紙 7:1]
(사랑하는 여러분. 우리는 이러한 약속을 받았으니, 육과 영의 모든 더러움으로부터 자신을 깨끗하게 하고, 하나님을 두려워하여 완전히 정결해지도록 하지 않겠느냐?) [고린도후서 7:1]

兄弟(きょうだい)よ。わたしは、あなたの愛(あい)によって多(おお)くの喜(よろこ)びと慰(なぐさ)めとを与(あた)えられた。聖徒(せいと)たちの心(こころ)が、あなたによって力(ちから)づけられたからである。[テピレモンへの手紙 1:7]
(형제여. 나는 그대의 사랑으로 많은 기쁨과 위로를 받았다. 성도들의 마음이 그대로 인해 용기를 얻었기 때문이다.) [빌레몬서 1:7]

もし全(まっと)うされることがレビ系(けい)の祭司制(さいしせい)によって可能(かのう)であったら――民(たみ)は祭司(さいし)制(せい)の下(もと)に律法(りっぽう)を与(あた)えられたのであるが――なんの必要(ひつよう)があって、なお、「アロンに等(ひと)しい」と呼(よ)ばれない、別(べつ)な「メルキゼデクに等(ひと)しい」祭司(さいし)が立(た)てられるのであるか。[ヘブル人への手紙 7:11]
(만일 완전한 것이 레위 계열의 제사제에 의해 가능하다면, - 백성은 제사제 하에 율법을 받은 것이지만, - 어떤 필요가 있어, 여전히 "아론과 같다"고 불리지 않는, 다른 "멜기세덱과 같은" 제사장이 세워지는 것인지?) [히브리서 7:11]

信仰(しんこう)によって、サラもまた、年老(としお)いていたが、種(たね)を宿(やど)す力(ちから)を与(あた)えられた。約束(やくそく)をなさったかたは真実(しんじつ)であると、信(しん)じていたからである。[ヘブル人への手紙 11:11]
(믿음으로 사라도 또한, 나이를 먹었지만, 임신할 능력을 받았습니다. 약속을 하신 분이 진실하다고, 믿고 있었기 때문이다.) [히브리서 11:11]

[3] 勝利(しょうり)の上(うえ)にもなお勝利(しょうり)を得(え)ようとして出(で)かけた。: 승리에다가 더 승리를 얻으려고 나갔다.

「勝利(しょうり)の上(うえ)にも」의 「~の上(うえ)に」는 공간적 의미로 쓰인 것이 아니라, 어떤 일과 다른 일과를 관련시켜서 표현할 때 쓰는 용법으로, 「~에 더하여」에 상당하는 뜻을 나타낸다.

[例] また彼(かれ)らに言(い)われた、「聞(き)く事柄(ことがら)に注意(ちゅうい)しなさい。あなたがたの量(はか)るその量(はかり)で、自分(じぶん)にも量(はか)り与(あた)えられ、その上(うえ)になお増(ま)し加(くわ)えられるであろう。[マルコによる福音書 4:24]
(다시 그들에게 말씀하셨다. "듣는 내용에 주의하여라. 너희가 재는 저울질로 자기에게도 재서 주어질 것이고 그 위에 더 늘려 받을 것이다.) [마가복음 4:24]

彼(かれ)を獄(ごく)に閉(と)じ込(こ)めて、いろいろな悪事(あくじ)の上(うえ)に、もう一(ひと)つこの悪事(あくじ)を重(かさ)ねた。[ルカによる福音書 3:20]
(그를 감옥에 감금하고 여러 가지 악행을 저지르고 거기에다가 또 다른 이 악행을 반복했다.) [누가복음 3:20]

わたしたちは、イスラエルを救(すく)うのはこの人(ひと)であろうと、望(のぞ)みをかけていました。しかもその上(うえ)に、この事(こと)が起(お)ってから、きょうが三日目(みっかめ)なのです。[ルカによる福音書 24:21]
(우리는 이스라엘을 구원하는 것은 이 사람이라고 기대하고 있었습니다. 게다가 그뿐만 아니라, 이 일이 일어난 지 오늘이 사흘째 되는 날입니다.) [누가복음 24:21]

「イスラエルの人々(ひとびと)よ、加勢(かせい)にきてくれ。この人(ひと)は、いたるところで民(たみ)と律法(りっぽう)とこの場所(ばしょ)にそむくことを、みんなに教(おし)えている。その上(うえ)に、ギリシヤ人(じん)を宮(みや)の内(うち)に連(つ)れ込(こ)んで、この神聖(しんせい)な場所(ばしょ)を汚(けが)したのだ」。[使徒行伝 21:28]

("이스라엘 사람들이여, 합세하러 와 줘라. 이 자는 도처에서 백성과 율법과 이곳에 적대하는 것을 모두에게 가르치고 있다. 더욱이 그리스 사람들을 성전 안에 데리고 들어와서, 이 신성한 곳을 더럽혔다.") [사도행전 21:28]

その上(うえ)に、信仰(しんこう)のたてを手(て)に取(と)りなさい。それをもって、悪(あ)しき者(もの)の放(はな)つ火(ひ)の矢(や)を消(け)すことができるであろう。[エペソ人への手紙 6:16]
(게다가 믿음의 방패를 손에 들어라. 그것으로, 악한 자가 쏘는 불화살을 끌 수 있을 것이다.) [에베소서 6:16]

その上(うえ)に、このことは誓(ちか)いをもってなされた。人々(ひとびと)は、誓(ちか)いをしないで祭司(さいし)とされるのであるが、[ヘブル人への手紙 7:20]
(게다가 이 일은 맹세로 이루어졌다. 사람들은 맹세를 하지 않고 제사장으로 되는 것이지만,) [히브리서 7:20]

ヨハネの黙示 6:3 - 6:4
第二(だいに)の封印(ふういん) ―
赤馬(あかうま)〔戦争(せんそう)〕

두 번째 봉인 - 빨간 말〔전쟁〕

> 小羊(こひつじ)が第二(だいに)の封印(ふういん)を解(と)いた時(とき)、第二(だいに)の生(い)き物(もの)が「来(き)たれ」と言(い)うのを、わたしは聞(き)いた。[ヨハネの黙示録 6:3]
> (어린 양이 두 번째 봉인을 떼었을 때, 두 번째 생물이 "오너라"라고 말하는 것을 나는 들었다.) [6:3]

본 절에서는 행위 주체가「小羊(こひつじ)が第二(だいに)の封印(ふういん)を解(と)いた時(とき)」(어린 양이 두 번째 봉인을 떼었을 때),「第二(だいに)の生(い)き物(もの)が「来(き)たれ」と言(い)う」(두 번째 생물이 "오너라"라고 말하다),「わたしは聞(き)いた」(나는 들었다)와 같이 3개 등장한다.

> [1]すると今度(こんど)は、赤(あか)い馬(うま)が出(で)てきた。そして、それに乗(の)っている者(もの)は、[2]人々(ひとびと)が互(たがい)に殺(ころ)し合(あ)うようになるために、[3]地上(ちじょう)から平和(へいわ)を奪(うば)い取(と)ることを許(ゆる)され、[4]また、大(おお)きなつるぎを与(あた)えられた。[ヨハネの黙示録 6:4]
> (그러자 이번에는 붉은 말이 나왔다. 그리고 그것을 타고 있는 사람은 사람들이 서로 죽이게 되기 위해 지상에서 평화를 빼앗는 것을 허락받고, 또 큰 칼을 받았다.) [6:4]

[フランシスコ会聖書研究所(1984)『新約聖書』サンパウロ. p.925 주(6-4)]에 의

하면, 첫 번째 기사는 침략전쟁을, 두 번째 기사는 내전을 의인화한 것으로 또한 [마태복음 24:8], [누가복음 21:9]를 참조하라고 설명하고 있다.

[例]「わたしは夜(よる)、見(み)ていると、ひとりの人(ひと)が赤(あか)馬(うま)に乗(の)って、谷間(たにま)にあるミルトスの木(き)の中(なか)に立(た)ち、その後(うしろ)に赤(あか)馬(うま)、栗毛(くりげ)の馬(うま)、白馬(しろうま)がいた。[ゼカリヤ書 1:8]
(내가 밤에 보고 있으니, 한 사람이 붉은 말을 타고, 골짜기에 있는 화석류나무 사이에 서서, 그 뒤에 붉은 말, 밤색 말, 흰 말들이 있었다.) [스가랴 1:8]

第一(だいいち)の戦車(せんしゃ)には赤馬(あかうま)を着(つ)け、第二(だいに)の戦車(せんしゃ)には黒馬(くろうま)を着(つ)け、[ゼカリヤ書 6:2]
(첫 번째 병거는 붉은 말들이 끌고 두 번째 병거는 검은 말들이 끌고,) [스가랴 6:2]

しかし、すべてこれらは産(う)みの苦(くる)しみの初(はじ)めである。[マタイによる福音書 24:8]
(그러나 이것들은 모두 진통의 시작이다.) [마태복음 24:8]

戦争(せんそう)と騒乱(そうらん)とのうわさを聞(き)くときにも、おじ恐(おそ)れるな。こうしたことはまず起(お)こらねばならないが、終(おわ)りはすぐにはこない」。[ルカによる福音書 21:9]
(전쟁과 난리의 소문을 들을 때에도 겁내고 두려워하지 마라. 이런 일은 먼저 일어나야 하지만, 종말은 금방은 오지 않는다.") [누가복음 21:9]

[1] すると今度(こんど)は、赤(あか)い馬(うま)が出(で)てきた。 : 그러자 이번에는 붉은 말이 나왔다.

이 부분을 타 번역본에서 다음과 같이 기술하고 있다.

[例]すると赤(あか)い他(た)の馬(うま)が出(で)て来(き)た。[塚本訳1963]
(그러자 붉은 다른 말이 나왔다.)

すると、別(べつ)の、火(ひ)のように赤(あか)い馬(うま)が出(で)て来(き)た。
[新改訳1970]
(그러자, 다른 불과 같은 붉은 말이 나왔다.)

そして炎色(えんしょく(=炎(ほのお)の色(いろ)))の他(た)の馬(うま)が出(で)ていった。[前田訳1978]
(그리고 염색(焰色)(=불꽃색)의 다른 말이 나갔다.)

すると、火(ひ)のように赤(あか)い別(べつ)の馬(うま)が現(あらわ)れた。[新共同訳1987]
(그러자 불처럼 붉은 다른 말이 나타났다.)

すると、別(べつ)の、火(ひ)のように赤(あか)い馬(うま)が出(で)て来(き)た。
[フランシスコ会訳1984]
(그러자 다른 불처럼 붉은 말이 나왔다.)

すると、もう一頭(いっとう)の真(ま)っ赤(か)な馬(うま)が出(で)て来(き)て、
[岩波翻訳委員会訳1995]
(그러자 다른 한 마리의 새빨간 말이 나와서,)

[2] 人々(ひとびと)が互(たがい)に殺(ころ)し合(あ)うようになるために、: 사람들이 서로 죽이게 되기 위해

「殺(ころ)し合(あ)う」는「殺(ころ)す」의 연용형「殺(ころ)し」에 상호 동작을 나타내는 후항동사「~合(あ)う」가 결합된 복합동사인데 구어역 성서에서 본 절에서의 사용이 유일하다. 그리고「互(たがい)に殺(ころ)し合(あ)う」의「互(たがい)に」는 부사로 동작의 반복을 나타내는데 한국어에서는「서로」의 뜻을 나타내고,「殺(ころ)し合(あ)う」(서로 죽이다)는 상호 동작이기 때문에 일본어에서는 양자의 상호 관계에 차이가 있지만, 한국어로는「서로」가 중첩되기 때문에 한쪽을 생략해서 번역한다.

그럼 「~合(あ)う」유형의 복합동사에 관해 검토하면 다음과 같다.

「~合(あ)う」는 동사의 연용형에 접속하여 「둘 이상의 주체가 서로 같은 동작·작용을 나누어 가지는」 것을 나타내는데 한국어로는 「서로(같이) ~하다」에 해당한다. 「~合う」에 의한 복합동사는 생산성이 높아 「付(つ)き合(あ)う」(사귀다, 상대하다)」와 같이 「~合う」 형태로 고정된 것을 제외하고는 사전에 일일이 등재되어 있지 않다.

[例]
    A: なにやらあそこで二人(ふたり)の男(おとこ)が言(い)い合(あ)っていますね。
      (무엇인가 저기에서 남자 둘이 언쟁하고 있군요.)
    B: そうですね。いがみ合(あ)ってるみたいですね。
      (그렇군요. 서로 으르렁대고 있는 것 같군요.)
    A: あ、殴(なぐ)り合(あ)い出(だ)しましたよ。
      (아, 서로 때리기 시작했어요.)
    B: あ、本当(ほんとう)だ。ちょっと見(み)に行(い)きましょう。
      (아, 정말이네. 좀 보러 가요.)

高倉(たかくら)さん、お互(たが)いに気持(きも)ちが通(かよ)い合(あ)う人(ひと)がいるということは、恵(めぐ)まれたことですよ。
(다카쿠라 씨, 서로 기분이 통하는 사람이 있다고 하는 것은 복 받은 일이에요.)

新入社員(しんにゅうしゃいん)四人(よにん)と誘(さそ)い合(あ)って十四日(じゅうよっか)まで伊豆(いず)で遊(あそ)ぶことにした。
(신입사원 네 명이 서로 이야기해서 14일까지 이즈에서 놀기로 했다.)

田中(たなか)さんは、向(む)かい合(あ)って座(すわ)っている美人(びじん)をそれとなく見(み)ていた。
(다나카 씨는 서로 마주 보며 앉아 있는 미인을 살며시 보고 있었다.)

合格(ごうかく)発表(はっぴょう)の掲示板(けいじばん)に自分(じぶん)の番号(ばんごう)を見(み)つけて、彼(かれ)は友達(ともだち)と抱(だ)き合(あ)っ

て喜(よろこ)びました。
(합격 발표 게시판에 자기 번호를 발견하고, 그는 친구와 서로 얼싸안고 기뻐했습니다.)

みんなで少(すこ)しずつお金(かね)を出(だ)し合(あ)って、コーヒーポットを買(か)った。
(서로 다 같이 조금씩 돈을 내서 커피포트를 샀다.)

そのことはみんなで話(はな)し合(あ)って決(き)めたほうがいいと思(おも)います。
(그 일은 서로 다 같이 이야기해서 결정하는 것이 좋을 것 같습니다.)

この間(あいだ)の件(けん)は上司(じょうし)と話(はな)し合(あ)った結果(けっか)、今回(こんかい)の取引(とりひき)は白紙(はくし)に戻(もど)すことになりました。
(요전의 건은 상사와 이야기를 나눈 결과, 이번 거래는 백지로 돌리기로 했습니다.)

どんなきっかけであの二人(ふたり)が知(し)り合(あ)ったのか、すごく興味(きょうみ)がありますわ。
(어떤 계기로 그 두 사람이 서로 알게 되었는지 무척 흥미가 있어요.)

「最近(さいきん)の若(わか)い者(もの)は地下鉄(ちかてつ)に乗(の)っていても譲(ゆず)り合(あ)うことを知(し)らない。」と言(い)う人(ひと)がいるが、そういう人に限(かぎ)って座(すわ)るのが当(あ)たり前(まえ)と思(おも)っている人が多(おお)いようだ。
("요즘 젊은이는 지하철에 타도 서로 양보하는 것을 모른다."라고 말하는 사람이 있는데, 그런 사람에 한해서 앉는 것이 당연하다고 생각하고 있는 사람이 많은 것 같다.)

口角(こうかく)あわを飛(と)ばして世(よ)の趨勢(すうせい)を論(ろん)じ合(あ)った、学生(がくせい)のころが懐(なつ)かしく思(おも)い出(だ)されます。
(입에 거품을 물고 시대의 추세에 대해 서로 격렬하게 논쟁했던 학생 때가 그리워

집니다.)

世(よ)の中(なか)、お互(たが)いに言葉(ことば)をかけ合(あ)い、笑顔(えがお)を向(む)け合(あ)い、助(たす)け合(あ)わなければいけません。
(세상은 서로 말을 주고받고, 서로 웃는 얼굴을 보이고, 서로 도와야 합니다.)

相手(あいて)の国(くに)の文化(ぶんか)や習慣(しゅうかん)が分(わ)からないために、お互(たが)いに誤解(ごかい)し合(あ)うこともある。
(상대방 나라의 문화나 습관을 몰라서 서로 오해하는 경우도 있다.)

同(おな)じ文化(ぶんか)、同じ言語(げんご)を共有(きょうゆう)する二人(ふたり)でさえ、理解(りかい)し合(あ)うのは容易(ようい)なことではありません。
(동일 문화, 동일 언어를 공유하는 두 사람조차도 서로 이해하는 것은 용이한 일이 아닙니다.)

あの人(ひと)たち、本心(ほんしん)は引(ひ)かれ合(あ)っているのに、わざと無関心(むかんしん)を装(よそお)っていますね。
(저 사람들 본심은 서로 끌려 있으면서도 일부러 무관심을 가장하고 있군요.)

「~合う」의 복합동사 중에는 전항동사와 후항동사의 결합도가 강해 그 전체가 하나의 동사로 인식되어 사전에 각각 하나의 표제어로 실려 있는 것도 있다.

[例] よく言(い)われることわざがある。「袖(そで)触(ふ)れ合(あ)うも他生(たしょう)の縁(えん)」
(종종 일컫는 속담이 있다. "소매가 서로 스치는 것도 전생의 인연이다." [사소한 일도 모두 전생의 인연으로 말미암은 것이다])

ちょっと取(と)っつきにくいけど、付(つ)きあってみると、いい人(ひと)だよ。
(좀 접근하기 어렵지만, 사귀어 보면 좋은 사람이야.)

私(わたし)が心配(しんぱい)して注意(ちゅうい)したのに、彼(かれ)はまったく取(と)り合(あ)ってくれなかった。
(내가 걱정해서 주의를 주었는데, 그는 전혀 상대해 주지 않았다.)

あの二人(ふたり)はちょうど釣(つ)り合(あ)っていると思(おも)う。結婚(けっこん)したらうまくいくんじゃないですか。
(그 두 사람은 잘 어울린다고 생각해. 결혼하면 잘 될 것 같지 않습니까?)28)

이 부분에 대해 타 번역본에서는 다음과 같이 옮기고 있다.

[例] 人々(ひとびと)が、互(たが)いに殺(ころ)し合(あ)うようになるためであった。[新改訳1970]
(사람들이 서로 죽이게 되기 위해서였다.)

人間(にんげん)が相互(そうご)に殺(ころ)し合(あ)う[ようにする]権限(けんげん)が与(あた)えられた。[岩波翻訳委員会訳1995]
(사람들이 상호 서로 죽이게 하는 그런 권한이 주어졌다.)

人々(ひとびと)が互(たが)いに打(う)ち殺(ころ)し合(あ)うためである。[フランシスコ会訳1984]
(사람들이 서로 때려죽이기 위해서이다.)

殺(ころ)し合(あ)いをさせる力(ちから)が与(あた)えられた。[新共同訳1987]
(서로 죽이게 하는 힘이 주어졌다.)

人(ひと)が互(たが)いに殺(ころ)すようにさせ、[前田訳1978]
(사람이 서로 죽이게끔 시키고,)

また (戦争(せんそう)と内乱(ないらん)とにて) 互(たが)いに屠(ほふ)り合(あわ)わせることを許(ゆる)された。[塚本訳1963]
(또 (전쟁과 내란으로) 서로 도륙하는 것을 허락받았다.)

---

28) 李成圭・権善和(2006c)『현대일본어 문법연구Ⅱ』시간의물레. pp.227-231에서 인용.

[3] 地上(ちじょう)から平和(へいわ)を奪(うば)い取(と)ることを許(ゆる)され、: 지상에서 평화를 빼앗는 것을 허락받고,「奪(うば)い取(と)る」는「奪(うば)う」의 연용형「奪(うば)い」에「取(と)る」가 결합된 복합동사로, 한국어의「강제로 빼앗다, 탈취[강탈]하다」의 뜻을 나타낸다.

[例] だれでも、まず強(つよ)い人(ひと)を縛(しば)り上(あ)げなければ、その人(ひと)の家(いえ)に押(お)し入(い)って家財(かざい)を奪(うば)い取(と)ることはできない。縛(しば)ってから初(はじ)めて、その家(いえ)を略奪(りゃくだつ)することができる。[マルコによる福音書 3:27]
(그 누구라도 먼저 힘센 사람을 단단히 묶지 않으면 그 사람의 집에 쳐들어가 가재를 빼앗을 수 없다. 묶어두고 나서야 비로소 그 집을 약탈할 수 있다.) [마가복음 3:27][29]

政治(せいじ)権力(けんりょく)を握(にぎ)っている連中(れんちゅう)は、私(わたし)の成果(せいか)を奪(うば)い取(と)る権限(けんげん)をもっていた。
(정치권력을 쥐고 있는 무리는 내 성과를 강제로 빼앗을 권한을 가지고 있었다.)

でもね、高瀬(たかせ)くん。実際(じっさい)、どんなことでもして奪(うば)い取(と)るくらいに考(かんが)えてないと、欲(ほ)しいものなんて何(なに)ひとつ手(て)に入(はい)らないのよ。
(하지만, 다카세 군. 실제로 어떤 일을 해서라도 빼앗을 정도로 생각하지 않으면, 원하는 것 등을 무엇 하나 손을 넣을 수 없어.)

だれでも、まず強(つよ)い人(ひと)を縛(しば)り上(あ)げなければ、その人(ひと)の家(いえ)にわたしの父(ちち)がわたしに下(くだ)さったものは、すべてに勝(まさ)るものである。そしてだれも父(ちち)のみ手(て)から、それを奪(うば)い取(と)ることはできない。[ヨハネによる福音書 10:29]
(내 아버지께서 나에게 주신 것은 모든 것보다 뛰어난 것이다. 그리고 아무도 아버지의 손에서 그것을 강제로 빼앗을 수 없다.)[요한복음 10:29][30]

---

29) 李成圭(2018c)『일본어 구어역 마가복음의 언어학적 분석Ⅰ』시간의물레. p.108에서 인용.

「奪(うば)い取(と)ることを許(ゆる)され、」의 「~を許(ゆる)され、」는 「~を許(ゆる)す」의 수동 「~を許(ゆる)される」의 연용 중지법인데, 「許(ゆる)される」의 예를 들면 다음과 같다.

[例]わたしたちがローマに着(つ)いた後(のち)、パウロは、ひとりの番兵(ばんぺい)をつけられ、ひとりで住(す)むことを許(ゆる)された。[使徒行伝 28:16]
(우리가 로마에 도착하고 나서 바울은 그를 지키는 병사 한 사람과 함께 혼자서 사는 것을 허락받았다.) [사도행전 28:16]

主(しゅ)はわたしに言(い)われた、「人(ひと)の子(こ)よ、主(しゅ)の宮(みや)のすべてのおきてと、そのすべての規定(きてい)とについて、わたしがあなたに告(つ)げるすべての事(こと)に心(こころ)をとめ、目(め)を注(そそ)ぎ、耳(みみ)を傾(かたむ)けよ。また宮(みや)にはいることを許(ゆる)されている者(もの)と、聖所(せいじょ)にはいることのできない者(もの)とに心(こころ)せよ。[エゼキエル書 44:5]
(주께서 나에게 말씀하셨다. "사람아, 주의 성전의 모든 규례와 그 모든 규정에 관해, 내가 너에게 일러주는 모든 것을 명심하고, 주의해서 보고 귀를 기울여라. 그리고 성전에 들어가는 것을 허락받은 사람과 성소에 들어갈 수 없는 사람에 주의하라.) [에스겔 44:5]

[4] また、大(おお)きなつるぎを与(あた)えられた。: 또 큰 칼을 받았다.
「つるぎを与(あた)えられた」는 구어역에서는 본 절에서만 사용되고 있다.

また、第三(だいさん)の封印(ふういん)を解(と)いた時(とき)、第三(だいさん)の生(い)き物(もの)が「きたれ」と言(い)うのを、わたしは聞(き)いた。そこで見(み)ていると、見(み)よ、[1]黒(くろ)い馬(うま)が出(で)てきた。そして、それに乗(の)っている者(もの)は、[2]計(はか)りを手(て)に持(も)っていた。[ヨハネの

---
30) [ヨハネによる福音書 10:29]의 설명에서 인용.

黙示録 6:5]
(또 셋째 봉인을 떼었을 때, 셋째 생물이 "오너라" 라고 말하는 것을 나는 들었다. 거기에서 보고 있으니, 보아라! 검은 말이 나왔다. 그리고 그것을 타고 있는 사람은 저울을 손에 들고 있었다.) [6:5]

[1] 黒(くろ)い馬(うま)が出(で)てきた。: 검은 말이 나왔다.
「黒(くろ)」는 [フランシスコ会聖書研究所(1984)『新約聖書』サンパウロ. p.925 주(6-5)]에 의하면, 죽음을 상징한다고 한다.

[例]第一(だいいち)の戦車(せんしゃ)には赤馬(あかうま)を着(つ)け、第二(だいに)の戦車(せんしゃ)には黒馬(くろうま)を着(つ)け、[ゼカリヤ書 6:2]
(첫 번째 병거는 붉은 말들이 끌고 두 번째 병거는 검은 말들이 끌고,) [스가랴 6:2]

黒馬(くろうま)を着(つ)けた戦車(せんしゃ)は、北(きた)の国(くに)をさして出(で)て行(い)き、白馬(しろうま)は西(にし)の国(くに)をさして出(で)て行(い)き、まだらの馬(うま)は南(みなみ)の国(くに)をさして出(で)て行(い)くのです」。[ゼカリヤ書 6:6]
(검은 말들이 끄는 병거는 북쪽 지역을 가리키고 나가고, 흰 말들이 끄는 병거는 서쪽 지역을 가리키고 나가고, 얼룩말들이 끄는 병거는 남쪽 지역을 가리키고 나갑니다.") [스가랴 6:6]

[2] 計(はか)りを手(て)に持(も)っていた。: 저울을 손에 들고 있었다.
[フランシスコ会聖書研究所(1984)『新約聖書』サンパウロ. p.925 주(6-5)]에 의하면, 「計(はか)り」는 기근 때의 식량의 결핍(레위기 26:26, 에스겔 4:16~4:17 참조)을 상징한다고 한다.

[例]わたしがあなたがたのつえとするパンを砕(くだ)くとき、十人(じゅうにん)の女(おんな)が一(ひと)つのかまどでパンを焼(や)き、それをはかりにかけてあなたがたに渡(わた)すであろう。あなたがたは食(た)べても満(み)たさ

れないであろう。[レビ記 26:26]
(내가 너희가 의지하고 있는 지팡이로 삼는 빵을 부술 때, 열 여인이 한 화덕에서 빵을 굽고, 그것을 저울에 달아 너희에게 건넬 것이다. 너희는 먹어도 차지 않을 것이다.) [레위기 26:26]

またわたしに言(い)われた、「人(ひと)の子(こ)よ、見(み)よ、わたしはエルサレムで人(ひと)のつえとするパンを打(う)ち砕(くだ)く。彼(かれ)らはパンを量(はか)って、恐(おそ)れながら食(た)べ、また水(みず)を量(はか)って驚(おどろ)きながら飲(の)む。[エゼキエル書 4:16]
(그리고 나에게 말씀하셨다. "사람아, 보아라! 내가 예루살렘에서 사람들이 의지하고 있는 빵을 부수겠다. 그들은 빵을 달아서 두려워하면서 먹고, 또 물을 재서 놀라면서 마신다.) [에스겔 4:16]

これは彼(かれ)らをパンと水(みず)とに乏(とぼ)しくし、互(たがい)に驚(おどろ)いて顔(かお)を見合(みあ)わせ、その罰(ばつ)のために衰(おとろ)えさせるためである。[エゼキエル書 4:17]
(이것은 그들을 빵과 물에 부족하게 만들어 서로 놀라며 얼굴을 마주 보고 그 벌 때문에 쇠약하게 만들기 위해서이다.) [에스겔 4:16]

すると、[1]わたしは四(よっ)つの生(い)き物(もの)の間(あいだ)から出(で)て来(く)ると思(おも)われる声(こえ)が、こう言(い)うのを聞(き)いた、「[2]小麦(こむぎ)一(ひと)ますは一(いち)デナリ。大麦(おおむぎ)三(さん)ますも一(いち)デナリ。[3]オリブ油(ゆ)とぶどう酒(しゅ)とを、そこなうな」。[ヨハネの黙示録 6:6]
(그러자 나는 네 생물 사이에서 나오는 것으로 생각되는 음성이, 이렇게 말하는 것을 들었다. "밀 한 되는 1데나리온, 보리 석 되도 1데나리온. 올리브유와 포도주를 상하게 하지 마라.") [6:6]

[1] わたしは四(よっ)つの生(い)き物(もの)の間(あいだ)から出(で)て来(く)ると思(おも)われる声(こえ)が、こう言(い)うのを聞(き)いた、: 그러자 나는 네 생물 사이

에서 나오는 것으로 생각되는 음성이, 이렇게 말하는 것을 들었다.

「出(で)て来(く)ると思(おも)われる」의 「思(おも)われる」는 「思(おも)う」의 자발 또는 수동의 의미로 쓰인 것으로 판단된다.

[例]すべての訓練(くんれん)は、当座(とうざ)は、喜(よろこ)ばしいものとは思(おも)われず、むしろ悲(かな)しいものと思(おも)われる。しかし後(のち)になれば、それによって鍛え(きたえ)られる者(もの)に、平安(へいあん)な義(ぎ)の実(み)を結(むす)ばせるようになる。[ヘブル人への手紙 12:11]
(모든 훈련은 그 당시는 즐거운 것이라고는 생각되지 않지만, 오히려 슬픈 것으로 생각된다. 그러나 나중이 되면 그것에 의해 단련 받은 사람에게 평안한 의의 열매를 맺게 하게 된다.) [히브리서 12:11]

なぜ、われわれは獣(けもの)のように思(おも)われるのか。なぜ、あなたの目(め)に愚(おろ)かな者(もの)と見(み)えるのか。[ヨブ記 18:3]
(왜 우리는 짐승처럼 생각되는가. 왜 네 눈에 어리석은 사람으로 보이는가?) [욥기 18:3]

まさかと思(おも)われるかもしれないが、赤(あか)ちゃんを連(つ)れて帰(かえ)りたくなかった。
(설마하고 생각할지도 모르지만, 갓난아이를 데리고 돌아가고 싶지 않았다.)

しかし、小学(しょうがく)一年生(いちねんせい)には酷(こく)と思(おも)われるこの山道(さんどう)も、帰(かえ)り道(みち)は違(ちが)う姿(すがた)を見(み)せてくれた。
(그러나 초등학교 1학년에게는 가혹하게 생각되는 이 산길도 돌아오는 길은 다른 모습을 보여 주었다.)

また、主人(しゅじん)が亡(な)くなった事件(じけん)は新聞(しんぶん)かテレビのニュースを見(み)て
知(し)っておられたと思(おも)われるのに、お悔(くや)みの電話(でんわ)もございませんでした。

(그리고 남편이 죽은 사건은 신문이나 텔레비전 뉴스를 보고 알고 계셨으리라고 생각되었는데, 애도의 전화도 없었습니다.)

早口(はやくち)で話(はな)すな、狂人(きょうじん)と思(おも)われるから。
(말을 빨리 하지 마. 상대가 광인으로 생각할 테니까.)

死者(ししゃ)の話(はなし)を聞(き)き、その人(ひと)の人権(じんけん)を擁護(ようご)する。ほかの人(ひと)にはできない、すばらしい仕事(しごと)である。ほかの人(ひと)ができることがあの人(ひと)にはできないと、あなたに思(おも)われるのが辛(つら)いのよ。
(사자의 이야기를 듣고, 그 사람의 인권을 옹호한다. 다른 사람은 할 수 없는, 멋진 일이다. 다른 사람이 할 수 있는 것을 그 사람은 할 수 없다고 당신이 생각하는 것이 괴로워.)

[2] 小麦(こむぎ)一(ひと)ますは一(いち)デナリ。: 밀 한 되는 1데나리온, [フランシスコ会聖書研究所(1984)『新約聖書』サンパウロ. p.927 주(6-6)]에 의하면,「ます」(되)는 코이닉스(choinix)로 약 1.1리터. 1일분의 빵의 배급량이다. 「1일 급료」는 「一(いち)デナリ」로, 1일의 노동임금(마태복음 20:2 참조). 또한 당시 기록에 의하면 평시에서는 1데나리온으로 밀 12리터, 2분의 1데나리온으로 보리 12리터 살 수가 있었다고 한다.

□ 「デナリオン」(Denarius ; 데나리온)

로마 은전(銀錢). 무게는 약 3.8g. 신약성경에서 가장 자주 언급된 돈으로, 한 데나리온은 당시 노동자나 군인 하루 품삯에 해당한다(마 20:13). 그리스의 드라크마(drachma)와 거의 같은 가치를 지녔다. 데나리온의 앞면에는 디베료(티베리우스) 황제의 흉상이 그려져 있고, '아우구스투스의 아들 티베리우스 케사르'란 글씨가 새겨져 있다. 또 뒷면에는 종려나무 가지를 쥐고 앉아 있는 평화의 여신 그림과 함께 '대제사장'이란 글씨가 새겨져 있다. 신약

시대 유대인들은 당시 통용되던 이 돈으로 세금을 납부하였다(마 22:18-21).

한편, 당시 숙박비가 1/20데나리온 정도였을 것으로 환산한다면(J. Jeremias) 선한 사마리아인의 비유(눅 10:30-37)에 나오는 사마리아인이 강도 만난 자를 위해 여관 주인에게 제공한 2데나리온은 매우 큰 비용이요, 크나큰 친절이라 할 수 있다. → '성경의 도량형과 월력'을 보라[31].

[3] オリブ油(ゆ)とぶどう酒(しゅ)とを、そこなうな。: 올리브유와 포도주를 상하게 하지 마라."

「そこなう[損なう]」는 ①「상하다, 파손하다」, ②「[건강·기분 등을] 상하게 하다, 해치다」, ③「살상하다」의 뜻을 나타내는데, 여기에서는 「(올리브유와 포도주)를 상하다」로 번역해 둔다.

> [例] まちがってはいけない。「悪(わる)い交(まじ)わりは、良(よ)いならわしをそこなう」。[コリント人への第一の手紙 15:33]
> (잘못해서는 안 된다. "나쁜 사귐은 좋은 습관을 망친다.") [고린도전서 15:33]
>
> その雄牛(おうし)は種(たね)を与(あた)えて、誤(あやま)ることなく、その雌牛(めうし)は子(こ)を産(う)んで、そこなうことがない。[ヨブ記 21:10]
> (그 수소는 씨를 주고, 실수 없이, 그 암소는 새끼를 낳고 쉴 수가 없다.) [욥기 21:10]
>
> たしかに、しえたげは賢(かしこ)い人(ひと)を愚(おろ)かにし、まいないは人(ひと)の心(こころ)をそこなう。[伝道の書 7:7]
> (틀림없이 학대는 현명한 사람을 어리석게 만들고, 뇌물은 사람의 마음을 해친다.) [전도서 7:7]
>
> 彼(かれ)らはわが聖(せい)なる山(やま)のどこにおいても、そこなうことなく、やぶることがない。水(みず)が海(うみ)をおおっているように、主(しゅ)

---

31) [네이버 지식백과] 데나리온 [Denarius] (라이프성경사전, 2006. 8. 15., 가스펠서브)
https://terms.naver.com/entry.naver?docId=2391420&cid=50762&categoryId=51387에서 인용.

を知(し)る知識(ちしき)が地(ち)に満(み)ちるからである。[イザヤ書 11:9]
(그들은 내 거룩한 산 어디에서나 해치지 않고 다치게 하지 않다. 물이 바다를 덮고 있듯이 주를 아는 지식이 세상에 가득하기 때문이다.) [이사야 11:9]

主(しゅ)なるわたしはこれを守(まも)り、常(つね)に水(みず)をそそぎ、夜(よる)も昼(ひる)も守(まも)って、そこなう者(もの)のないようにする。[イザヤ書 27:3]
(주인 나는 이것을 지키고, 항상 물을 붓고, 밤낮으로 지켜 해치는 사람이 없도록 한다.) [이사야 27:3]

見(み)よ、主(しゅ)はひとりの力(ちから)ある強(つよ)い者(もの)を持(も)っておられる。これはひょうをまじえた暴風(ぼうふう)のように、破(やぶ)り、そこなう暴風雨(ぼうふうう)のように、大水(おおみず)のあふれみなぎる暴風(ぼうふう)のように、それを激(はげ)しく地(ち)に投(な)げうつ。[イザヤ書 28:2]
(보아라! 주께서 힘 있고 강한 사람을 하나 가지고 계신다. 이것은 우박이 섞인 폭풍처럼 부수고, 파손하는 폭풍우처럼 큰물이 가득 차 넘치는 폭풍처럼 그것을 거세게 땅에 내던진다.) [이사야 28:2]

おおかみと小羊(こひつじ)とは共(とも)に食(く)らい、ししは牛(うし)のようにわらを食(く)らい、へびはちりを食物(しょくもつ)とする。彼(かれ)らはわが聖(せい)なる山(やま)のどこでもそこなうことなく、やぶることはない」と主(しゅ)は言(い)われる。[イザヤ書 65:25]
(이리와 어린 양이 함께 먹고, 사자가 소처럼 여물을 먹으며, 뱀이 티끌을 먹이로 삼는다. 그들은 나의 거룩한 산 어디에서도 해치거나 상하게 하는 일이 없다"고 주께서 말씀하신다.) [이사야 65:25]

ヨハネの黙示 6:7 - 6:8
第四(だいよん)の封印(ふういん) —
青馬(あおうま)〔死(し)〕

네 번째 봉인 - 파란 말〔죽음〕

> 小羊(こひつじ)が第四(だいよん)の封印(ふういん)を解(と)いた時(とき)、第四(だいよん)の[1]生(い)き物(もの)が「きたれ」と言(い)う声(こえ)を、わたしは聞(き)いた。[ヨハネの黙示録 6:7]
> (어린 양이 네 번째 봉인을 떼었을 때, 네 번째 생물이 "오너라"라고 말하는 것을 나는 들었다.) [6:7]

[1] 生(い)き物(もの) : 생물

「生(い)き物(もの)」의 예를 구어역 성서에서 들면 다음과 같다.

[例] すべて水(みず)に群(むら)がるもの、またすべての水(みず)の中(なか)にいる生(い)き物(もの)のうち、すなわち、すべて海(うみ)、また川(かわ)にいて、ひれとうろこのないものは、あなたがたに忌(い)むべきものである。[レビ記 11:10]

물에서 떼 지어 다니는 모든 것, 그리고 물속에 있는 모든 생물 중에 즉 바다, 또 강에 있으면서 지느러미와 비늘이 없는 것은 너희가 꺼리고 기피해야 하는 것이다. [레위기 11:10]

これは獣(けもの)と鳥(とり)と、水(みず)の中(なか)に動(うご)くすべての生(い)き物(もの)と、地(ち)に這(は)うすべてのものに関(かん)するおきてであって、[レビ記 11:46]

(이것은 짐승과 새와 물속에서 움직이는 모든 생물과 땅 위에 기어 다니는 모든 것에 관한 규례로,) [레위기 11:46]

汚(けが)れたものと清(きよ)いもの、食(た)べられる生(い)き物(もの)と、食

(た)べられない生(い)き物(もの)とを区別(くべつ)するものである。[レビ記 11:47]
(부정한 것과 정결한 것, 먹을 수 있는 생물과 먹을 수 없는 생물을 구별하는 것이다.) [레위기 11:47]

かしこに大(おお)いなる広(ひろ)い海(うみ)がある。その中(なか)に無数(むすう)のもの、大小(だいしょう)の生(い)き物(もの)が満(み)ちている。[詩篇 104:25]
(저기에 크고 넓은 바다가 있다. 그 안에 무수의 크고 작은 생물이 가득 차 있다.) [시편 104:25]

そこで見(み)ていると、見(み)よ、[1]青白(あおじろ)い馬(うま)が出(で)てきた。そして、[2]それに乗(の)っている者(もの)の名(な)は「死(し)」と言(い)い、それに黄泉(よみ)が従(したが)っていた。彼(かれ)らには、[3]地(ち)の四分(よんぶん)の一(いち)を支配(しはい)する権威(けんい)、および、つるぎと、飢饉(ききん)と、死(し)と、地(ち)の獣(けもの)らとによって人(ひと)を殺(ころ)す権威(けんい)とが、与(あた)えられた。[ヨハネの黙示録 6:8]
(거기에서 보고 있으니, 보아라! 창백한 말이 나왔다. 그리고 그것을 타고 있는 사람의 이름은「죽음(사망)」이라고 하고, 그를 황천(지옥)이 따르고 있었다. 그들에게는 땅의 사분의 일을 지배하는 권위 및 칼과 기근과 죽음과 들짐승들에 의해 사람을 죽이는 권력이 주어졌다.) [6:8]

---

[1] 青白(あおじろ)い馬(うま)が出(で)てきた。: 창백한 말이 나왔다.

「青白(あおじろ)い」는 죽은 사람과 같은 새파란 색을 가리키는 말로 한국어의「해쓱하다, 창백하다, 얼굴빛이 핏기가 없다」에 상당한다. 유의어로는「青(あお)ざめる」(새파래지다, 안색이 핼쑥해지다)가 있다.

본 절의 상기 부분을 타 번역본에서는 다음과 같이 묘사하고 있다.

[例]青(あお)ざめた馬(うま)が顕(あらわ)れて、[塚本訳1963]
(창백한 말이 나타나서,)

青(あお)ざめた馬(うま)であった。[新改訳1970]
(창백한 말이었다.)

青(あお)ざめた馬(うま)がいて、[前田訳1978]
(창백한 말이 있고,)

一頭(いっとう)の青白(あおじろ)い馬(うま)が現(あら)われた。[フランシスコ会訳1984]
(한 마리의 창백한 말이 나타났다.)

青白(あおじろ)い馬(うま)が現(あらわ)れ、[新共同訳1987]
(창백한 말이 나타나,)

そして蒼白(あおじろ)い馬(うま)が[現(ああわ)れた]ではないか。[岩波翻訳委員会訳1995]
(그리고 창백한 말이 〔나타난〕것이 아닌가?)

[2]それに乗(の)っている者(もの)の名(な)は「死(し)」と言(い)い、それに黄泉(よみ)が従(したが)っていた。: 그것을 타고 있는 사람의 이름은 「죽음(사망)」이라고 하고, 그를 황천이 따르고 있었다.

[フランシスコ会聖書研究所(1984)『新約聖書』サンパウロ. p.927 주(6-7)]에 의하면, 1세기에 심한 역병이 유행했고, 「死(し)」(죽음, 사망), 「黄泉(よみ) = よみの国(くに)」(황천)(1:18, 20:13~20:14 참조)는 여기에서는 의인화되어 있다고 한다.

그럼 구어역 성서에서 「死(し)」의 예를 들면 다음과 같다.

[例] 暗黒(あんこく)の中(なか)に住(す)んでいる民(たみ)は大(おお)いなる光(ひ

かり)を見(み)、死(し)の地(ち)、死(し)の陰(かげ)に住(す)んでいる人々(ひとびと)に、光(ひかり)がのぼった」。[マタイによる福音書 4:16]
(암흑 속에 살고 있는 백성은 큰 빛을 보고, 죽음의 땅, 죽음의 그늘에 사는 사람들에게 빛이 올라왔다.") [마태복음 4:16]

暗黒(あんこく)と死(し)の陰(かげ)とに住(す)む者(もの)を照(てら)し、わたしたちの足(あし)を平和(へいわ)の道(みち)へ導(みちび)くであろう」。[ルカによる福音書 1:79]
(암흑과 죽음의 그늘에 사는 사람을 비추고 우리의 발을 평화의 길로 인도하실 것이다.") [누가복음 1:79]

また、彼(かれ)らに言(い)われた、「よく聞(き)いておくがよい。神(かみ)の国(くに)が力(ちから)をもって来(く)るのを見(み)るまでは、決(けっ)して死(し)を味(あじ)わわない者(もの)が、ここに立(た)っている者(もの)の中(なか)にいる」。[マルコによる福音書 9:1]
(또 그들에게 말씀하셨다. "잘 들어 두어라. 하나님의 나라가 힘을 가지고 오는 것을 볼 때까지는 결코 죽음을 맛보지 않는 사람이 여기 서 있는 사람 중에 있다.") [마가복음 9:1]

よくよくあなたがたに言(い)っておく。わたしの言葉(ことば)を聞(き)いて、わたしを遣(つか)わされた方(かた)を信(しん)じる者(もの)は、永遠(えいえん)の命(いのち)を受(う)け、また裁(さば)かれることがなく、死(し)から命(いのち)に移(うつ)っているのである。[ヨハネによる福音書 5:24]
(분명히 말해 두겠다. 내 말을 듣고 나를 보내신 분을 믿는 사람은 영원한 생명을 받고 또한 심판받지 않고 죽음에서 생명으로 옮겨진다.) [요한복음 5:24]

よくよく言(い)っておく。もし人(ひと)がわたしの言葉(ことば)を守(まも)るならば、その人(ひと)はいつまでも死(し)を見(み)ることがないであろう」。[ヨハネによる福音書 8:51]
(분명히 말해 둔다. 만일 사람들이 내 말을 지킨다면, 그 사람은 언제까지나 죽음을 겪지 않을 것이다.") [요한복음 8:51]

彼(かれ)らは、こうした事(こと)を行(おこな)う者(もの)どもが死(し)に価(あたい)するという神(かみ)の定(さだ)めをよく知(し)りながら、自(みずか)らそれを行(おこな)うばかりではなく、それを行(おこな)う者(もの)どもを是認(ぜにん)さえしている。[ローマ人への手紙 1:32]
(그들은, 이러한 일을 행하는 자들은 죽어야 마땅하다는 하나님의 법규를 잘 알면서도, 스스로 그것을 행할 뿐 아니라, 그것을 행하는 자들을 시인조차 한다.) [로마서 1:32]

다음은「黄泉(よみ)」의 예를 들어보자.

[例] ああ、カペナウムよ、おまえは天(てん)にまで上(あ)げられようとでもいうのか。黄泉(よみ)にまで落(おと)されるであろう。おまえの中(なか)でなされた力(ちから)あるわざが、もしソドムでなされたなら、その町(まち)は今日(きょう)までも残(のこ)っていたであろう。[マタイによる福音書 11:23]
(아, 가버나움아, 너는 하늘에까지 올라가려고 라도 말하는가? 지옥에까지 떨어질 것이다. 너 가버나움에서 행해진 힘 있는 기적들이 만일 소돔에서 행해졌더라면, 그 도시는 오늘까지도 남아 있을 것이다.) [마태복음 11:23]

そこで、わたしもあなたに言(い)う。あなたはペテロである。そして、わたしはこの岩(いわ)の上(うえ)にわたしの教会(きょうかい)を建(た)てよう。黄泉(よみ)の力(ちから)もそれに打(う)ち勝(か)つことはない。[マタイによる福音書 16:18]
(그러니 나도 너에게 말한다. 너는 베드로다. 그리고 나는 이 바위 위에 내 교회를 세우겠다. 황천의 힘도 그것을 싸워 이기지 못할 것이다.) [마태복음 16:18]

ああ、カペナウムよ、おまえは天(てん)にまで上(あ)げられようとでもいうのか。黄泉(よみ)にまで落(おと)されるであろう。[カによる福音書 10:15]
(아, 가버나움아, 너는 하늘에까지 올라가려고 라도 말하는가? 지옥에까지 떨어질 것이다.) [누가복음 10:15]

そして黄泉(よみ)にいて苦(くる)しみながら、目(め)をあげると、アブラハム

とそのふところにいるラザロとが、はるかに見(み)えた。[ルカによる福音書 16:23]
(그리고 [부자가] 지옥에 있으면서 고통스러워하면서 눈을 들어 보니, 아브라함과 그의 품에 있는 희미하게 보였다.) [누가복음 16:23]

あなたは、わたしの魂(たましい)を黄泉(よみ)に捨(す)ておくことをせず、あなたの聖者(せいじゃ)が朽(く)ち果(は)てるのを、お許(ゆる)しにならないであろう。[使徒行伝 2:27]
(주께서 내 영혼을 황천에 버려두지 않고, 주의 성자가 다 썩어 버리는 것을 허락하시지 않을 것이다.) [사도행전 2:27]

キリストの復活(ふっかつ)をあらかじめ知(し)って、『彼(かれ)は黄泉(よみ)に捨(す)ておかれることがなく、またその肉体(にくたい)が朽(く)ち果(は)てることもない』と語(かた)ったのである。[使徒行伝 2:31]
(그리스도의 부활을 미리 알고, '그(그리스도)는 황천에 버림을 당하지 않고, 또 그의 육체는 다 썩지도 않는다.' 고 이야기했다.) [사도행전 2:31]

[3] 地(ち)の四分(ぶん)の一(いち)を支配(しはい)する権威(けんい)、および、つるぎと、飢饉(ききん)と、死(し)と、地(ち)の獣(けもの)らによって人(ひと)を殺(ころ)す権威(けんい)とが、与(あた)えられた。: 땅의 사분의 일을 지배하는 권위 및 칼과 기근과 죽음과 들짐승들에 의해 사람을 죽이는 권력이 주어졌다.

[フランシスコ会聖書研究所(1984)『新約聖書』サンパウロ. p.927 주(6-7)]에 의하면, 「獣(けもの)ら」는 하나님의 벌을 초래하는 것으로 구약성서(신명기 32:24, 예레미야 15:3, 에스겔 5:17, 14:21 참조)에도 종종 나타난다고 되어 있다.

[例]彼(かれ)らは飢(う)えて、やせ衰(おとろ)え、熱病(ねつびょう)と悪(わる)い疫病(えきびょう)によって滅(ほろ)びるであろう。わたしは彼(かれ)らを獣(けもの)の歯(は)にかからせ、地(ち)に這(は)うものの毒(どく)にあたらせるであろう。[申命記 32::24]

(그들은 굶고, 바짝 마르고, 열병과 나쁜 역병에 의해 멸망할 것이다. 나는 그들을 짐승의 이빨에 찢기게 하고, 땅에 기어 다니는 것에 중독되게 만들 것이다. [신명기 32::24]

主(しゅ)は仰(おお)せられる、わたしは四(よっ)つの物(もの)をもって彼(かれ)らを罰(ばっ)する。すなわち、つるぎをもって殺(ころ)し、犬(いぬ)をもってかませ、空(そら)の鳥(とり)と地(ち)の獣(けもの)をもって食(く)い滅(ほろ)ぼさせる。[エレミヤ書 15:3]
(주가 말씀하신다, 나는 네 가지 것으로 그들을 벌하겠다. 즉, 칼로 죽이고, 개로 물게 하며 공중의 새와 짐승으로 먹어치우게 해서 멸망시키겠다.) [예레미야 15:3]

わたしはあなたにききんと野獣(やじゅう)を送(おく)って、あなたの子(こ)を奪(うば)い取(と)り、また疫病(えきびょう)と流血(りゅうけつ)にあなたの中(なか)を通(とお)らせ、またつるぎをあなたに送(おく)る。主(しゅ)であるわたしがこれを言(い)う」。[エゼキエル書 5:17]
(나는 너에게 기근과 들짐승들을 보내서, 너의 자식을 빼앗고, 또 역병과 유혈에 너의 속을 지나게 하고, 또 칼을 너에게 보내겠다. 주인 내가 이것을 말한다.") [에스겔 5:17]

主(しゅ)なる神(かみ)はこう言(い)われる、わたしが人(ひと)と獣(けもの)とを地(ち)から断(た)つために、つるぎと、ききんと、悪(あ)しき獣(けもの)と、疫病(えきびょう)との四(よっ)つのきびしい罰(ばつ)をエルサレムに送(おく)る時(とき)はどうであろうか。[エゼキエル書 14:21]
(주님인 하나님께서 이렇게 말씀하신다. 내가 사람과 짐승을 땅에서 끊기 위해, 칼과 기근과 악한 짐승과 역병의 네 가지 엄중한 벌을 예루살렘에 낼 때는 어떻게 될까?) [에스겔 14:21]

ヨハネの黙示 6:9 - 6:11
第五(だいご)の封印(ふういん) ― 殉教(じゅんきょう)
다섯 번째 봉인 - 순교

> 小羊(こひつじ)が第五(だいご)の封印(ふういん)を解(と)いた時(とき)、[1]神(かみ)の言(ことば)のゆえに、また、[2]そのあかしを立(た)てたために、[3]殺(ころ)された人々(ひとびと)の霊魂(れいこん)が、祭壇(さいだん)の下(した)にいるのを、わたしは見(み)た。[ヨハネの黙示録 6:9]
> (어린 양이 다섯 번째 봉인을 떼었을 때, 하나님의 말씀 때문에 또 그 증언을 했기에 죽음을 당한 사람들의 영혼이 제단 아래에 있는 것을 나는 보았다.)
> [6:9]

[1] 神(かみ)の言(ことば)のゆえに、また、そのあかしを立(た)てたために、: 하나님의 말씀 때문에 또 그 증언을 했기에,

「神(かみ)の言(ことば)のゆえに」의 「~のゆえに」와 「そのあかしを立(た)てたために」의 「~のために」는 둘 다 원인・이유를 나타내고 있는데, 여기에서는 동어반복을 피하기 위해 「~のゆえに、~のために、」와 같이 쓰이고 있다.

이 부분을 타 번역본에서는 다음과 같이 서술하고 있다.

[例] 神(かみ)の言(ことば)<u>のため</u>、またその立(た)てた証(あかし)<u>のために</u>[塚本訳1963]
(하나님의 말씀 때문에 그리고 그가 한 증언 때문에)

神(かみ)のことばと、彼(かれ)らが守(まも)っていたみ教(おし)え<u>のために</u>、[フランシスコ会訳1984]
(하나님의 말씀과 그들이 지켰던 가르침 때문에,)

神(かみ)のことばと、自分(じぶん)たちが立(た)てたあかし<u>とのために</u>[新改訳1970]
(하나님의 말씀과 자신들이 한 증언 때문에)

神(かみ)の言葉(ことば)と自分(じぶん)たちがたてた証(あか)し<u>のために</u>[新共同訳1987]
(하나님의 말씀과 자신들이 한 증언 때문에)

神(かみ)の言葉(ことば)[を宣(の)べ伝(つた)え]、また自分(じぶん)たちが立(た)てた証言(しょうげん)[に忠実(ちゅうじつ)であり続(つづ)けた]<u>ために</u>[岩波翻訳委員会訳1995]
(하나님의 말씀을 전파하고, 그리고 자기들이 한 증언[에 계속 충실하기] 위해,)

神(かみ)のことば<u>のゆえに</u>、また守(まも)り抜(ぬ)いた証(あかし)<u>のゆえに</u>[前田訳1978]
(하나님의 말씀 때문에 그리고 끝까지 지킨 증언 때문에,)

[2] そのあかしを立(た)てたために、: 그 증언을 했기에,
「あかし(証)を立(た)てる」는 한국어의「증언을 하다」에 상당하는 뜻을 나타내는데, 구어역 성서에서 예를 들면 다음과 같다.

[例] すると、わたしたちは神(かみ)にそむく偽証人(ぎしょうにん)にさえなるわけだ。なぜなら、万一(まんいち)死人(しにん)がよみがえらないとしたら、わたしたちは神(かみ)が実際(じっさい)よみがえらせなかったはずのキリストを、よみがえらせたと言(い)って、神(かみ)に反(はん)する<u>あかしを立(た)て</u>たことになるからである。[コリント人への第一の手紙 15:15]
(그러면 우리는 하나님에 거역하는 거짓 증인마저 되는 셈이다. 왜냐하면 만일 죽은 사람이 살아나지 않도록 한다면, 우리는 하나님께서 실제로는 살리지 않았을 법한 그리스도를 살렸다고 하며, 하나님에 반하는 증언을 하게 되기 때문이다.) [고린도전서 15:15]

そしてわたしはあなたがたに近(ちか)づいて、さばきをなし、占(うらな)い者(もの)、姦淫(かんいん)を行(おこな)う者(もの)、偽(いつわ)りの誓(ちか)いをなす者(もの)にむかい、雇人(やといにん)の賃銀(ちんぎん)をかすめ、やもめと、みなしごとをしえたげ、寄留(きりゅう)の他国人(たこくじん)を押(お)しのけ、わたしを恐(おそ)れない者(もの)どもにむかって、すみやかにあかしを立(た)てると、万軍(ばんぐん)の主(しゅ)は言(い)われる。[マラキ書 3:5]
그래서 나는 너희에게 가까이 나아가서, 심판을 하고, 점쟁이, 간음하는 사람들, 거짓 맹세를 하는 사람들을 향해, 고용인의 품삯을 착취하고 과부와 고아를 학대하고 기류하는 타국 사람을 밀어내고 나를 두려워하지 않는 사람들을 향해, 재빨리 증언을 하겠다고 만군의 주께서 말씀하신다.) [말라기 3:5]

[3] 殺(ころ)された人々(ひとびと)の霊魂(れいこん)が、祭壇(さいだん)の下(した)にいるのを、わたしは見(み)た。: 죽음을 당한 사람들의 영혼이 제단 아래에 있는 것을 나는 보았다.

「霊魂(れいこん)がいる」와 같이 「霊魂(れいこん)」의 존재에 대해 「いる」동사가 쓰이고 있다. 그럼, 구어역 성서에서 「霊魂(れいこん)」의 예를 들면 다음과 같다.

[例]というのは、神(かみ)の言(ことば)は生(い)きていて、力(ちから)があり、もろ刃(は)のつるぎよりも鋭(するど)くて、精神(せいしん)と霊魂(れいこん)と、関節(かんせつ)と骨髄(こつづい)とを切(き)り離(はな)すまでに刺(さ)しとおして、心(こころ)の思(おも)いと志(こころざし)とを見分(みわ)けることができる。[ヘブル人への手紙 4:12]
(그 이유는, 하나님의 말씀은 살아 있고, 힘이 있고, 양날의 칼보다도 날카롭고, 정신과 영혼과, 관절과 골수를 잘라 버릴 때까지 꿰뚫어 마음에 품은 생각과 의향을 구분할 수 있다.) [히브리서 4:12]

霊魂(れいこん)のないからだが死(し)んだものであると同様(どうよう)に、行(おこな)いのない信仰(しんこう)も死(し)んだものなのである。[ヤコブの

手紙 2:26]
(영혼이 없는 몸이 죽은 것과 마찬가지로 행함이 없는 믿음도 죽은 것이다.) [야고보서 2:26]

> 彼(かれ)らは大声(おおごえ)で叫(さけ)んで言(い)った、「聖(せい)なる、まことなる主(しゅ)よ。[1]いつまであなたは、さばくことをなさらず、また地(ち)に住(す)む者(もの)に対(たい)して、[2]わたしたちの血(ち)の報復(ほうふく)をなさらないのですか」。[ヨハネの黙示録 6:10]
> (그들은 큰소리로 부르짖으며 말했다. "거룩하고, 참된 주님이여. 언제까지 주님께서는 심판하지 않으시고, 또 땅에 사는 자들에 대해 우리의 피의 복수를 하시지 않는 것입니까.") [6:10]

[1]いつまであなたは、さばくことをなさらず、: 언제까지 주님께서는 심판하지 않으시고, 「さばくことをなさらず、」는 「さばくことをする」의 존경어 「さばくことをなさる」의 부정 중지법이다. 구어역에서는 「~をなさらず、」의 예는 본 절을 포함해서 2회 등장한다.

[例] 彼(かれ)らは尋(たず)ねて言(い)った、「先生(せんせい)、わたしたちは、あなたの語(かた)り教(おし)えられることが正(ただ)しく、また、あなたは分(わ)け隔(へだ)てをなさらず、真理(しんり)に基(もと)づいて神(かみ)の道(みち)を教(おし)えておられることを、承知(しょうち)しています。[ルカによる福音書 20:21]
(그들은 물으며 말했다. "선생님, 저희는 선생님께서 말씀하시고 가르치시는 것이 올바르고 또한 선생님께서 차별하지 않으시고 진리에 기초하여 하나님의 길을 가르치고 계시는 것을 알고 있습니다.) [누가복음 20:21]

이 부분을 타 번역본에서는 다음과 같이 기술하고 있다.

[例]いつまでさばきを行(おこ)なわず、[新改訳1970]
　　(언제까지 심판을 행하지 않고,)

　　いつまで裁(さば)きを行(おこな)わず、[新共同訳1987]
　　(언제까지 심판을 행하지 않고,)

　　いったいいつまで、あなたは地上(ちじょう)に住(す)む者(もの)たちに対(たい)してさばきを行(おこ)なわず、[岩波翻訳委員会訳1995]
　　(도대체 언제까지 주님께서는 지상에 사는 사람들에 대해 심판을 행하지 않고,)

　　何時(いつ)まで審(さば)かずに待(ま)ち給(たま)うのであるか。[塚本訳1963]
　　(언제까지 심판을 행하지 않고, (기다리시는 것일까?)

　　いつまであなたは裁(さば)きをせず、[前田訳1978]
　　(언제까지 주님은 심판을 행하지 않고,)

　　いつまで裁(さば)きをなさらないのですか。[フランシスコ会訳1984]
　　(언제까지 심판을 행하시지 않는 것입니까?)

[2] わたしたちの血(ち)の報復(ほうふく)をなさらないのですか」。: 우리의 피의 복수를 하시지 않는 것입니까

[フランシスコ会聖書研究所(1984)『新約聖書』サンパウロ. p.927 주(6-8)]에 의하면, 이 순교자의 피는, 하나님의 복수를 원하고 있지만(창세기 4:10, 42:22, 신명기 32:48, 열왕기하 9:7, 시편 79:10, 마태복음 23:35, 요한묵시록 19:2 참조), 이 소원은 복음의 정신과 모순되는 것은 아니라고 하고, 그 이유는 이 복수의 소원은 개인적인 것이 아니라, 역사의 주인 그리스도가 지상의 악인에 대해 당신의 정의를 다하라는, 모든 순교자의 소원이기 때문이라고 한다.

「報復(ほうふく)をなさらないのですか」는 「報復(ほうふく)をする」의 특정형 경어 「報復(ほうふく)をなさる」의 부정 「報復(ほうふく)をなさらない」에 어떤 사실이 틀림없다고 확언을 나타내는 「~のです」가 접속된 것이다.

구어역 성서에서 「なさる」의 부정인 「なさらない」의 예를 들면 다음과 같다.

[例]彼(かれ)らは来(き)てイエスに言(い)った、「先生(せんせい)、わたしたちはあなたが真実(しんじつ)な方(かた)で、だれをも、憚(はばか)らないことを知(し)っています。あなたは人(ひと)に分(わ)け隔(へだ)てをなさらないで、真理(しんり)に基(もとづ)いて神(かみ)の道(みち)を教(おし)えてくださいます。ところで、カイザルに税金(ぜいきん)を納(おさ)めてよいでしょうか、いけないでしょうか。納(おさ)めるべきでしょうか、納(おさ)めてはならないのでしょうか」。[マルコによる福音書 12:14]
(그들은 와서 예수에게 말했다. "선생님, 저희는 선생님이 진실한 분이고 아무도 꺼려하지 않는 것을 알고 있습니다. 선생님은 사람에 차별을 두시지 않고, 진리에 입각하여 하나님의 길을 가르쳐 주십니다. 그런데 로마 황제에게 세금을 바쳐도 좋을까요? 안 되는 것일까요? 바쳐야 할까요? 바쳐서는 안 되는 것일까요?") [마가복음 12:14]

そして、かの「重(おも)だった人(ひと)たち」からは――彼(かれ)らがどんな人(ひと)であったにしても、それは、わたしには全(まった)く問題(もんだい)ではない。神(かみ)は人(ひと)を分(わ)け隔(へだ)てなさらないのだから――事実(じじつ)、かの「重(おも)だった人(ひと)たち」は、わたしに何(なに)も加(くわ)えることをしなかった。[ガラテヤ人への手紙 2:6]
(그리고 그 유명한 사람들로부터는 - 그들이 어떤 사람들이든지, 그것은 나에게는 전혀 문제가 아니다. 하나님께서는 사람을 차별 대우 하지 않으시니까 - 사실 그 유명한 사람들은 나에게 아무것도 더하지 않았다.) [갈라디아서 2:6]

主人(しゅじん)たる者(もの)よ、僕(しもべ)たちに対(たい)して、同様(どうよう)にしなさい。おどすことを、してはならない。あなたがたが知(し)ってい

るとおり、彼(かれ)らとあなたがたとの主(しゅ)は天(てん)にいますのであり、かつ人(ひと)をかたより見(み)ることをなさらないのである。[エペソ人への手紙 2:6]
(주인이신 여러분, 종들에 대해 똑같이 하라, 위협하는 것을 해서는 안 된다. 여러분이 알고 있는 대로 그들과 여러분의 주님은 하늘에 계시고, 또한 사람을 겉으로 보는 것을 하시지 않기 때문이다.) [에베소서 2:6]

だれでも誘惑(ゆうわく)に会(あ)う場合(ばあい)、「この誘惑(ゆうわく)は、神(かみ)からきたものだ」と言(い)ってはならない。神(かみ)は悪(あく)の誘惑(ゆうわく)に陥(おちい)るようなかたではなく、また自(みずか)ら進(すす)んで人(ひと)を誘惑(ゆうわく)することもなさらない。[ヤコブの手紙 1:13]
(누구나 유혹을 당할 경우, "이 유혹은 하나님으로부터 온 것이다." 라고 말해서는 안 된다. 하나님께서는 악의 유혹에 빠지는 그런 분이 아니고 또한 직접 자진해서 사람을 유혹하시지도 않는다.) [야고보서 1:13]

正(ただ)しい者(もの)と悪(わる)い者(もの)とを一緒(いっしょ)に殺(ころ)すようなことを、あなたは決(けっ)してなさらないでしょう。正(ただ)しい者(もの)と悪(わる)い者(もの)とを同(おな)じようにすることも、あなたは決(けっ)してなさらないでしょう。全地(ぜんち)をさばく者(もの)は公義(こうぎ)を行(おこな)うべきではありませんか」。[創世記 18:25]
(올바른 사람과 악한 사람을 함께 죽이는 그런 것을 주님께서는 결코 하시지 않겠지요. 올바른 사람과 악한 사람을 똑같이 하는 것도 결코 하시지 않겠지요. 세상을 심판하는 이는 공의를 행해야 하지 않겠습니까?") [창세기 18:25]

妻(つま)イゼベルは彼(かれ)の所(ところ)にきて、言(い)った、「あなたは何(なに)をそんなに悲(かな)しんで、食事(しょくじ)をなさらないのですか」。[列王紀上 21:5]
(그 아내 이세벨이 그에서 와서 말했다, "당신은 무엇을 그리 슬퍼하며 식사를 하시지 않는 것입니까?") [열왕기상 21:5]

> すると、[1]彼(かれ)らのひとりびとりに白(しろ)い衣(ころも)が与(あた)えられ、それから、「[2]彼(かれ)らと同(おな)じく殺(ころ)されようとする僕(しもべ)仲間(なかま)や兄弟(きょうだい)たちの数(かず)が満(み)ちるまで、[3]もうしばらくの間(あいだ)、休(やす)んでいるように」と言(い)い渡(わた)された。[ヨハネの黙示録 6:11]
> (그러자 그들은 각자 흰옷을 받아, 그리고 나서 "그들과 마찬가지로 죽음을 당하려고 하는 종 무리나 형제들의 수가 찰 때까지 잠시 더 쉬고 있어라."고 명받았다.) [6:11]

[1]彼(かれ)らのひとりびとりに白(しろ)い衣(ころも)が与(あた)えられ、: 그들은 각자 흰옷을 받아,

「[彼(かれ)らのひとりびとり]に[白(しろ)い衣(ころも)]が[与(あた)えられ、]」는 능동타동사문 「[誰(だれ)か]が[彼(かれ)らのひとりびとり]に[白(しろ)い衣(ころも)]を[与(あた)え、]」에서 파생한 수동문으로, 직역하면 「그들 한 사람 한 사람에게 흰옷이 주어졌다」가 되나, 한국어로 어색하기 때문에 의역하여, 「그들은 각자 흰옷을 받아」로 번역해 둔다.

이 부분에 관해 타 번역본에서는 다음과 같이 표현하고 있다.

[例]すると、彼(かれ)らのひとりひとりに白(しろ)い衣(ころも)が<u>与(あた)えられた</u>。[新改訳1970]
(그러자 그들은 각자 흰옷을 받았다.)

すると、その一人(ひとり)一人(ひとり)に、白(しろ)い衣(ころも)が<u>与(あた)えられ、</u>[新共同訳1987]
(그러자 그 한 사람, 한 사람이 흰옷이 받고,)

すると各自(かくじ)に白(しろ)い上衣(うわぎ)が<u>与(あた)えられ、</u>[塚本訳1963]

(그러자 각자가 흰 웃옷을 받고,)

彼(かれ)らのおのおのに白(しろ)い衣(ころも)が与(あた)えられ、[前田訳 1978]
(그들 각자가 흰옷을 받고,)

すると、それらの魂(たましい)の各々(おのおの)に白(しろ)い衣(ころも)が与(あた)えられ、[岩波翻訳委員会訳1995]
(그러자 그들 영혼 각자가 흰옷이 받고,)

それから、この人(ひと)たちおのおのに白(しろ)い衣(ころも)が授(さず)けられた。[フランシスコ会訳1984]
(그리고 나서 그 사람들 각자가 흰옷을 받았다.)

[2] 彼(かれ)らと同(おな)じく殺(ころ)されようとする僕(しもべ)仲間(なかま)や兄弟(きょうだい)たちの数(かず)が満(み)ちるまで、: 그들과 마찬가지로 죽음을 당하려고 하는 종 무리나 형제들의 수가 찰 때까지

「殺(ころ)されようとする」는 「殺(ころ)す」의 수동 「殺(ころ)される」에 의지를 나타내는 「~ようとする」가 접속된 것이다. 이하 수동표현에 「~ようとする」가 접속된 예를 들면 다음과 같다.

[例] 律法(りっぽう)によって義(ぎ)とされようとするあなたがたは、キリストから離(はな)れてしまっている。恵(めぐ)みから落(お)ちている。[ガラテヤ人への手紙 5:4]
(율법에 의해 의로 되려고 하는 여러분은 그리스도에게서 끊어져 버렸다. 은혜로부터 떨어져 있다.) [갈라디아서 5:4]

わたしは思(おも)う。今(いま)のこの時(とき)の苦(くる)しみは、やがてわたしたちに現(あらわ)されようとする栄光(えいこう)に比(くら)べると、言(い)うに足(た)りない。[口語訳 / ローマ人への手紙 8:18]

(나는 생각한다. 지금 이 때의 고통은 장차 우리에게 나타나려고 하는 영광에 비하면, 말할 필요도 없다.) [로마서 8:18]

あなたがたは、どうして重(かさ)ね重(がさ)ねそむいて、なおも打(う)たれようとするのか。その頭(あたま)はことごとく病(や)み、その心(こころ)は全(まった)く弱(よわ)りはてている。[イザヤ書 1:5]
(너희는 어째서 거듭 배반하고 여전히 맞으려고 하느냐? 그 머리는 온통 병들고, 그 마음은 완전히 쇠약해져 있다.) [이사야 1:5]

彼(かれ)がこう王(おう)に語(かた)ると、王(おう)は彼(かれ)に、「われわれはあなたを王(おう)の顧問(こもん)にしたのですか。やめなさい。あなたはどうして殺(ころ)されようとするのですか」と言(い)ったので、預言者(よげんしゃ)はやめて言った、「あなたはこの事(こと)を行(おこな)って、わたしのいさめを聞(き)きいれないゆえ、神(かみ)はあなたを滅(ほろ)ぼそうと定(さだ)められたことをわたしは知(し)っています」。[歴代志下 25:16]
(그가 이렇게 왕에게 이야기하자, 왕은 그에게 "우리는 너를 왕의 고문으로 삼았습니까? 그만두어라. 너는 어찌하여 죽으려고 하는 것입니까?"라고 말해서, 예언자는 그만두고 말했다, "왕께서는 이 일을 행하고, 제 충고를 받아들이지 않기 때문에 하나님께서 왕을 멸망시키려고 정하신 것을 알고 있습니다.") [역대지하 25:16]

[3] もうしばらくの間(あいだ)、休(やす)んでいるように」と言(い)い渡(わた)された。: "잠시 더 쉬고 있어라."고 명받았다.

「言(い)い渡(わた)される」(~고 명받다)는 복합동사 「言(い)い渡(わた)す」의 수동으로 구어역 신약성서 요한묵시록에서 본 절과 [9:4]에 2회 등장한다.

이 부분에 관해 타 번역본에서는 다음과 같이 표현하고 있다.

[例] もうしばらくの間(あいだ)、休(やす)んでいなさい。」と言(い)い渡(わた)された。[新改訳1970]
(잠시 더 쉬고 있어라."고 명받았다.)

もうしばらくの間(あいだ)休(やす)んでいるように、と言(い)い渡(わた)された。[フランシスコ会訳1984]
(잠시 더 쉬고 있어라."고 명받았다.)

静(しず)かにするようにいわれた。[前田訳1978]
(조용히 하고 있으라는 말을 들었다.)

なお暫(しばら)くの間(あいだ休息(やす)んで (静(しず)かに待(ま)って) いるように彼(かれ)らに言(い)い聞(き)かされた。[塚本訳1963]
(또한 잠시 동안 쉬고 (조용히 기다리고) 있으라고 그들에게 말씀하셨다.)

なお、しばらく静(しず)かに待(ま)つようにと告(つ)げられた。[新共同訳1987]
(또한 잠시 조용히 기다리라는 말을 들었다.)

なおしばらくの間(あいだ)静(しず)かに待(ま)っているように、と彼(かれ)らに告(つ)げられた。[岩波翻訳委員会訳1995]
(또한 잠시 조용히 기다리고 있으라고 그들에게 말씀하셨다.)

한편「言(い)い渡(わた)される」는 다음과 같이「言(い)い渡(わた)す」의 レル형 경어로도 사용된다.

[例]あなたを植(う)えた万軍(ばんぐん)の主(しゅ)は、あなたに向(む)かって災(わざわい)を言(い)い渡(わた)された。これはイスラエルの家(いえ)とユダの家(いえ)とが悪(あく)を行(おこな)い、バアルに香(こう)をたいて、わたしを怒(いか)らせたからである」。[エレミヤ書 11:17]
(너를 심은 만군의 주께서 너희를 향해 재앙을 명하셨다. "이것은 이스라엘의 집안과 유다 집안이 악을 행하고 바알에게 분향해서 나를 노하게 하였기 때문이다.")
[예레미야 11:17]

ヨハネの黙示 6:12 - 6:17
第六(だいろく)の封印(ふういん) ― 地震(じしん)
여섯 번째 - 지진

> 小羊(こひつじ)が第六(だいろく)の封印(ふういん)を解(と)いた時(とき)、わたしが見(み)ていると、[1]大地震(だいじしん)が起(お)こって、[2]太陽(たいよう)は毛織(けおり)の荒布(あらぬの)のように黒(くろ)くなり、[3]月(つき)は全面(ぜんめん)、血(ち)のようになり、[ヨハネの黙示録 6:12]
> (어린 양이 여섯 번째 봉인을 뗄 때, 내가 보고 있으니, 대지진이 일어나고, 태양은 털로 짠 거친 천과 같이 검게 되고, 달은 온통 피와 같이 되고,) [6:12]

[1] 大地震(だいじしん)が起(お)こって、: 대지진이 일어나고,

「大地震(だいじしん)が起(お)る」는 본 절[6:12]을 포함하여 [요한묵시록 11:13] [사도행전 16:26]과 같이 총 3회 등장한다.

그리고 NHK방송문화연구소의 웹사이트에 의하면 〈大地震〉는 종래에는 관례적으로 「おおじしん」이라고 읽혔지만, 최근에는 「だいじしん」이라고 읽는 사람들도 늘고 있는 것 같다. 지진학(地震学)에서 「だいじしん」이라고 하는 것은 지진의 규모(매그니튜드 : M)에 대한 계급을 나타내고 있고, M7이상의 진진을 가리킨다.[32])고 설명하고 있다.

[例] ところが突然(とつぜん)、大地震(だいじしん)が起(お)こって、獄(ごく)の土台(どだい)が揺(ゆ)れ動(うご)き、戸(と)は全部(ぜんぶ)たちまち開(ひら)いて、みんなの者(もの)の鎖(くさり)が解(と)けてしまった。[使徒行伝 16:26]
(그런데 갑자기 큰 지진이 일어나서, 감옥의 터전이 흔들렸고, 문이 전부 순식간에 열리고, 모든 사람들의 쇠사슬(차꼬)가 풀려 버렸다.) [사도행전 16:26]

---

32) https://www.zisin.jp/faq/faq01_11.html에서 인용하여 적의 번역함.

[2] 太陽(たいよう)は毛織(けおり)の荒布(あらぬの)のように黒(くろ)くなり、: 태양은 털로 짠 거친 천과 같이 검게 되고,

이 부분에 관해 타 번역본에서는 다음과 같이 기술되어 있다.

[例] 太陽(たいよう)は毛(け)の荒布(あらぬの)のように黒(くろ)くなり、[フランシスコ会訳1984]
(태양은 털로 짠 거친 천과 같이 검게 되고,)

太陽(たいよう)は毛(け)の荒布(あらぬの)のように黒(くろ)くなり、[新改訳1970]
(태양은 털로 짠 거친 천과 같이 검게 되고,)

太陽(たいよう)は毛(け)の粗(あら)い布地(ぬのじ)のように暗(くら)くなり、[新共同訳1987]
(태양은 털로 짠 거친 천과 같이 어둡게 되고,)

太陽(たいよう)は毛(け)でできた粗(あら)い布(ぬの)のように黒(くろ)くなり、[岩波翻訳委員会訳1995]
(태양은 털로 짠 거친 천과 같이 검게 되고,)

日(ひ)は毛(け)の喪服(もふく)のように黒(くろ)くなり、[前田訳1978]
(태양은 털로 짠 상복처럼 검게 되고,)

太陽(たいよう)は毛(け)の荒布(あらぬの)の(喪服(もふく))のように黒(くろ)くなり、[塚本訳1963]
(태양은 털로 짠 거친 천의 (상복)과 같이 검게 되고,)

[3] 月(つき)は全面(ぜんめん)、血(ち)のようになり、: 달은 온통 피와 같이 되고, 「全面(ぜんめん)」은 사전류에서는 명사「전면, 전체」의 용법은 제시되어 있으나, 본 절에서는 부사적으로 사용되어,「온통, 다, 전부」에 상당하는 뜻

을 나타낸다.

1. 먼저 부사적 용법으로 쓰이는 예를 살펴보자.

[例]そこには金(きん)の香壇(こうだん)と全面(ぜんめん)金(きん)でおおわれた契約(けいやく)の箱(はこ)とが置(お)かれ、その中(なか)にはマナのはいっている金(きん)のつぼと、芽(め)を出(だ)したアロンのつえと、契約(けいやく)の石板(いしいた)とが入(い)れてあり、[ヘブル人への手紙 9:4]
(거기에는 금으로 만든 분향제단과 모두 금으로 입힌 언약궤가 놓여 있고, 그 속에는 만나가 들어 있는 금 항아리와 싹이 난 아론의 지팡이와 언약의 돌 판이 들어 있고,) [히브리서 9:4]

2. 명사적 용법으로 쓰이는 예를 검토하자.

[例]さて、昼(ひる)の十二時(じゅうにじ)から地上(ちじょう)の全面(ぜんめん)が暗(くら)くなって、三時(さんじ)に及(およ)んだ。[マタイによる福音書 27:45]
(그런데, 낮 열두 시부터 지상 전체가 어두워지고, 오후 세 시까지 이르렀다) [마태복음 27:45]

その日(ひ)は地(ち)の全面(ぜんめん)に住(す)むすべての人(ひと)に臨(のぞ)むのであるから。[ルカによる福音書 21:35]
(그 날은 온 땅에 사는 모든 사람에게 임하기 때문에.) [누가복음 21:35]

また、ひとりの人(ひと)から、あらゆる民族(みんぞく)を造(つく)り出(だ)して、地(ち)の全面(ぜんめん)に住(す)まわせ、それぞれに時代(じだい)を区分(くぶん)し、国土(こくど)の境界(きょうかい)を定(さだ)めて下(くだ)さったのである。[使徒行伝 17:26]
(그리고 한 사람으로부터 모든 종족을 만들어내고, 온 땅에 살게 하며, 각각에 시대를 구분하고, 국토의 경계를 정해 주셨다.) [사도행전 17:26]

이 부분에 관해 타 번역본에서는 다음과 같이 기술하고 있다.

[例](満(まん))月(げつ)はすっかり地(ち)のようになり、[塚本訳1963]
　(만월은 완전히 땅과 같이 되고,)

　月(つき)は全面(ぜんめん)血(ち)のようになり、[前田訳1978]
　(달은 온통 피와 같이 되고,)

　月(つき)は全面(ぜんめん)血(ち)のようになった。[フランシスコ会訳1984]
　(달은 온통 피처럼 되었다.)

　月(つき)は全体(ぜんたい)が血(ち)のようになって、[新共同訳1987]
　(달은 전체가 피처럼 되고,)

　月(つき)は、全体(ぜんたい)がまるで血(ち)のように真(ま)っ赤(か)になり、
　[岩波翻訳委員会訳1995]
　(달은 전체가 마치 피처럼 새빨갛게 되고,)

　月(つき)の全面(ぜんめん)が血(ち)のようになった。[新改訳1970]
　(달 전체가 피처럼 되었다.)

天(てん)の星(ほし)は、[1]いちじくのまだ青(あお)い実(み)が大風(おおかぜ)に揺(ゆ)られて振(ふ)り落(お)とされるように、地(ち)に落(お)ちた。[ヨハネの黙示録 6:13]
(하늘의 별은 무화과나무의 아직 파란 열매가 큰바람에 흔들려서 떨어지듯이 땅에 떨어졌다.) [6:13]

[1] いちじくのまだ青(あお)い実(み)が大風(おおかぜ)に揺(ゆ)られて振(ふ)り落(お)とされるように、地(ち)に落(お)ちた。: 무화과나무의 아직 파란 열매가 큰바람에 흔들려서 떨어지듯이 땅에 떨어졌다.

「いちじくのまだ青(あお)い実(み)が大風(おおかぜ)に揺(ゆ)られて」의 「揺(ゆ)ら

れて」는「揺(ゆ)る」(흔들다)의 수동인「揺(ゆ)られる」의 テ형이고, 그리고「大風(おおかぜ)に」는 상태변화에 있어서의 원인으로 기능하고 있다.

이 부분을 타 번역본에서는 다음과 같이 기술하고 있다.

[例] (丁度(ちょうど)) 無花果(いちじく)の樹(き)が大風(おおかぜ)に揺(ゆ)られて[塚本訳1963]
((마치) 무화과나무가 큰바람에 흔들려서,)

いちじくが、大風(おおかぜ)に揺(ゆ)られて、[新改訳1970]
(무화과나무가 큰바람에 흔들려서,)

いちじくが大風(おおかぜ)にゆられて[前田訳1978]
(무화과나무가 큰바람에 흔들려서,)

まるで、いちじくの青(あお)い実(み)が、大風(おおかぜ)に揺(ゆ)さぶられて[新共同訳1987]
(마치 무화과나무의 파란 열매가 큰바람에 흔들려서,)

まるでいちじくが青(あお)い実(み)のまま強風(きょうふう)に揺さぶられて[岩波翻訳委員会訳1995]
(마치 무화과나무가 파란 열매인 채로 강풍에 흔들려서,)

한편 유의어 관계에 있는 자동사「揺(ゆ)らぐ」(흔들리다, 요동하다)의 예를 들면 다음과 같다.

[例]彼(かれ)らが帰(かえ)ってしまうと、イエスはヨハネのことを群衆(ぐんしゅう)に語(かた)りはじめられた「あなたがたは、何(なに)を見(み)に荒野(あらの)に出(で)てきたのか。風(かぜ)に揺(ゆ)らぐ葦(あし)であるか。[マタイによる福音書 11:7]
(그들이 돌아오자, 예수께서 요한에 관해 군중에게 이야기하기 시작하셨다. "너희

는 무엇을 보러 광야에 나갔더냐? 바람에 흔들리는 갈대냐?) [마태복음 11:7]

ヨハネの使(つかい)が行(い)ってしまうと、イエスはヨハネのことを群衆(ぐんしゅう)に語(かた)りはじめられた、「あなたがたは、何(なに)を見(み)に荒野(あらの)に出(で)てきたのか。風(かぜ)に揺(ゆ)らぐ葦(あし)であるか。[ルカによる福音書 7:24]
(요한의 사자가 가 버리자, 예수께서 요한에 관해 군중에게 이야기하기 시작하셨다. "너희는 무엇을 보러 광야에 나갔더냐? 바람에 흔들리는 갈대냐?) [누가복음 7:24]

その後(のち)主(しゅ)はイスラエルを撃(う)って、水(みず)に揺(ゆ)らぐ葦(あし)のようにし、イスラエルを、その先祖(せんぞ)に賜(たま)わったこの良(よ)い地(ち)から抜(ぬ)き去(さ)って、ユフラテ川(がわ)の向(む)こうに散(ち)らされるでしょう。彼(かれ)らがアシラ像(ぞう)を造(つく)って主(しゅ)を怒(いか)らせたからです。[列王紀上 14:15]
(그 후, 주께서 이스라엘을 쳐서 물속에서 흔들리는 갈대처럼 만들고, 이스라엘을 그 조상들에게 주신 이 좋은 땅에서 뽑아내서 유프라테스 강 건너편에 흩어지게 하실 것이겠지요. 그들이 아세라 상을 만들어 주를 진노하게 했기 때문입니다.) [열왕기상 14:15]

「[青(あお)い実(み)]が……振(ふ)り落(おと)される」

「振(ふ)り落(お)とされる」는 복합동사「振(ふ)り落(お)とす」(흔들어 떨어뜨리다)의 수동으로 주어는「青(あお)い実(み)」로 상정되는데, 본 절의 예가 유일하다.

이 부분에 대해 타 번역본에서는 다음과 같이 기술하고 있다.

[예]その夏生(なつな)りの無花果(いちじく)を落(お)とすように地(ち)に落(お)ちた。[塚本訳1963]
(그 여름에 열리는 무화과를 떨어뜨릴 것처럼 땅에 떨어졌다.)

青(あお)い実(み)を振(ふ)り落(お)とすようであった。[新改訳1970]
(파란 열매를 흔들어 떨어뜨리는 것 같았다.)

未熟(みじゅく)な実(み)が落(お)とされるように。[前田訳1978]
(아직 여물지 않은 열매가 떨어지는 것 같이.)

いちじくの青(あお)い実(み)が大風(おおかぜ)に吹(ふ)き落(お)とされるようであった。[フランシスコ会訳1954]
(무화과의 파란 열매가 큰바람에 불려 떨어지는 것 같았다.)

振(ふ)り落(お)とされるようだった。[新共同訳1987]
(흔들려 떨어지는 것 같았다.)

振(ふ)り落(お)とされるように、地(ち)に落(お)ちた。[岩波翻訳委員会訳1995]
(흔들어 떨어지는 것처럼 땅에 떨어졌다.)

[1]天(てん)は巻物(まきもの)が巻(ま)かれるように消(き)えていき、すべての山(やま)と島(しま)とはその場所(ばしょ)から移(うつ)されてしまった33)。[ヨハネの黙示録 6:14]
(하늘은 두루마리가 말리듯이 사라지고, 모든 산과 섬은 그 자리에서 옮겨지고 말았다.) [6:14]

[1] 天(てん)は巻物(まきもの)が巻(ま)かれるように消(き)えていき、: 하늘은 두루마리가 말리듯이 사라지고,「消(き)えていき」는「消(き)える」에 상태변화를 나타내는「~ていく」가 접속된「消(き)えていく」의 연용 중지법으로 한국어의「사라지고」에 상당하는 뜻을 나타낸다.

이 부분을 타 번역본에서는 다음과 같이 옮기고 있다.

---

33) 6:12~6:14는, 하나님께서 그 정의를 나타내기 위해 역사에 개입하는 상징적 묘사이다. 또한 [이사야 13:10, 34:4], [에스겔 32:7~32.8], [요엘 2:10, 3:4〈2:31〉, 4〈3〉:15], [마태복음 24:29] 등, [사도행전 2:20], [요한묵시록 11:13, 16:18, 16:20, 20:11] 참조. 이상은 フランシスコ会聖書研究所(1984)『新約聖書』サンパウロ. p.927 주(6-9)에 의함.

[例]また天(てん)は巻(ま)き物(もの)が巻(ま)かれるように消(き)え去(さ)り、[塚本訳1963]
(그리고 하늘은 두루마리가 말리듯이 사라져 없어지고,)

天(てん)は巻物(まきもの)が巻(ま)き取(と)られるように消(き)え去(さ)り、[新共同訳1987]
(하늘은 두루마리가 말려서 빠지듯이 사라져 없어지고,)

空(そら)は巻物(まきもの)が巻(ま)かれるように消(き)え失(う)せ、[フランシスコ会訳1954]
(하늘은 두루마리가 말리듯이 사라져 없어지고,)

そして天(てん)は、まるで小巻物(しょうまきもの)が巻(ま)き取(と)られるように消(き)え失(う)せ、[岩波翻訳委員会訳1995]
(그리고 하늘은 마치 작은 두루마리가 말려서 빠지듯이 사라져 없어지고,)

天(てん)は、巻(ま)き物(もの)が巻(ま)かれるように消(き)えてなくなり、[新改訳1970]
(하늘은 두루마리가 말리듯이 사라져 없어지고,)

そして天(てん)は巻物(まきもの)が巻(ま)かれるように動(うご)かされ、[前田訳1978]
(그리고 하늘은 두루마리는 말리듯이 움직여서,)

[1]地(ち)の王(おう)たち、高官(こうかん)、千卒長(せんそつちょう)、富(と)める者(もの)、勇者(ゆうしゃ)、奴隷(どれい)、自由人(じゆうじん)らはみな、[2]ほら穴(あな)や山(やま)の岩(いわ)かげに、身(み)を隠(かく)した。[ヨハネの黙示録 6:15]
(땅의 왕들, 고관, 천부장, 부자, 용사, 노예, 자유인들은 모두 동굴이나 산의 바위 뒤에 몸을 숨겼다.) [6:15]

[1] 地(ち)の王(おう)たち、高官(こうかん)、千卒長(せんそつちょう)、富(と)める者(もの)、勇者(ゆうしゃ)、奴隷(どれい)、自由人(じゆうじん)らは : 땅의 왕들, 고관, 천부장, 부자, 용사, 노예, 자유인들은

[フランシスコ会聖書研究所(1984)『新約聖書』サンパウロ. p.927 주(6-10)]에 의하면, 본 절의「地(ち)の王(おう)たち…自由民(じゆうみん)ら」는 완전을 나타내는 7종류의 사람들을 들어, 그 당시 교회의 모든 적을 나타내고 있다.
「富(と)める者(もの)」(부유한 사람, 부자)는「富(と)む」의 이연형(已然形;いぜんけい)」에 존속(存続)을 나타내는 조동사「~り」의 연체형「~る」가 접속한 것이다. 완료, 존속의 조동사「り」는「サ変의 미연형(未然形), 4단(四段)의 이연형(已然形)」[둘 다 어미가 エ段]에 접속한다.

[例]富(と)める者(もの)は持(も)てる財(たから)を、貧(まず)しき者(もの)は一本(いっぽん)の藁(わら)を。
(부자는 재물을, 가난한 자는 한 오라기의 짚을.)

正直(しょうじき)ほど富(と)める遺産(いさん)はない。[ウィリアム・シェイクスピア]
(정직만큼 부요한 유산은 없다 ; 끝이 좋으면 다 좋다) [윌리엄 셰익스피어]

あなたがたの命(いのち)をあがなうために、主(しゅ)にささげ物(もの)をする時(とき)、富(と)める者(もの)も半(はん)シケルより多(おお)く出(だ)してはならず、貧(まず)しい者(もの)もそれより少(すく)なく出(だ)してはならない。[出エジプト記 30:15]
(너희 목숨을 속죄하기 위해 주께 제물을 바칠 때, 부자도 반 세겔보다 많이 내서는 안 되고, 가난한 사람도 그것보다 적게 내서는 안 된다.) [출애굽기 30:15]

すなわちメナヘムはその銀(ぎん)をイスラエルのすべての富(と)める者(もの)に課(か)し、その人々(ひとびと)におのおの銀(ぎん)五十(ごじゅう)シケルを出(だ)させてアッスリヤの王(おう)に与(あた)えた。こうしてアッスリ

ヤの王(おう)は国(くに)にとどまらないで帰(かえ)っていった。[列王紀下 15:20]
(즉 므나헴은 그 은을 이스라엘의 모든 부자들에게 부과해서 그 사람들에게 한 사람당 은 50세겔씩을 내게 해서, 앗시리아 왕에게 주었다. 이렇게 해서 앗시리아 왕은 그 땅에 머물지 않고 돌아갔습니다.) [열왕기하 15:20]

神(かみ)は君(くん)たる者(もの)をもかたより見(み)られることなく、富(と)める者(もの)を貧(まず)しき者(もの)にまさって顧(かえり)みられることはない。彼(かれ)らは皆(みな)み手(て)のわざだからである。[ヨブ記 34:19]
(하나님께서는 통치자의 편을 들지도 않으시고, 부자를 가난한 사람보다 뛰어나다고 돌아보시지 않는다. 그들은 모두 하나님께서 손수 만드셨기 때문이다.) [욥기 34:19]

ツロの民(たみ)は贈(おく)り物(もの)をもちきたり、民(たみ)のうちの富(と)める者(もの)もあなたの好意(こうい)を請(こ)い求(もと)める。[詩篇 45:12]
(두로의 백성은 선물을 가지고 왔다, 백성 중에 부유한 자도 네 호의를 청해 구한다.) [시편 45:12]

貧(まず)しい者(もの)はその隣(となり)にさえも憎(にく)まれる、しかし富(と)める者(もの)は多(おお)くの友(とも)をもつ。[箴言 14:20]
(가난한 사람은 그 이웃들에게조차 미움을 받는다, 그러나 부자는 많은 친구를 가진다.) [잠언 14:20]

富(と)める者(もの)と貧(まず)しい者(もの)とは共(とも)に世(よ)におる、すべてこれを造(つく)られたのは主(しゅ)である。[箴言 22:2]
(부유한 사람과 가난한 사람은 함께 세상에 있다, 모두 이들을 만드신 것은 주님이다.) [잠언 22:2]

すなわち愚(おろ)かなる者(もの)が高(たか)い地位(ちい)に置(お)かれ、富(と)める者(もの)が卑(いや)しい所(ところ)に座(ざ)している。[伝道の書 10:6]

(즉 어리석은 사람이 높은 지위에 오르고, 부유한 사람이 비천한 곳에 앉아 있다.) [전도서 10:6]

あなたは心(こころ)のうちでも王(おう)をのろってはならない、また寝室(しんしつ)でも富(と)める者(もの)をのろってはならない。空(そら)の鳥(とり)はあなたの声(こえ)を伝(つた)え、翼(つばさ)のあるものは事(こと)を告(つ)げるからである。[伝道の書 10:20]
(너는 마음속이라도 왕을 저주해서는 안 된다. 또 침실에서도 부자를 저주해서는 안 된다. 공중의 새는 네 소리를 전하고, 날개 있는 것이 네가 한 말을 전하기 때문이다.) [전도서 10:20]

主(しゅ)はこう言(い)われる、「知恵(ちえ)ある人(ひと)はその知恵(ちえ)を誇(ほこ)ってはならない。力(ちから)ある人(ひと)はその力(ちから)を誇(ほこ)ってはならない。富(と)める者(もの)はその富(とみ)を誇(ほこ)ってはならない。[エレミヤ書 9:23]
(주께서는 이렇게 말씀하신다, "지혜 있는 사람은 그 지혜를 자랑해서는 안 된다. 힘 있는 사람은 그 힘을 자랑해서는 안 된다. 부자는 자기의 부를 자랑해서는 안 된다.) [예레미야 9:23]

エフライムは言(い)った、「まことにわたしは富(と)める者(もの)となった。わたしは自分(じぶん)ために財宝(ざいほう)を得(え)た」と。しかし彼(かれ)のすべての富(とみ)も／その犯(おか)した罪(つみ)をつぐなうことはできない。[ホセア書 12:8]
(에브라임은 말했다. "정말 내가 부자가 되었구나. 나는 나를 위해 재보를 얻었다"고. 그러나 그의 모든 부도 / 그가 저지른 죄를 속죄할 수 없다.) [호세아 12:8]

[2] ほら穴(あな)や山(やま)の岩(いわ)かげに、身(み)を隠(かく)した。: 동굴이나 산의 바위 뒤에 몸을 숨겼다.

「ほら穴(あな)……隠(かく)した」라고 하는 묘사는 [이사야 2:10, 2:19, 2:21], [예레미야 4:29]에도 보인다[34].

[例] あなたは岩(いわ)の間(あいだ)にはいり、ちりの中(なか)にかくれて、主(しゅ)の恐(おそ)るべきみ前(まえ)と、その威光(いこう)の輝(かがや)きとを避(さ)けよ。[イザヤ書 2:10]
(너희는 바위 사이에 들어가고, 티끌 안에 숨어서, 주님의 두려야 해야 앞과 그 위광의 빛을 피하라.) [이사야 2:10]

主(しゅ)が立(た)って地(ち)を脅(おびや)かされるとき、人々(ひとびと)は岩(いわ)のほら穴(あな)にはいり、また地(ち)の穴(あな)にはいって、主(しゅ)の恐(おそ)るべきみ前(まえ)と、その威光(いこう)の輝(かがや)きとを避(さ)ける。[イザヤ書 2:19]
(주께서 서서 땅을 위협하실 때, 사람들은 바위 동굴에 들어가고, 또 땅굴에 돌아가서, 주님의 두려야 해야 할 앞과 그 위광의 빛을 피한다.) [이사야 2:19]

岩(いわ)のほら穴(あな)や、がけの裂(さ)け目(め)にはいり、主(しゅ)が立(た)って地(ち)を脅(おびや)かされるとき、主(しゅ)の恐(おそ)るべきみ前(まえ)と、その威光(いこう)の輝(かがや)きとを避(さ)ける。[イザヤ書 2:21]
(바위 동굴 구멍이나 벼랑의 갈라진 곳에 들어가고, 주께서 서서 땅을 위협하실 때, 주님의 두려야 해야 할 앞과 그 위광의 빛을 피한다.) [이사야 2:21]

どの町(まち)の人(ひと)も、騎兵(きへい)と射手(いて)の叫(さけ)びのために逃(に)げて森(もり)に入(はい)り、岩(いわ)に上(のぼ)る。町(まち)はみな捨(す)てられ、そこに住(す)む人(ひと)はない。[エレミヤ書 4:29]
(모든 성읍의 사람들도 기병들과 활 쏘는 사람의 외침 때문에 도망쳐서 숲에 들어가서 바위에 오른다. 성읍은 모두 버려지고, 거기에 사는 사람들은 없다.) [예레미야 4:29]

---

34) フランシスコ会聖書研究所(1984)『新約聖書』サンパウロ. p.927 주(6-10)에 의함.

> そして、山(やま)と岩(いわ)とにむかって言(い)った、「さあ、われわれをおおって、[1]御座(みざ)にいますかたの御顔(みかお)と小羊(こひつじ)の怒(いか)りとから、[2]かくまってくれ。[ヨハネの黙示録 6:16]
> (그리고 산과 바위를 향해 말했다. "자, 우리를 덮어서 보좌에 계시는 분의 존안과 어린 양의 진노에서 숨겨 줘.) [6:16]

[フランシスコ会聖書研究所(1984)『新約聖書』サンパウロ. p.927 주(6-11)]에서는 본 절은 [호세아 10:8]에 기초한다고 설명하고 있다.

[例]イスラエルの罪(つみ)であるアベンの高(たか)き所(ところ)も滅(ほろ)び、いばらとあざみがその祭壇(さいだん)の上(うえ)にはえ茂(しげ)る。その時(とき)彼(かれ)らは山(やま)に向(む)かって、「われわれをおおえ」と言(い)い、丘(おか)に向(む)かって「われわれの上(うえ)に倒(たお)れよ」と言(い)う。[ホセア書 10:8]
(이스라엘의 죄인 아엘의 높은 곳도 멸망하고, 가시덤불과 엉겅퀴가 그 제단 위에 뒤덮는다. 그 때, 그들은 산을 향해 "우리를 덮어라" 라고 말하며, 언덕을 향해 "우리 위에 쓰러져라" 하고 말하다. [호세아 10:8]

そのとき、人々(ひとびと)は山(やま)にむかって、われわれの上(うえ)に倒(たお)れかかれと言(い)い、また丘(おか)にむかって、われわれにおおいかぶされと言(い)い出(だ)すであろう。[ルカによる福音書 23:30]
(그 때에 사람들은 산을 향해, 우리 위에 쓰러져 덮어라 하고 말하며, 그리고 언덕을 향해 우리를 덮어 버려라 하고 말을 꺼낼 것이다.) [누가복음 23:30]

[1] 御座(みざ)にいますかたの御顔(みかお)と小羊(こひつじ)の怒(いか)りとから、: 보좌에 계시는 분의 존안과 어린 양의 진노에서,

본 절의「御座(みざ)にいますかた」에서는「御顔(みかお)」와 같이 소유자 경어가 쓰이고 있고,「小羊(こひつじ)」에 대해서는「怒(いか)り」와 같이 비경칭이 쓰이고 있다.

그리고 이 부분을 타 번역본에서는 다음과 같이 기술하고 있다.

[例]玉座(ぎょくざ)に<u>坐(ざ)し給(たま)う者(もの)</u>の御顔(みかお)から、(烈(はげ)しい) 仔羊(こひつじ)の御怒(みいか)りから[塚本訳1963]
(옥좌에 앉아 계신 자의 얼굴에서, (격한) 어린 양의 진노에서,)

御座(みざ)にある<u>方(かた)</u>の御顔(みかお)と小羊(こひつじ)の怒(いか)りとから、[新改訳1970]
(보좌에 있는 분의 얼굴과 어린 양의 진노에서,)

王座(おうざ)に<u>座(ざ)したもうもの</u>のお顔(かお)から、小羊(こひつじ)の怒(いか)りから、[前田訳1978]
(왕좌에 앉아 계신 자의 얼굴에서 어린 양의 진노에서,)

玉座(ぎょくざ)に座(すわ)っている<u>おん者(もの)</u>の顔(かお)から、また小羊(こひつじ)の怒(いか)りから[フランシスコ会訳1984]
(옥좌에 앉아 있는 분의 얼굴에서 또 어린 양의 진노에서)

玉座(ぎょくざ)に座(すわ)っておられる<u>方(かた)</u>の顔(かお)と小羊(こひつじ)の怒(いか)りから、[新共同訳1987]
(옥좌에 앉아 계신 분의 얼굴과 어린 양의 진노에서,)

玉座(ぎょくざ)に座(すわ)っておられる<u>お方(かた)</u>の顔(かお)と小羊(こひつじ)の怒(いか)りとから[岩波翻訳委員会訳1995]
(옥좌에 앉아 계신 분의 얼굴과 어린 양의 진노에서)

[2] かくまってくれ。: 숨겨 줘.
「かくまってくれ」는 「かくまる」(몰래 숨겨[감춰]두다, 은닉하다)에 의뢰표현 「~てくれ」가 접속되어 한국어의 「숨겨 줘」에 상당하는 뜻을 나타낸다. 구어역 성서에 쓰인 「かくまる」의 예를 들면 다음과 같다.

[例]この町(まち)と、その中(なか)のすべてのものは、主(しゅ)への奉納物(ほうのうぶつ)として滅(ほろ)ぼされなければならない。ただし遊女(ゆうじょ)ラハブと、その家(いえ)に共(とも)におる者(もの)はみな生(い)かしておかなければならない。われわれが送(おく)った使者(ししゃ)たちをかくまったからである。[ヨシュア記 6:17]
(이 성읍과 그 안에 있는 모든 것은, 주에 대한 봉납물로서 멸망되어야 한다. 다만, 유녀 라합과 그 집에 함께 있는 사람은 모두 살려 두지 않으면 된다. 우리가 보낸 사자들을 숨겨주었기 때문에.) [여호수아 6:17]

しかし、遊女(ゆうじょ)ラハブとその父(ちち)の家(いえ)の一族(いちぞく)と彼女(かのじょ)に属(ぞく)するすべてのものとは、ヨシュアが生(い)かしておいたので、ラハブは今日(こんにち)までイスラエルのうちに住(す)んでいる。これはヨシュアがエリコを探(さぐ)らせるためにつかわした使者(ししゃ)たちをかくまったためである。[ヨシュア記 6:25]
(그러나 유녀 라합과 그 아버지 집의 일족과 그녀에 속한 모든 것은 여호수아가 살려 두었기 때문에, 라합은 오늘날까지 이스라엘 안에 살고 있다. 이것은 여호수아가 여리고를 정탐하도록 보낸 사자들을 숨겨주었기 때문이다.) [여호수아 6:25]

[3] 知(し)らせてくれ : 알려 줘! 「知(し)らせてくれ」는 「知(し)らせる」에 의뢰표현 「~てくれ」가 접속된 것이다.

구어역 성서에서 「~てくれ」의 예를 들면 다음과 같다.

[例]彼(かれ)らをベツレヘムにつかわして言(い)った、「行(い)って、その幼(おさ)な子(ご)のことを詳(くわ)しく調(しら)べ、見(み)つかったらわたしに知(し)らせてくれ。わたしも拝(おが)みに行(い)くから」。[マタイによる福音書 2:8]
(그들을 베들레헴으로 보내며 말했다, "가서, 그 아기에 관해 자세히 알아보고, 찾으면 내게 알려 줘. 나도 예배하러 갈 테니까.") [마태복음 2:8]

そこでこの仲間(なかま)はひれ伏(ふ)し、『どうか待(ま)ってくれ。返(かえ)す

から」と言(い)って頼(たの)んだ。[マタイによる福音書 18:29]
(그래서 그 동료는 넙죽 엎드려 '부디 기다려 줘. 내가 갚을 테니까' 라고 말하며 부탁했다.) [마태복음 18:29]

そこで、シモン・ペテロは彼(かれ)に合図(あいず)をして言(い)った、「だれのことをおっしゃったのか、知(し)らせてくれ」。[ヨハネによる福音書 13:24]
(그때, 시몬 베드로가 그에게 고갯짓을 하며 말했다. "누구를 두고 말씀하신 것인지 알려 줘!") [요한복음 13:24]

「よし。状況(じょうきょう)を知(し)らせてくれ。君(きみ)の指示(しじ)で動(うご)く」
("알았다. 상황을 알려 줘! 자네의 지시대로 움직이겠다.")

ああ、神(かみ)よ、私(わたし)に化(ば)ける力(ちから)を与(あた)えてくれ。私(わたし)に聞(き)かせ、見(み)せ、知(し)らせてくれ。さほど遠(とお)くもない二〇三五年(にせんさんじゅうごねん)という未来(みらい)に―と私(わたし)は、ある典型的(てんけいてき)な家庭(かてい)を空想(くうそう)した。
(아, 하나님이여, 내게 둔갑하는 힘을 주어요! 내게 들려주고 보이고 알려주어요! 그다지 멀지도 않은 2035년이라는 미래에 - 라고 나는 어떤 전형적인 가정을 상상했다.)

日本(にほん)で、一番(いちばん)英才(えいさい)教育(きょういく)に熱心(ねっしん)な教育(きょういく)機関(きかん)がどこか調(しら)べてくれ。明日(あした)、そこに出(で)かけて、話(はなし)をしてみることにする。
(일본에서 가장 영재 교육에 열심인 교육기관이 어디인지 조사해 줘! 내일 거기에 가서 이야기를 해 보기로 하겠다.)[35]

サウルはミカルに言(い)った、「あなたはどうして、このようにわたしを欺(あざむ)いて、わたしの敵(てき)を逃(に)がしたのか」。ミカルはサウルに答

---

35) [ヨハネによる福音書 13:24]의 설명에서 인용.

(こた)えた、「あの人(ひと)はわたしに『逃(に)がしてくれ。さもないと、おまえを殺(ころ)す』と言(い)いました」。[サムエル記上 19:17]
(사울은 미갈에게 말했다. "너는 어찌하여 이렇게 나를 속이고 내 원수를 도망치게 했느냐?" 미갈은 사울에게 대답했다. "그 사람은 제게 '나를 도망가게 해 줘. 그렇지 않으면 너를 죽이겠다.' 하고 말했습니다.") [사무엘상 19:17]

[1]御怒(みいか)りの[2]大(おお)いなる日(ひ)が、[3]すでに来(き)たのだ。[4]だれが、その前(まえ)に立(た)つことができようか36)」。[ヨハネの黙示録 6:17]
(그 진노가 큰 날이 이미 왔다. 누가 그 앞에 설 수 있을까?") [6:17]

[1] 御怒(みいか)り : 그 진노가
「御怒(みいか)り」는 「怒(いか)り」에 존경의 접두사 「御(み)—」가 접속된 것이다. 「御(み)—」의 예를 구어역 신약성서에서 들면 다음과 같다.

[例]そして、夢(ゆめ)でヘロデのところに帰(かえ)るなとのみ告(つ)げを受(う)けたので、他(た)の道(みち)をとおって自分(じぶん)の国(くに)へ帰(かえ)って行(い)った。[マタイによる福音書 2:12]
(그리고 꿈에서 헤롯에게 돌아가지 말라는 지시를 받아서, 다른 길을 통해 자기 나라에 돌아갔다.) [마태복음 2:12]

イエスはバプテスマを受(う)けるとすぐ、水(みず)から上(あ)がられた。すると、見(み)よ、天(てん)が開(ひら)け、神(かみ)の御霊(みたま)がはとのように自分(じぶん)の上(うえ)に下(くだ)ってくるのを、ごらんになった。[マタイによる福音書 3:16]

---

36) 「御怒(みいか)り=おん怒(いか)り」. 직역으로는 「彼(かれ)らの怒(いか)り ; 그들의 분노」. 즉. 6:16에 나오는 하나님과 그리스도의 「御怒(みいか)り=おん怒(いか)り」(진노)를 가리킨다. 또한 「御怒(みいか)り=おん怒(いか)り」는 악에 대한 하나님과 그리스도의 태도를 나타내는 표현이다(6:16, 11:18, 14:10, 16:19, 요엘 2:11, 3:4(2:31), 나훔 1:6, 말라기 3:2 참조). 이상은 フランシスコ会聖書研究所(1984) 『新約聖書』 サンパウロ. p.927 주(6-12)에 의함.

(예수께서 세례를 받자마자, 물에서 올라오셨다. 그러자 보아라! 하늘이 열리고 하나님의 영이 비둘기같이 자기 위에 내려오는 것을 보셨다.) [마태복음 3:16]

そこで、悪魔(あくま)はイエスを離(はな)れ去(さ)り、そして、御使(みつかい)たちがみもとにきて仕(つか)えた。[マタイによる福音書 4:11]
(그러자 악마는 예수를 떠나가고, 그리고 천사들이 곁에 와서 예수의 시중을 들었다.) [마태복음 4:11]

イエスはガリラヤの全地(ぜんち)を巡(めぐ)り歩(ある)いて、諸会堂(しょかいどう)で教(おし)え、御国(みくに)の福音(ふくいん)を宣(の)べ伝(つた)え、民(たみ)の中(なか)のあらゆる病気(びょうき)、あらゆるわずらいをおいやしになった。[マタイによる福音書 4:23]
(예수께서는 온 갈릴리를 두루 다니면서, 여러 회당에서 가르치며, 하늘나라의 복음을 선포하고, 백성 중의 모든 질병과 모든 병고를 고치셨다.) [마태복음 4:23]

だから、あなたがたはこう祈(いの)りなさい、天(てん)にいますわれらの父(ちち)よ、御名(みな)があがめられますように。[マタイによる福音書 6:9]
(그러니 너희는 이렇게 기도하여라. '하늘에 계신 우리 아버지여, 이름을 거룩하게 하옵시며.) [마태복음 6:9]

御国(みくに)がきますように。みこころが天(てん)に行(おこな)われるとおり、地(ち)にも行(おこな)われますように。[マタイによる福音書 6:10]
(나라가 임하옵시며, 뜻이 하늘에서 이루어진 대로, 땅에도 이루어지게 하시옵소서.) [마태복음 6:10]

わたしにむかって『主(しゅ)よ、主(しゅ)よ』と言(い)う者(もの)が、みな天国(てんごく)にはいるのではなく、ただ、天(てん)にいますわが父(ちち)の御旨(みむね)を行(おこな)う者(もの)だけが、はいるのである。[マタイによる福音書 7:21]
(나를 향해 '주님, 주님' 하는 사람이 전부 하늘나라에 들어가는 것이 아니고, 단지 하늘에 계신 내 아버지의 뜻을 행하는 사람만이 들어가는 것이다.) [마태복음 7:21]

さて、イエスがカペナウムに帰(かえ)ってこられたとき、ある百卒長(ひゃくそつちょう)がみもとにきて訴(うった)えて言(い)った、[マタイによる福音書 8:5]
(그런데 예수께서 가버나움에 돌아오셨을 때, 어떤 백부장이 곁에 와서 호소하며 말했다.) [마태복음 8:5]

夕暮(ゆうぐれ)になると、人々(ひとびと)は悪霊(あくれい)につかれた者(もの)を大(おお)ぜい、みもとに連(つ)れてきたので、イエスはみ言葉(ことば)をもって霊(れい)どもを追(お)い出(だ)し、病人(びょうにん)をことごとくおいやしになった。[マタイによる福音書 8:16]
(날이 저물었을 때, 사람들은 악령 들린 사람을 많이 예수께로 데리고 왔기 때문에 예수께서는 말씀으로 악령들을 내쫓고 병자를 모두 고치셨다.) [마태복음 8:16]

そこで弟子(でし)たちはみそばに寄(よ)ってきてイエスを起(おこ)し、「主(しゅ)よ、お助(たす)けください、わたしたちは死(し)にそうです」と言(い)った。[マタイによる福音書 8:25]
(그러자 제자들은 예수님 곁에 다가가서 예수님을 깨우며 "주님, 살려 주십시오. 우리가 죽을 것 같습니다." 하고 말하였다.) [마태복음 8:25]

するとそのとき、十二年間(じゅうにねんかん)も長血(ながち)をわずらっている女(おんな)が近寄(ちかよ)ってきて、イエスのうしろからみ衣(ころも)のふさにさわった。[マタイによる福音書 9:20]
(그래서 그 때, 12년이나 적대하(赤帯下 ; 피가 섞여 나오는 대하증)를 앓고 있는 여자가 다가와서, 예수의 뒤에서 옷솔에 손을 대었다.) [마태복음 9:20]

さて、ヨハネは獄中(ごくちゅう)でキリストのみわざについて伝(つた)え聞(き)き、自分(じぶん)の弟子(でし)たちをつかわして、[マタイによる福音書 11:2]
(그런데 요한은, 감옥에서 그리스도께서 하신 일을 전해 듣고, 자기 제자들을 보내어,) [마태복음 11:2]

石地(いしじ)にまかれたものというのは、御言(みことば)を聞(き)くと、すぐに喜(よろこ)んで受(う)ける人(ひと)のことである。[マタイによる福音書 13:20]
(자갈밭에 뿌려진 것이라는 것은, 말씀을 들으면 곧 기쁘게 받아들이는 사람을 말한다.) [마태복음 13:20]

あなたがたは、これらの小(ちい)さい者(もの)のひとりをも軽(かろ)んじないように、気(き)をつけなさい。あなたがたに言(い)うが、彼(かれ)らの御使(みつかい)たちは天(てん)にあって、天(てん)にいますわたしの父(ちち)のみ顔(かお)をいつも仰(あお)いでいるのである。[マタイによる福音書 18:10]
(너희는 이 작은 사람들 중의 한 사람도 업신여기지 않도록 조심하여라. 너희에게 말하지만, 그들의 천사들은 하늘에 있고, 하늘에 계신 내 아버지의 존안을 늘 우러러보고 있다.) [마태복음 18:10]

また、天(てん)をさして誓(ちか)う者(もの)は、神(かみ)の御座(みざ)とその上(うえ)にすわっておられるかたとをさして誓(ちか)うのである。[マタイによる福音書 23:22]
(또 하늘을 가리키고 맹세하는 사람은, 하나님의 보좌와 그 위에 앉아 계신 분을 가리키고 맹세하는 것이다.) [마태복음 23:22]

また、けがれた霊(れい)どもはイエスを見(み)るごとに、みまえにひれ伏(ふ)し、叫(さけ)んで、「あなたこそ神(かみ)の子(こ)です」と言(い)った。[マルコによる福音書 3:11]
(또 더러운 악령들은 예수를 볼 때마다 그 앞에 넙죽 엎드려서 외치며 "당신이야말로 하나님의 아들입니다" 하고 말했다.) [마가복음 3:11]

主(しゅ)はみ腕(うで)をもって力(ちから)をふるい、心(こころ)の思(おも)いのおごり高(たか)ぶる者(もの)を追(お)い散(ち)らし、[ルカによる福音書 1:51]
(주께서는 팔로 권능을 휘두르고, 마음의 생각이 교만하고 우쭐대는 사람들을 쫓아

흩어버리고,) [누가복음 1:51]

異邦人(いほうじん)を照(てら)す啓示(けいじ)の光(ひかり)、み民(たみ)イスラエルの栄光(えいこう)であります」。[ルカによる福音書 2:32]
(이방인을 비추는 계시의 빛, 주의 백성 이스라엘의 영광입니다.") [누가복음 2:32]

そこで、みそばに寄(よ)ってきてイエスを起(おこ)し、「先生(せんせい)、先生(せんせい)、わたしたちは死(し)にそうです」と言(い)った。イエスは起(お)き上(あ)がって、風(かぜ)と荒浪(あらなみ)とをおしかりになると、止(や)んでなぎになった。[ルカによる福音書 8:24]
(그러자 예수님 곁에 다가가서, 예수님을 깨우고 "선생님, 선생님, 우리가 죽을 것 같습니다" 하고 말하였다. 예수께서 일어나서, 바람과 거친 파도를 꾸짖으시니, 바람과 파도가 그치고 잔잔해졌다.) [누가복음 8:24]

祈(いの)っておられる間(あいだ)に、み顔(かお)の様(さま)が変(かわ)り、み衣(ころも)がまばゆいほどに白(しろ)く輝(かがや)いた。[ルカによる福音書 9:29]
(예수께서 기도하고 계시는 동안, 그 얼굴 모습이 변하고, 그 옷이 눈부실 정도로 희게 빛났다.) [누가복음 9:29]

その日(ひ)には、身重(みおも)の女(おんな)と乳飲(ちの)み子(ご)をもつ女(おんな)とは、不幸(ふこう)である。地上(ちじょう)には大(おお)きな苦難(くなん)があり、この民(たみ)にはみ怒(いか)りが臨(のぞ)み、[ルカによる福音書 21:23]
(그 날에는, 임신한 여자들과 젖먹이가 있는 여자들은 불행하다. 지상에는 큰 고난이 있고, 이 백성에게는 하나님의 진노가 임하고,) [누가복음 21:23]

民衆(みんしゅう)はみな、み教(おしえ)を聞(き)こうとして、いつも朝(あさ)早(はや)く宮(みや)に行(い)き、イエスのもとに集(あつ)まった。[ルカによる福音書 21:38]
(민중은 모두 예수님의 가르침을 들으려고 항상 아침 일찍 성전에 가서, 예수 곁에

모였다.) [누가복음 21:38]

そのとき、イエスは声(こえ)高(たか)く叫(さけ)んで言(い)われた、「父(ちち)よ、わたしの霊(れい)をみ手(て)にゆだねます」。こう言(い)ってついに息(いき)を引(ひ)きとられた。[ルカによる福音書 23:46]
(그 때, 예수께서는 소리 높여 외치며 말씀하셨다, "아버지여, 내 영혼을 아버지의 손에 맡깁니다." 이렇게 말하고 결국 숨을 거두셨다.) [누가복음 23:46]

彼(かれ)らの目(め)が開(ひら)けて、それがイエスであることがわかった。すると、み姿(すがた)が見(み)えなくなった。[ルカによる福音書 24:31]
(그들의 눈이 열려서, 그 사람이 예수임을 알았다. 그러자 예수님의 모습이 보이지 않게 되었다.) [누가복음 24:31]

神(かみ)はそのひとり子(こ)を賜(たま)わったほどに、この世(よ)を愛(あい)して下(くだ)さった。それは御子(みこ)を信(しん)じる者(もの)がひとりも滅(ほろ)びないで、永遠(えいえん)の命(いのち)を得(え)るためである。[ヨハネによる福音書 3:16]
(하나님께서는 그 독생자를 주실 정도로 이 세상을 사랑하셨다. 그것은 아드님을 믿는 사람이 한 사람도 멸망하지 않고 영생을 얻기 위해서이다.) [요한복음 3:16]

わたしは、自分(じぶん)からは何事(なにごと)もすることができない。ただ聞(き)くままにさばくのである。そして、わたしのこのさばきは正(ただ)しい。それは、わたし自身(じしん)の考(かんが)えでするのではなく、わたしをつかわされたかたの、み旨(むね)を求(もと)めているからである。[ヨハネによる福音書 5:30]
(나는 자신으로부터는 아무것도 할 수 없다. 오직 듣는 대로 심판한다. 그리고 나의 이 심판은 올바르다. 그것은 내가 자신의 생각으로 하는 것이 아니라, 나를 보내신 분의 뜻을 구하고 있기 때문이다.) [요한복음 5:30]

また、わたしをつかわされた父(ちち)も、ご自分(じぶん)でわたしについてあかしをされた。あなたがたは、まだそのみ声(こえ)を聞(き)いたこともな

く、そのみ姿(すがた)を見(み)たこともない。[ヨハネによる福音書 5:37]
(또 나를 보내신 아버지께서도 친히 나에 관해 증언을 하셨다. 너희는 또 그의 음성을 들은 적도 없고, 그 분의 모습을 본 적도 없다.) [요한복음 5:37]

それは、預言者(よげんしゃ)イザヤの次(つぎ)の言葉(ことば)が成就(じょうじゅ)するためである。「主(しゅ)よ、わたしたちの説(と)くところを、だれが信(しん)じたでしょうか。また、主(しゅ)のみ腕(うで)はだれに示(しめ)されたでしょうか」。[ヨハネによる福音書 12:38]
(그것은 예언자 이사야의 다음 말이 이루어지기 위해서이다. "주님, 우리가 말하는 것을 누가 믿었을까요? 그리고 주님의 팔은 누구에게 나타났을까요?") [요한복음 12:38]

聖(せい)なる霊(れい)によれば、死人(しにん)からの復活(ふっかつ)により、御力(みちから)をもって神(かみ)の御子(みこ)と定(さだ)められた。これがわたしたちの主(しゅ)イエス・キリストである。[ローマ人への手紙 1:4]
(거룩한 영에 의하면, 죽은 사람들로부터 부활에 의해 권능으로 하나님의 아드님으로 정해졌다. 이것이 우리 주 예수 그리스도이다.) [로마서 1:4]

あの時(とき)には、御声(みこえ)が地(ち)を震(ふる)わせた。しかし今(いま)は、約束(やくそく)して言(い)われた、「わたしはもう一度(いちど)、地(ち)ばかりでなく天(てん)をも震(ふる)わそう」。[ヘブル人への手紙 12:26]
(그 때에는 그분의 음성이 땅을 뒤흔들었다. 그러나 지금은 약속하며 말씀하셨다. "내가 다시 한 번 땅뿐만 아니라 하늘도 흔들겠다.") [히브리서 12:26]

[2] 大(おお)いなる日(ひ)が : 큰 날이,

「大(おお)いなる日(ひ)が」의 「おおいなる【大いなる】」는 형용동사 「大(おお)いなり」의 연체형에 연체사로 전화된 것으로 「큰, 위대한, 훌륭한」에 상당하는 뜻을 나타내는데, 그 예를 들면 다음과 같다.

[例] 大(おお)いなる望(のぞ)み。
(큰 소망.)

大(おお)いなる業績(ぎょうせき)。
(위대한 업적.)

大(おお)いなる勝利(しょうり)。
(큰 승리.)

大(おお)いなる陰謀(いんぼう)。
(큰 음모.)

大(おお)いなる策(さく)をめぐらす。
(큰 계략을 꾸미다.)

神(かみ)のもつ大(おお)いなる霊力(れいりょく)。
(하나님이 지닌 큰 영력.)

最(もっと)も大(おお)いなる知恵(ちえ)。
(가장 큰 지혜.)

彼(かれ)は大(おお)いなる身代(しんだい)をこしらえた。
(그는 큰 재산을 만들었다.)

両者間(りょうしゃかん)には大(おお)いなる差(さ)がある。
(양자 간에는 큰 차이가 있다.)

成長(せいちょう)の大(おお)いなる可能性(かのうせい)。
(성장의 큰 가능성.)

私(わたし)は新(あたら)しい分野(ぶんや)での大(おお)いなる成功(せいこう)を祈(いの)ります。
(나는 새 분야에서의 큰 성공을 기원합니다.)

そう思(おも)うのは大(おお)いなる誤(あやま)りである。
(그렇게 생각하는 것은 큰 잘못이다.)

この発明(はつめい)は人類(じんるい)に対(たい)する大(おお)いなる恩恵(おんけい)である。
(이 발명은 인류에 대한 큰 은혜이다.)

彼我(ひが)の兵数(へいすう)に大(おお)いなる差(さ)があった。
(피아의 병력 수에 큰 차이가 있었다.)

天(てん)は我々(われわれ)に大(おお)いなる幸福(こうふく)を授(さず)け給(たま)えり。
(하늘은 우리에게 큰 행복을 주셨다.)

彼(かれ)は戦闘(せんとう)で大(おお)いなる英雄的(えいゆうてき)資質(ししつ)を示(しめ)した。
(그는 전투에서 큰 영웅적 자질을 나타냈다.)

この詩(し)は読者(どくしゃ)の大(おお)いなる洞察(どうさつ)を必要(ひつよう)としている。
(이 시는 독자의 커다란 통찰을 필요로 하고 있다.)

米国(べいこく)の加盟(かめい)したことが戦局(せんきょく)に大(おお)いなる影響(えいきょう)を及(およ)ぼした。
(미국이 가맹한 것이 전국에 큰 영향을 미쳤다.)

다음은 구어역 성서에 「大(おお)いなる」의 예를 들면 다음과 같다.

[例]「叫(さけ)び泣(な)く大(おお)いなる悲(かな)しみの声(こえ)がラマで聞(き)こえた。ラケルはその子(こ)らのためになげいた。子(こ)らがもはやいないので、慰(なぐさ)められることさえ願(ねが)わなかった」。[マタイによる福音書 2:18]
("울부짖으며 우는 큰 슬픔 소리가 라마에서 들렸다. 라헬은 그 자식들 때문에 한탄했다. 자식들이 이미 없기 때문에 위로받는 일조차 원하지 않았다.") [마태복음 2:18]

暗黒(あんこく)の中(なか)に住(す)んでいる民(たみ)は大(おお)いなる光(ひかり)を見(み)、死(し)の地(ち)、死(し)の陰(かげ)に住(す)んでいる人々(ひとびと)に、光(ひかり)がのぼった」。[マタイによる福音書 4:16]
(어둠 속에 살고 있는 백성은 큰 빛을 보았고, 죽음의 땅, 죽음의 그늘에 살고 있는 사람들에게 빛이 올라왔다.") [마태복음 4:16]

それだから、これらの最(もっと)も小(ちい)さいいましめの一(ひと)つでも破(やぶ)り、またそうするように人(ひと)に教(おし)えたりする者(もの)は、天国(てんごく)で最(もっと)も小(ちい)さい者(もの)と呼(よ)ばれるであろう。しかし、これをおこないまたそう教(おし)える者(もの)は、天国(てんごく)で大(おお)いなる者(もの)と呼(よ)ばれるであろう。[マタイによる福音書 5:19]
(그러므로 이들 가장 작은 계명 중의 한 가지라도 부수거나, 또 그렇게 하도록 사람에게 가르치거나 하는 사람은 하늘나라에서 가장 작은 사람이라고 불릴 것이다. 그러나 이것을 행하고 또 그렇게 가르치는 사람은 하늘나라에서 큰 사람이라고 불릴 것이다.) [마태복음 5:19]

あなたがたに言(い)っておく。宮(みや)よりも大(おお)いなる者(もの)がここにいる。[マタイによる福音書 12:6]
(너희에게 말해 둔다. 성전보다도 큰 이가 여기에 있다.) [마태복음 12:6]

にせキリストたちや、にせ預言者(よげんしゃ)たちが起(おこ)って、大(おお)いなるしるしと奇跡(きせき)とを行(おこな)い、できれば、選民(せんみん)をも惑(まど)わそうとするであろう。[マタイによる福音書 24:24]
(거짓 그리스도들이나 거짓 예언자들이 일어나, 큰 표적들과 기적들을 행하고 가능하면 선민도 미혹하려고 할 것이다.) [마태복음 24:24]

そのとき、人(ひと)の子(こ)のしるしが天(てん)に現(あらわ)れるであろう。またそのとき、地(ち)のすべての民族(みんぞく)は嘆(なげ)き、そして力(ちから)と大(おお)いなる栄光(えいこう)とをもって、人(ひと)の子(こ)が天(てん)の雲(くも)に乗(の)って来(く)るのを、人々(ひとびと)は見(み)るであろ

う。[マタイによる福音書 24:30]
(그 때, 인자의 징표가 하늘에 나타날 것이다. 그리고 그 때, 땅에 있는 모든 종족은 한탄하며, 그리고 권능과 큰 영광으로 인자가 하늘 구름을 타고 오는 것을 사람들은 볼 것이다.) [마태복음 24:30]

そのとき、大(おお)いなる力(ちから)と栄光(えいこう)とをもって、人(ひと)の子(こ)が雲(くも)に乗(の)って来(く)るのを、人々(ひとびと)は見(み)るであろう。[マルコによる福音書 13:26]
(그 때, 큰 권능과 영광으로 인자가 구름을 타고 오는 것을 사람들은 볼 것이다.) [마가복음 13:26]

彼(かれ)は主(しゅ)のみまえに大(おお)いなる者(もの)となり、ぶどう酒(しゅ)や強(つよ)い酒(さけ)をいっさい飲(の)まず、母(はは)の胎内(たいない)にいる時(とき)からすでに聖霊(せいれい)に満(み)たされており、[ルカによる福音書 1:15]
(그는 주님 앞에 큰 인물이 되고, 포도주나 독한 술을 일체 마시지 않고, 어머니 태내에 있을 때부터, 이미 성령이 가득 차서,) [누가복음 1:15]

彼(かれ)は大(おお)いなる者(もの)となり、いと高(たか)き者(もの)の子(こ)と、となえられるでしょう。そして、主(しゅ)なる神(かみ)は彼(かれ)に父(ちち)ダビデの王座(おうざ)をお与(あた)えになり、[ルカによる福音書 1:32]
(그는 위대한 사람이 되고, 가장 높은 이의 아들이라고 불릴 것입니다. 그리고 주인 하나님께서는 그에게 그의 조상 다윗의 왕좌를 주시고,) [누가복음 1:32]

そのとき、大(おお)いなる力(ちから)と栄光(えいこう)とをもって、人(ひと)の子(こ)が雲(くも)に乗(の)って来(く)るのを、人々(ひとびと)は見(み)るであろう。[ルカによる福音書 21:27]
(그 때, 큰 권능과 영광으로 인자가 구름을 타고 오는 것을 사람들은 볼 것이다.) [누가복음 21:27]

主(しゅ)の大(おお)いなる輝(かがや)かしい日(ひ)が来(く)る前(まえ)に、日

(ひ)はやみに月(つき)は血(ち)に変(かわ)るであろう。[使徒行伝 2:20]
(주의 크고 영화로운 날이 오기 전에, 해는 어둠으로, 달은 피로 변할 것이다.) [사도행전 2:20]

この民(たみ)イスラエルの神(かみ)は、わたしたちの先祖(せんぞ)を選(えら)び、エジプトの地(ち)に滞在中(たいざいちゅう)、この民(たみ)を大(おお)いなるものとし、み腕(うで)を高(たか)くさし上(あ)げて、彼(かれ)らをその地(ち)から導(みちび)き出(だ)された。[使徒行伝 13:17]
(이 종족 이스라엘의 하나님께서는 우리 조상들을 선택하고, 이집트 땅에 체재하는 동안, 이 종족을 큰 것으로 삼고, 팔을 높게 들어 올려 그들을 그 땅에서 이끌어 내셨다.) [사도행전 13:17]

これを聞(き)くと、人々(ひとびと)は怒(いか)りに燃(も)え、大声(おおごえ)で「大(おお)いなるかな、エペソ人(びと)のアルテミス」と叫(さけ)びつづけた。[使徒行伝 19:28]
(이것을 듣자, 사람들은 격노해서, 큰 소리로 "위대하다! 에베소 사람의 아르테미스"라고 계속 외쳤다.) [사도행전 19:28]

もし、神(かみ)が怒(いか)りをあらわし、かつ、ご自身(じしん)の力(ちから)を知(し)らせようと思(おも)われつつも、滅(ほろ)びることになっている怒(いか)りの器(うつわ)を、大(おお)いなる寛容(かんよう)をもって忍(しの)ばれたとすれば、[ローマ人への手紙 9:22]
(만일 하나님께서 진노를 나타내고, 또한 당신의 권능을 알리려고 생각하시면서도 멸망하게 되어 있는 진노의 그릇을 큰 관용으로 참으셨다고 하면,) [로마서 9:22]

だが、あなたがたは、更(さら)に大(おお)いなる賜物(たまもの)を得(え)ようと熱心(ねっしん)に努(つと)めなさい。そこで、わたしは最(もっと)もすぐれた道(みち)をあなたがたに示(しめ)そう。[コリント人への第一の手紙 12:31]
(하지만 여러분은 더 큰 은사를 얻으려고 열심히 노력하라. 그래서 나는 가장 뛰어난 길을 여러분에게 보이겠다.) [고린도전서 12:31]

このように、いつまでも存続(そんぞく)するものは、信仰(しんこう)と希望(きぼう)と愛(あい)と、この三(みっ)つである。このうちで最(もっと)も大(おお)いなるものは、愛(あい)である。[コリント人への第一の手紙 13:13]
(이와 같이 언제까지나 존속하는 것은 신앙과 희망과 사랑, 이 세 가지이다. 이 중에서 가장 큰 것은 사랑이다.) [고린도전서 13:13]

執事(しつじ)の職(しょく)をよくつとめた者(もの)は、良(よ)い地位(ちい)を得(え)、さらにキリスト・イエスを信(しん)じる信仰(しんこう)による、大(おお)いなる確信(かくしん)を得(え)るであろう。[テモテへの第一の手紙 3:13]
(집사 직을 잘 수행한 사람은 좋은 지위를 얻고, 나아가 그리스도 예수를 믿는 신앙에 의한, 큰 확신을 얻을 것이다.) [디모데전서 3:13]

祝福(しゅくふく)に満(み)ちた望(のぞ)み、すなわち、大(おお)いなる神(かみ)、わたしたちの救主(すくいぬし)キリスト・イエスの栄光(えいこう)の出現(しゅつげん)を待(ま)ち望(のぞ)むようにと、教(おし)えている。[テトスへの手紙 2:13]
(축복으로 가득 찬 소망, 즉 위대한 하나님, 우리들 구주인 예수 그리스도의 영광이 나타나기를 학수고대하도록 가르치고 있다.) [디도서 2:13]

おおよそ、家(いえ)を造(つく)る者(もの)が家(いえ)そのものよりもさらに尊(たっと)ばれるように、彼(かれ)は、モーセ以上(いじょう)に、大(おお)いなる光栄(こうえい)を受(う)けるにふさわしい者(もの)とされたのである。[ヘブル人への手紙 3:3]
(일반적으로 집을 짓는 사람이 집 그 자체보다도 더 존중받는 것과 같이, 그(예수)는 모세 이상으로 큰 영광을 받기에 합당한 사람이 되는 것이다.) [히브리서 3:3]

さらに、神(かみ)の家(いえ)を治(おさ)める大(おお)いなる祭司(さいし)があるのだから、[ヘブル人への手紙 10:21]
(더욱이 하나님의 집을 다스리는 위대한 제사장이 있으니까,) [히브리서 10:21]

また、それらのものによって、尊(たっと)く、大(おお)いなる約束(やくそく)が、わたしたちに与(あた)えられている。それは、あなたがたが、世(よ)にある欲(よく)のために滅(ほろ)びることを免(まぬか)れ、神(かみ)の性質(せいしつ)にあずかる者(もの)となるためである。[ペテロの第二の手紙 1:4]
(또 그것들에 의해 존귀하고 위대한 약속이 우리가 받았다. 그것은 여러분이 세상에 있는 정욕 때문에 멸망하는 것을 면하게 하고, 신적 성품에 참여하는 사람이 되기 위해서이다.) [베드로후서 1:4]

なぜなら、たといわたしたちの心(こころ)に責(せ)められるようなことがあっても、神(かみ)はわたしたちの心(こころ)よりも大(おお)いなるかたであって、すべてをご存(ぞん)じだからである。[ヨハネの第一の手紙 3:20]
(왜냐하면 설령 우리 마음에 가책을 받는 그런 일이 있어도, 하나님께서는 우리의 마음보다도 위대한 분이어서, 모든 것을 아시기 때문이다.) [요한일서 3:20]

子(こ)たちよ。あなたがたは神(かみ)から出(で)た者(もの)であって、彼(かれ)らにうち勝(か)ったのである。あなたがたのうちにいますのは、世(よ)にある者(もの)よりも大(おお)いなる者(もの)なのである。[ヨハネの第一の手紙 4:4]
(자녀들아. 여러분은 하나님으로부터 나온 사람이고, 그들과 싸워 이긴 것이다. 여러분 안에 계신 이는 세상에 있는 자보다도 위대한 사람이기 때문이다.) [요한일서 4:4]

主(しゅ)は、自分(じぶん)たちの地位(ちい)を守(まも)ろうとはせず、そのおるべき所(ところ)を捨(す)て去(さ)った御使(みつかい)たちを、大(おお)いなる日(ひ)のさばきのために、永久(えいきゅう)にしばりつけたまま、暗(くら)やみの中(なか)に閉(と)じ込(こ)めておかれた。[ユダの手紙 1:6]
(주님은 자기들의 지위를 지키려고 하지는 않고, 그가 있는 곳 버리고 떠난 천사들을 큰 날의 심판을 위해, 영구히 묶어둔 채로 어둠 속에 감금해 두셨다.) [유다서 1:6]

[3] すでに来(き)たのだ。: 이미 왔다.

「すでに来(き)たのだ」の「来(き)た」는 시간부사「すでに」와 호응하여 완료를 나타낸다.「すでに+과거」의 예를 들면 다음과 같다.

[例] しかし、あなたがたに言(い)っておく、エリヤはすでに来(き)たのだ。そして彼(かれ)について書(か)いてあるように、人々(ひとびと)は自分(じぶん)勝手(かって)に彼(かれ)をあしらった」。[マルコによる福音書 9:13]
(그러나 너희에게 말해 둔다. 엘리야는 이미 왔다. 그리고 그에 관해 쓰인 바와 같이 사람들은 제멋대로 그를 다루었다.") [마가복음 9:13]

そこで、あなたがたに言(い)うが、何(なん)でも祈(いの)り求(もと)めることは、すでに叶(かな)えられたと信(しん)じなさい。そうすれば、そのとおりになるであろう。[マルコによる福音書 11:24]
(그래서 너희에게 말하지만, 무엇이든지 기도하여 구하는 것은 이미 이루어졌다고 믿어라. 그렇게 하면 그대로 될 것이다.) [마가복음 11:24]

「[世(よ)の]始(はじ)めに、[すでに]言葉(ことば)はおられた。言葉(ことば)は神(かみ)とともにおられた。言葉(ことば)は神(かみ)であった。[ヨハネによる福音書 1:1] [塚本訳1963]
(태초에 말이 있었다. 이미 말은 있으셨다. 말은 하나님과 함께 있으셨다. 말은 하나님이었다.) [요한복음 1:1]

그리고「すでに」라는 부사는「~ている」와 공기하여 동작의 완료를 나타내는데, 한국어로는「이미 ~했다」에 대응하는 경우가 많다.

[例] すでにお聞(き)きになっている事(こと)が確実(かくじつ)であることを、これによって十分(じゅうぶん)に知(し)っていただきたいためであります。[ルカによる福音書 1:4]
(이미 들으신 것이 확실한 것을 이것에 의해 충분히 알아 주셨으면 하기 위해서입니다.) [누가복음 1:4]

斧(おの)がすでに木(き)の根(ね)もとに置(お)かれている。だから、良(よ)い実(み)を結(むす)ばない木(き)はことごとく切(き)られて、火(ひ)の中(なか)に投(な)げ込(こ)まれるのだ」。[ルカによる福音書 3:9]
(도끼가 이미 나무뿌리에 놓였다. 그러므로 좋은 열매를 맺지 않는 나무는 모두 찍혀서, 불 속에 던져진다.") [누가복음 3:9]

一人(ひとり)だけ残(のこ)す時(とき)が来(く)るであろう。いや、すでに来(き)ている。しかし、わたしは一人(ひとり)でいるのではない。父(ちち)がわたしと一緒(いっしょ)におられるのである。[ヨハネによる福音書 16:32]
(나를 혼자만 남겨둘 때가 올 것이다. 아니, 이미 왔다. 그러나 나는 혼자 있는 것이 아니다. 아버지께서 나와 함께 계시기 때문이다.) [요한복음 16:32]

[4] だれが、その前(まえ)に立(た)つことができようか」。: 누가 그 앞에 설 수 있을까?

「立(た)つことができようか」의「~ことができようか」는 가능의「~ことができる」에 추측의「~よう」, 그리고 질문의「~か」가 접속된 것으로「~ことができるだろうか」의 문어적 표현이다.

[例]そこでイエスは彼(かれ)らを呼(よ)び寄(よ)せ、譬(たとえ)をもって言(い)われた、「どうして、サタンがサタンを追(お)い出(だ)すことができようか。[マルコによる福音書 3:23]
(그래서 예수께서는 그들을 가까이 불러들여서 비유로 말씀하셨다. "어찌하여 사탄이 사탄을 내쫓을 수 있겠는가?) [마가복음 3:23]

また、人(ひと)はどんな代価(だいか)を払(はら)って、その命(いのち)を買(か)いもどすことができようか。[マルコによる福音書 8:37]
(그리고 사람이 어떤 대가를 지불해서 그 목숨을 되살릴 수 있겠느냐?) [마가복음 8:37]

互(たが)いに誉(ほまれ)を受(う)けながら、ただ一人(ひとり)の神(かみ)から

の誉(ほまれ)を求(もと)めようとしないあなたがたは、どうして信(しん)じることができようか。[ヨハネによる福音書 5:44]
(서로 영예를 받으면서 오직 한 사람인 하나님으로부터의 영예를 구하려고 하지 않는 너희는 어찌하여 믿을 수 있을까?) [요한복음 5:44]

どうして、あなたを捨(す)てることができようか。イスラエルよ、どうしてあなたを渡(わた)すことができようか。
(어찌하여 너를 버릴 수 있겠느냐? 이스라엘이여, 어찌하여 너를 넘길 수 있겠느냐?)

こんな興味津々(きょうみしんしん)たる話(はなし)を、どうして聞(き)き逃(のが)すことができようか。
(이런 흥미진진한 이야기를 어찌하여 빠뜨리고 못 들을 수 있을까?)

どうして華(はな)やかな王宮(おうきゅう)ぐらしを捨(す)てることができようか。
(어찌하여 화려한 왕궁 생활을 버릴 수 있을까?)

彼(かれ)のような体験(たいけん)をした人間(にんげん)が憎悪(ぞうお)もなしにどうして人間(にんげん)を殺(ころ)すことができようか。
(그와 같은 체험을 한 사람이 증오도 없이 어찌하여 사람을 죽일 수 있을까?)

こうした状況(じょうきょう)でシュトラウスは、とりわけ同時代(どうじだい)の音楽(おんがく)に対(たい)する彼(かれ)の関心(かんしん)をどうやって表現(ひょうげん)することができようか。それに自分自身(じぶんじしん)の作品(さくひん)をどうやって演奏(えんそう)することができようか。
(이러한 상황에서 슈트라우스는 특히 동시대의 음악에 대한 그의 관심을 어떻게 표현할 수 있을까? 게다가 자기 자신의 작품을 어떻게 연주할 수 있을까?)[37]

---

37) [ヨハネによる福音書 5:44]의 설명에서 인용.

ヨハネの黙示録(もくしろく)　第7章[38]

[38) 하나님과 어린 양의 분노가 지상에 내려오기 전에 2개의 환영이 나타난다. 첫 번째 장면은 지상(7:1~7:8)이다. 두 번째 장면은 천상(7:9~7:27)이다. 이상은 フランシスコ会聖書研究所(1984) 『新約聖書』 サンパウロ. p.927 주(7-1)에 의함.

〔14〕刻印(こくいん)を押(お)されたイスラエルの十二(じゅうに)族(ぞく)

각인이 찍힌 이스라엘의 12지파

[ヨハネの黙示録 7:1 - 7:8]

ヨハネの黙示 7:1 - 7:8
十四万四千人(じゅうよんまんよんせんにん)印(いん)せらる
― 戦闘(せんとう)の教会(きょうかい)

14만 4천 명 도장이 찍히다 - 전투의 교회

[1]この後(のち)、[2]わたしは四人(よにん)の御使(みつかい)が地(ち)の四隅(よすみ)に立(た)っているのを見(み)た。[3]彼(かれ)らは地(ち)の四方(しほう)の風(かぜ)をひき止(と)めて、[4]地(ち)にも海(うみ)にもすべての木(き)にも、吹(ふ)きつけないようにしていた。[ヨハネの黙示録 7:1]
(이후, 나는 네 명의 천사가 땅의 네 모퉁이에 서 있는 것을 보았다. 그들은 땅의 사방의 바람을 붙잡아서 땅에도 바다에도 모든 나무에도 세차게 불지 않도록 하고 있었다.) [7:1]

[1] この後(のち)、: 이후. 그 뒤에. 이 경우의 「この」는 문맥지시 용법으로 사용되고 있다. 구어역에서 「この後(のち)」의 예를 들면 다음과 같다.

[例]この後(のち)、そのうちの二人(ふたり)が、いなかの方(ほう)へ歩(ある)いていると、イエスは違(ちが)った姿(すがた)で御自身(ごじしん)を現(あら)わされた。[マルコによる福音書 16:12]
(이후, 그들 중의 두 사람이 시골을 향해 걷고 있었는데 예수께서 다른 모습으로 자신을 드러내셨다.) [마가복음 16:12]

この後(のち)、イエスは弟子(でし)たちとユダヤの地(ち)に行(い)き、彼(かれ)らと一緒(いっしょ)にそこに滞在(たいざい)して、バプテスマを授(さず)けておられた。[ヨハネによる福音書 3:22]
(이후, 예수께서는 제자들과 유대 지방에 가서, 그들과 함께 거기에 체재하며 세례를 주고 계셨다.) [요한복음 3:22]

第一(だいいち)のわざわいは、過(す)ぎ去(さ)った。見(み)よ、<u>この後(のち)</u>、なお二(ふた)つのわざわいが来(く)る。[ヨハネの黙示録 9:12]
(첫 번째 재앙은 지나갔다. 보아라. 그 뒤에 두 가지 재앙이 더 온다.) [요한묵시록 9:12]

[2] わたしは四人(よにん)の御使(みつかい)が地(ち)の四隅(よすみ)に立(た)っているのを見(み)た。: 나는 네 명의 천사가 땅의 네 모퉁이에 서 있는 것을 보았다.

「地(ち)の四隅(よすみ)」에 관해서는, [フランシスコ会聖書研究所(1984)『新約聖書』サンパウロ. p.927 주(7-2)]에 의하면, 옛날 사람들은 땅을 큰물의 위에 떠 있는 사각형의 평면이라고 생각하고 있었다고 한다.

[3] 彼(かれ)らは地(ち)の四方(しほう)の風(かぜ)をひき止(と)めて、: 그들은 땅의 사방의 바람을 붙잡아서, 그리고「四隅(よすみ)……四方(しほう)の風(かぜ)」에 관해서는 이하의 예를 참조하라고 설명하고 있다.

[例] わたしは<u>天(てん)の四方(しほう)</u>から、四方(しほう)の風(かぜ)をエラムにこさせ、彼(かれ)らを<u>四方(しほう)の風(かぜ)</u>に散(ち)らす。エラムから追(お)い出(だ)される者(もの)の行(い)かない国(くに)はない。[エレミヤ書 49:36]
(나는 하늘 사방에서, 사방의 바람을 엘람에 오게 해서 그들을 사방 바람으로 흩어버리겠다. 엘람에서 쫓겨나는 사람이 가지 않는 나라가 없다.) [예레미야 49:36]

時(とき)に彼(かれ)はわたしに言(い)われた、「人(ひと)の子(こ)よ、息(いき)に預言(よげん)せよ、息(いき)に預言(よげん)して言(い)え。主(しゅ)なる神はこう言(い)われる、息(いき)よ、四方(しほう)から吹(ふ)いて来(き)て、この殺(ころ)された者(もの)たちの上(うえ)に吹(ふ)き、彼(かれ)らを生(い)かせ」。[エゼキエル書 37:9]
(그 때, 그는 내게 말씀하셨다. "인자여, 생기에 예언하라, 생기에 예언하여 말하라. 주인 하나님은 이렇게 말씀하신다. 생기야, 사방으로부터 불어와서 이 살해당한 사람들 위에 불어서 그들이 살려라.") [에스겔 37:9]

ダニエルは述(の)べて言(い)った、「わたしは夜(よる)の幻(まぼろし)のうちに見(み)た。見(み)よ、天(てん)の四方(しほう)からの風(かぜ)が大海(おおうみ)をかきたてると、[ダニエル書 7:2]
(다니엘은 묘사하며 말했다. "나는 밤의 환상 속에 보았다. 보아라. 하늘 사방에서 부는 바람이 큰 바다를 흔들어놓자,) [다니엘 7:2]

天(てん)の使(つかい)は答(こた)えて、わたしに言(い)った、「これらは全地(ぜんち)の主(しゅ)の前(まえ)に現(あらわ)れて後(のち)、天(てん)の四方(しほう)に出(で)て行(い)くものです。[ゼカリヤ書 6:5]
(하늘의 천사는 대답하며 내게 말했다. "이것들은 온 세상의 앞에 나타나고 나서, 하늘의 사방에 나가는 것이다.) [스가랴 6:5]

また、彼(かれ)は大(おお)いなるラッパの音(おと)と共(とも)に御使(みつかい)たちをつかわして、天(てん)の果(は)てから果(は)てに至(いた)るまで、四方(しほう)からその選民(せんみん)を呼(よ)び集(あつ)めるであろう。[口語訳 / マタイによる福音書 24:31]
(그리고 그는 큰 나팔 소리와 함께 천사들을 보내, 하늘 끝에서 끝에 이르기까지, 사방에서 그 선민을 불러 모을 것이다.) [마태복음 24:31]

そのとき、彼(かれ)は御使(みつかい)たちを遣(つか)わして、地(ち)の果(は)てから天(てん)の果(は)てまで、四方(しほう)からその選民(せんみん)を呼(よ)び集(あつ)めるであろう。[マルコによる福音書 13:27]

(그때 그는 천사들을 보내, 땅 끝에서 하늘 끝까지 사방에서 그 선민을 불러 모을 것이다.) [마가복음 13:27]

그리고 「風(かぜ)をひき止(と)めて」의 「ひき止(と)めて」는 「ひく」의 연용형 「引(ひ)き」에 「~止(と)める」가 결합한 복합동사 「ひきとどめる[引き止める・引き留める ; 만류하다, 말리다, 붙들다, 붙잡다]」의 テ형으로 단순 연결 용법으로 쓰이고 있다. 「ひき止(と)める」의 예로서는 본 절에서의 예가 유일하고, 「引(ひ)き止(と)める」 형태로 쓰이는 예를 들면 다음과 같다.

[例] 夜(よ)が明(あ)けると、イエスは寂(さび)しい所(ところ)へ出(で)て行(い)かれたが、群衆(ぐんしゅう)が捜(さが)しまわって、みもとに集(あつ)まり、自分(じぶん)たちから離(はな)れて行(い)かれないようにと、引(ひ)き止(と)めた。[ルカによる福音書 4:42]
(날이 새자, 예수께서 외딴 곳으로 나가셨지만 무리가 예수를 찾아다니다가, 예수께로 와서, 자기들에게서 떠나가지 못하시게 만류했다.) [누가복음 4:42]

ウジヤ王(おう)を引(ひ)き止(と)めて言(い)った、「ウジヤよ、主(しゅ)に香(こう)をたくことはあなたのなすべきことではなく、ただアロンの子孫(しそん)で、香(こう)をたくために清(きよ)められた祭司(さいし)たちのすることです。すぐ聖所(せいじょ)から出(で)なさい。あなたは罪(つみ)を犯(おか)しました。あなたは主(しゅ)なる神から栄(さか)えを得(え)ることはできません」。[歴代志下 26:18]
(웃시야 왕을 만류하며 말했다. "웃시야여, 주께 분향하는 것은 왕이 해야 할 일이 아니라, 오직 아론의 자손들 중에서 향을 피우기 위해 정결을 받은 제사장들이 할 일입니다. 당장 성소에서 나가시오. 왕은 죄를 범했습니다. 왕은 주인 하나님으로부터 번성을 얻지 못할 것입니다.") [역대지하 26:18]

[4] 地(ち)にも海(うみ)にもすべての木(き)にも、吹(ふ)きつけないようにしていた。
 : 땅에도 바다에도 모든 나무에도 세차게 불지 않도록 하고 있었다.

「吹(ふ)きつけない」는 「吹(ふ)く」의 연용형에 강의(強意)를 나타내는 후항동사 「~つける」가 접속된 복합동사 「吹(ふ)きつける」(세차게 불다)의 부정인데, 「吹(ふ)きつける」는 본 절에서의 예가 유일하다.

그리고 타 번역본에서는 [塚本訳1963]・[前田訳1978]에서는 「吹(ふ)かない」(불지 않다)가, [新改訳1970]・[新共同訳1987]・[フランシスコ会訳1984]・「岩波翻訳委員会訳1995」에서는 「吹(ふ)きつけない」(세차게 불지 않다)와 같이 쓰이고 있다.

> また、もう一人(ひとり)の御使(みつかい)が、[1]生い)ける神(かみ)の印(いん)を持(も)って、[2]日(ひ)の出(で)る方(ほう)から上(のぼ)って来(く)るのを見(み)た。[3]彼(かれ)は地(ち)と海(うみ)とをそこなう権威(けんい)を授(さず)かっている四人(よにん)の御使(みつかい)に向(む)かって、大声(おおごえ)で叫(さけ)んで言(い)った、[ヨハネの黙示録 7:2]
> (또 다른 천사 하나가 살아 있는 하나님의 도장을 가지고, 해 돋는 쪽에서 올라오는 것을 보았다. 그는 땅과 바다를 해하는 권세를 부여받은 네 천사를 향해 큰소리로 외치며 말했다.) [7:2]

[1] 生(い)ける神(かみ)の印(いん)を持(も)って、: 살아 있는 하나님의 도장을 가지고, 「生(い)ける神(かみ)」의 「生(い)ける」는 고전어 4단동사 「生(い)く」의 이연형(已然形 ; いぜんけい)에 완료의 조동사 「り」의 연체형이 결합된 연어(連語 ; れんご)로서 현대어의 「生(い)きている」에 상당하는 뜻을 나타낸다. 현대어에서는 「生(い)けるがごとく ; 살아 있는 듯이」, 「生(い)けるがごとき面持(おももち) ; 살아 있는 것과 같은 표정」과 같은 문어적 표현이나 「生(い)きとし生(い)けるもの ; 살아 있는 모든 것」과 같이 연체사적으로 사용되는 경우가 많다[39].

---

39) [ヨハネによる福音書 6:57]의 설명에서 인용.

[例]しかし、イエスは黙(だま)っておられた。そこで大祭司(だいさいし)は言(い)った、「あなたは神(かみ)の子(こ)キリストなのかどうか、生(い)ける神(かみ)に誓(ちか)ってわれわれに答(こた)えよ」。[マタイによる福音書 6:63]
(그러나 예수께서는 잠자코 계셨다. 그래서 대제사장이 예수에게 말했다. "너는 하나님의 아들 그리스도인지 어떤지, 살아 있는 하나님께 맹세하고 우리에게 대답하라.") [마태복음 6:63]

シモン・ペテロが答(こた)えて言(い)った、「あなたこそ、生(い)ける神(かみ)の子(こ)キリストです」。[マタイによる福音書 16:16]
(시몬 베드로가 대답하여 말했다. "선생님이야말로 살아 있는 하나님의 아들 그리스도입니다.") [마태복음 16:16]

しかし、イエスは黙(だま)っておられた。そこで大祭司(だいさいし)は言(い)った、「あなたは神(かみ)の子(こ)キリストなのかどうか、生(い)ける神(かみ)に誓(ちか)ってわれわれに答(こた)えよ」。[マタイによる福音書 26:63]
(그러나 예수께서는 잠자코 계셨다. 그래서 대제사장은 말하였다. "그대가 하나님의 아들 그리스도인가 어떤가? 살아 있는 하나님께 맹세하고 우리에게 대답하라.") [마태복음 26:63]

言(い)った、「皆(みな)さん、なぜこんな事(こと)をするのか。わたしたちとても、あなたがたと同(おな)じような人間(にんげん)である。そして、あなたがたがこのような愚(ぐ)にもつかぬものを捨(す)てて、天(てん)と地(ち)と海(うみ)と、その中(なか)のすべてのものをお造(つく)りになった生(い)ける神(かみ)に立(た)ち帰(かえ)るようにと、福音(ふくいん)を説(と)いているものである。[使徒行伝 14:15]
(말하였다. "여러분, 어찌하여 이런 일을 하는 것인가? 우리라고 하더라도 여러분과 같은 사람이다. 그리고 여러분이 이와 같은 말도 안 되는 것을 버리고, 하늘과 땅과 바다와 그 안에 있는 모든 것을 만드신 살아 있는 하나님께로 되돌아오도록 복음을 전하는 것이다.) [사도행전 14:15]

あなたがたはわたしの民(たみ)ではないと、彼(かれ)らに言(い)ったその場所(ばしょ)で、彼(かれ)らは生(い)ける神(かみ)の子(こ)らであると、呼(よ)ばれるであろう」。[ローマ人への手紙 9:26]
(너희는 내 백성이 아니다, 그들에게 말한 그 곳에서, 그들은 살아 있는 하나님의 자녀라고 불릴 것이다.") [로마서 9:26]

そして、あなたがたは自分(じぶん)自身(じしん)が、わたしたちから送(おく)られたキリストの手紙(てがみ)であって、墨(すみ)によらず生(い)ける神(かみ)の霊(れい)によって書(か)かれ、石(いし)の板(いた)にではなく人(ひと)の心(こころ)の板(いた)に書(か)かれたものであることを、はっきりとあらわしている。[コリント人への第二の手紙 3:3]
(그리고 여러분은 자기 자신이 우리가 보낸 그리스도의 편지이고, 먹에 의하지 않고 살아 있는 하나님의 영에 의해 쓰여, 돌 판에가 아니라 사람의 마음의 판에 쓰인 것이라는 것을 확실히 나타내고 있다.) [고린도후서 3:3]

神(かみ)の宮(みや)と偶像(ぐうぞう)となんの一致(いっち)があるか。わたしたちは、生(い)ける神(かみ)の宮(みや)である。神(かみ)がこう仰(おお)せになっている、「わたしは彼(かれ)らの間(あいだ)に住(す)み、かつ出入(でい)りをするであろう。そして、わたしは彼(かれ)らの神(かみ)となり、彼(かれ)らはわたしの民(たみ)となるであろう」。[コリント人への第二の手紙 6:16]
(하나님의 성전과 우상이 무슨 일치가 있을까? 우리는 살아 있는 하나님의 성전이다. 하나님께서 이렇게 말씀하시고 있다. "나는 그들 사이에 살며, 또한 다닐 것이다. 그래서 나는 그들의 하나님이 되고, 그들은 내 백성이 될 것이다.") [고린도후서 6:16]

万一(まんいち)わたしが遅(おく)れる場合(ばあい)には、神(かみ)の家(いえ)でいかに生活(せいかつ)すべきかを、あなたに知(し)ってもらいたいからである。神(かみ)の家(いえ)というのは、生(い)ける神(かみ)の教会(きょうかい)のことであって、それは真理(しんり)の柱(はしら)、真理(しんり)の基礎(きそ)なのである。[テモテへの第一の手紙 3:15]

(만일 내가 늦어질 경우에는 하나님의 집에서 어떻게 생활해야 할 것인가를 그대가 알아주었으면 하기 때문이다. 하나님의 집이라고 하는 것은 살아 있는 하나님의 교회를 말하고, 그것은 진리의 기둥, 진리의 기초인 것이다.) [디모데전서 3:15]

わたしたちは、このために労(ろう)し苦(くる)しんでいる。それは、すべての人(ひと)の救主(すくいぬし)、特(とく)に信(しん)じる者(もの)たちの救主(すくいぬし)なる生(い)ける神(かみ)に、望(のぞ)みを置(お)いてきたからである。[テモテへの第一の手紙 4:10]
(우리는 이를 위해 고생하고 힘들어하고 있다. 그것은 모든 사람의 구주, 특히 믿는 사람들의 구주이신 살아 있는 하나님에게 소망을 두고 왔기 때문이다.) [디모데전서 4:10]

兄弟(きょうだい)たちよ。気(き)をつけなさい。あなたがたの中(なか)には、あるいは、不信仰(ふしんこう)な悪(わる)い心(こころ)をいだいて、生(い)ける神(かみ)から離(はな)れ去(さ)る者(もの)があるかも知(し)れない。[ヘブル人への手紙 3:12]
(형제들이여. 조심하라. 여러분 중에는 또는 믿지 않는 악한 마음을 품고, 살아 있는 하나님을 떠나가는 사람이 있을지도 모른다.) [히브리서 3:12]

永遠(えいえん)の聖霊(せいれい)によって、ご自身(じしん)を傷(きず)なき者(もの)として神(かみ)にささげられたキリストの血(ち)は、なおさら、わたしたちの良心(りょうしん)をきよめて死(し)んだわざを取(と)り除(のぞ)き、生(い)ける神(かみ)に仕(つか)える者(もの)としないであろうか。[ヘブル人への手紙 9:14]
(영원한 성령으로 인해 당신 자신을 흠 없는 자로 삼아 하나님께 바치신 그리스도의 피는 한층 더 우리의 양심을 깨끗하게 하여, 죽은 행위를 없애고 살아 있는 하나님을 모시는 사람으로 하지 않을까?) [히브리서 9:14]

生(い)ける神(かみ)のみ手(て)のうちに落(お)ちるのは、恐(おそ)ろしいことである。[ヘブル人への手紙 10:31]
(살아 있는 하나님의 손에 떨어지는 것은 무서운 일이다.) [히브리서 10:31]

しかしあなたがたが近(ちか)づいているのは、シオンの山(やま)、生(い)ける神(かみ)の都(みやこ)、天(てん)にあるエルサレム、無数(むすう)の天使(てんし)の祝会(しゅくかい)、[ヘブル人への手紙 12:22]
(그러나 여러분이 가까이 가는 곳은 시온 산, 살아 있는 하나님의 도시, 하늘에 있는 예루살렘, 수많은 천사들의 축하 행사,) [히브리서 12:22]

キリストがご自身(じしん)を捧(ささ)げられたのは、われわれが生(い)きた供(そな)え物(もの)をもって生(い)ける神(かみ)を礼拝(れいはい)するために、自由(じゆう)に聖書(せいしょ)に近(ちか)づくことができるようになるためである
(그리스도가 당신을 바친 것은 우리가 살아 있는 제물로 살아 있는 하나님을 예배하기 위해 자유롭게 성서에 가까이할 수 있게 되기 위해서이다.)

[2] 日(ひ)の出(で)る方(ほう)から上(のぼ)って来(く)るのを見(み)た。: 해 돋는 쪽에서 올라오는 것을 보았다.

[フランシスコ会聖書研究所(1984)『新約聖書』サンパウロ. p.929 주(7-3)]에 의하면, 천사는「日(ひ)の出(で)る方(ほう)」(해 돋는 쪽)과 같이 좋은 방향이라고 생각되었던 동쪽에서 올라온다고 한다.

[3] 彼(かれ)は地(ち)と海(うみ)とをそこなう権威(けんい)を授(さず)かっている四人(よにん)の御使(みつかい)に向(む)かって、: 그는 땅과 바다를 해하는 권세를 부여받은 네 천사를 향해「四人(よにん)のの御使(みつかい)に向(む)かって」의「~に向(む)かって」는 격조사「~に」에「向(む)かう」의 テ形「向(む)かって」가 결합하여 복합조사화한 것이다.

[例]しかし、人(ひと)の子(こ)は地上(ちじょう)で罪(つみ)を赦(ゆる)す権威(けんい)を持(も)っていることが、あなたがたにわかるために」と彼(かれ)らに言(い)い、中風(ちゅうぶ)の者(もの)に向(む)かって、[マルコによる福音書 2:10]

(그러나 인자는 지상에서 죄를 사하는 권능을 지니고 있는 것을 너희가 알게 하기 위해"라고 그들에게 말하고, 중풍에 걸린 사람을 향해,) [마가복음 2:10]

人々(ひとびと)に向(む)かって、「安息日(あんそくにち)に善(ぜん)を行(おこな)うのと悪(あく)を行(おこな)うのと、命(いのち)を救(すく)うのと殺(ころ)すのと、どちらがよいか」と言(い)われた。彼(かれ)らは黙(だま)っていた。[マルコによる福音書 3:4]
(사람들을 향해 "안식일에 선을 행하는 것과 악을 행하는 것과, 그리고 목숨을 구하는 것과 죽이는 것 중에서 어느 쪽이 좋으냐?"라고 말씀하셨다. 그들은 잠자코 있었다.) [마가복음 3:4]

イエスは起(お)き上(あ)がって風(かぜ)を叱(しか)り、海(うみ)に向(む)かって、「静(しず)まれ、黙(だま)れ」と言(い)われると、風(かぜ)は止(や)んで、大凪(おおな)ぎになった。[マルコによる福音書 4:39]
(예수께서 일어나서 바람을 꾸짖고 바다를 향해, "가라앉아라. 잠잠해져라." 고 말씀하시자, 바람은 그치고 아주 잔잔해졌다.) [마가복음 4:39]

それだのに、あなたがたは、もし人(ひと)が父(ちち)または母(はは)に向(む)かって、あなたに差(さ)し上(あ)げるはずのこのものはコルバン、すなわち、供(そな)え物(もの)ですと言(い)えば、それでよいとして、[マルコによる福音書 7:11]
(그럼에도 불구하고 너희는 만일 남이 아버지와 어머니를 향해 당신께 드려야 할 이것은 고르반 즉 제물입니다 라고 말하면 그것으로 족하다고 하고,) [마가복음 7:11]

「[1]わたしたちの神(かみ)の僕(しもべ)らの額(ひたい)に、わたしたちが印(いん)を[2]押(お)してしまうまでは、地(ち)と海(うみ)と木(き)とをそこなってはならない」。[ヨハネの黙示録 7:3]
(우리 하나님의 종들의 이마에 우리가 도장을 다 찍을 때까지는 땅과 바다와 나무를 해쳐서는 안 된다.) [7:3]

[1] わたしたちの神(かみ)の僕(しもべ)らの額(ひたい)に、わたしたちが印(いん)を
[2] 押(お)してしまうまでは、: 우리 하나님의 종들의 이마에 우리가 도장을 다 찍을 때까지는. [フランシスコ会聖書研究所(1984) 『新約聖書』 サンパウロ. p.929 주(7-4)]에 의하면,「額(ひたい)に印(いん)を押(お)す」는 [에스겔 9:4~9:11]에 의거한 것으로 천사는 예루살렘의 사람들을 멸망에서 지키기 위해, 올바른 소유물로서 손이나 이마에 각인을 받는다고 한다.

[例] 彼(かれ)に言(い)われた、「町(まち)の中(なか)、エルサレムの中(なか)をめぐり、その中(なか)で行(おこな)われているすべての憎(にく)むべきことに対(たい)して嘆(なげ)き悲(かな)しむ人々(ひとびと)の額(ひたい)にしるしをつけよ」。[エゼキエル書 9:4]
(그에게 말씀하셨다. "성읍 안, 즉 예루살렘 안을 두루 돌아다니면서, 그 안에서 행해지고 있는 모든 증오할 일에 대해 한탄하며 슬퍼하는 사람들의 이마에 표를 그려 놓아라.") [에스겔 9:4]

またわたしの聞(き)いている所(ところ)で他(た)の者(もの)に言(い)われた、「彼(かれ)のあとに従(したが)い町(まち)をめぐって、撃(う)て。あなたの目(め)は惜(お)しみ見(み)るな。またあわれむな。[エゼキエル書 9:5]
(또 내가 듣고 있는 곳에서 다른 사람들에게 말씀하셨다. "그 사람의 뒤를 따라 성읍을 돌아다니면서 쳐라. 너도 그들을 불쌍히 여기지도 말고, 또 가엾게 여기지도 마라.) [에스겔 9:5]

老若男女(ろうにゃくなんにょ)をことごとく殺(ころ)せ。しかし身(み)にしるしのある者(もの)には触(ふ)れるな。まずわたしの聖所(せいじょ)から始(はじ)めよ」。そこで、彼(かれ)らは宮(みや)の前(まえ)にいた老人(ろうじん)から始(はじ)めた。[エゼキエル書 9:6]
(남녀노소를 죄다 죽여라. 그러나 몸에 표가 있는 사람에게는 손을 대지 마라. 먼저 내 성소에서부터 시작하여라." 그러자 그들은 성전 앞에 있던 노인들부터 죽이기 시작하였다.) [에스겔 9:6]

この時(とき)、主(しゅ)は彼(かれ)らに言(い)われた、「宮(みや)を汚(けが)し、死人(しにん)で庭(にわ)を満(み)たせ。行(い)け」。そこで彼(かれ)らは出(で)て行(い)って、町(まち)の中(なか)で撃(う)った。[エゼキエル書 9:7]
(이 때, 주께서는 그들에게 말씀하셨다. "성전을 더럽히고 죽은 사람으로 뜰을 가득 채워라. 가라!" 그러자 그들은 나가서 성읍 안에서 사람들을 죽였다.) [에스겔 9:7]

さて彼(かれ)らが人々(ひとびと)を打(う)ち殺(ころ)していた時(とき)、わたしひとりだけが残(のこ)されたので、ひれ伏(ふ)して、叫(さけ)んで言(い)った、「ああ主(しゅ)なる神(かみ)よ、あなたがエルサレムの上(うえ)に怒(いか)りを注(そそ)がれるとき、イスラエルの残(のこ)りの者(もの)を、ことごとく滅(ほろ)ぼされるのですか」。[エゼキエル書 9:8]
(그런데, 그들이 사람들을 때려죽이고 있었을 때, 나 혼자만이 거기에 남겨졌기 때문에, 넙죽 엎드려 부르짖으며 말했다. "아, 주인 하나님이여, 주께서 예루살렘 위에 진노를 쏟으실 때, 이스라엘의 남은 사람들을 주께서 친히 다 멸망하실 것입니까?" [에스겔 9:8]

主(しゅ)はわたしに言(い)われた、「イスラエルとユダの家(いえ)の罪(つみ)は非常(ひじょう)に大(おお)きい。国(くに)は血(ち)で満(み)ち、町(まち)は不義(ふぎ)で満(み)ちている。彼(かれ)らは言(い)う、『主(しゅ)はこの地(ち)を捨(す)てられた。主(しゅ)は顧(かえり)みられない』。[エゼキエル書 9:9]
(주께서 나에게 말씀하셨다. "이스라엘과 유다 집안의 죄는 대단히 크다. 나라는 피로 가득 차 있고, 성읍은 불법으로 꽉 차 있다. 그들은 말한다. '주께서 이 땅을 버리셨다. 주께서 쳐다보시지도 않는다.') [에스겔 9:49]

それゆえ、わたしの目(め)は彼(かれ)らを惜(お)しみ見(み)ず、またあわれまない。彼(かれ)らの行(おこな)うところを、彼(かれ)らのこうべに報(むく)いる」。[エゼキエル書 9:10]
(그런 연유로, 나도 그들을 불쌍히 여기지 않으며, 또한 가엾게 여기지 않는다. 그들이 행하는 것을, 그들의 머리에 갚아 줄 것이다.") [에스겔 9:10]

時(とき)に、かの亜麻布(あまぬの)を着(き)、物(もの)を書(か)く墨(すみ)つぼを腰(こし)につけていた人(ひと)が報告(ほうこく)して言(い)った、「わたしはあなたがお命(めい)じになったように行(おこな)いました」 [エゼキエル書 9:11]
(그런데 그 아마포 옷을 입고, 글을 쓰는 먹통을 허리에 차고 있던 사람이 보고하며 말했다. "저는 주께서 명하신 대로, 행동하였습니다.") [에스겔 9:11]

[2] 印(いん)を押(お)してしまうまでは、: 도장을 다 찍을 때까지는 「印(いん)を押(お)してしまう」는 「印(いん)を押(お)す」에 심리적 완료나 종결을 나타내는 「~てしまう」가 접속되어 한국어의 「다 ~ 하다」에 상당하는 뜻을 나타낸다.

□ 「~てしまう」의 의미・용법

「~てしまう」의 의미・용법을 검토하면 다음과 같다. 심리적인 종결을 나타내는 「~てしまう」는 선행 동사의 의미적 성질에 따라 몇 가지 유형으로 분류된다.

1. 「書(か)く」(쓰다)・「読(よ)む」(읽다)・「売(う)る」(팔다)・「やる」(하다)・「覚(おぼ)える」(외우다)・「捨(す)てる」(버리다)・「食(た)べる」(먹다)와 같이 의지적 타동사와 같이 쓰이면 동작의 종결이나 완료를 나타내는데 이때는 한국어의 「다 ~하다」 또는 「~해 버리다」에 대응하는 경우가 많다.

[例] この作文(さくぶん)は授業中(じゅぎょうちゅう)に書(か)いてしまった。
(이 작문은 수업 중에 다 썼다.)

あの本(ほん)はもう読(よ)んでしまった。
(그 책은 이미 다 읽었다.)

さあ、早(はや)く宿題(しゅくだい)をやってしまいましょう。
(자, 빨리 숙제를 해 버립시다.)

今日(きょう)じゅうにこの漢字(かんじ)を全部(ぜんぶ)覚(おぼ)えてしまってください。
(오늘 중으로 이 한자를 전부 외워 두세요.)

2. 「~てしまう」는 결과 내용에 따라 안도감을 나타내는 경우도 있지만, 해당 결과가 바람직하지 못한 경우에는 「후회, 불만, 의외의 결말에 대한 망설임」 등의 기분을 나타내기도 한다.

[例] ろくに勉強(べんきょう)しなかったんですが、国家(こっか)公務員(こうむいん)試験(しけん)に合格(ごうかく)してしまった。
(제대로 공부를 안 했는데 국가공무원시험에 그만 합격하고 말았다.)

父(ちち)からもらった時計(とけい)をなくしてしまった。
(아버지에게서 받은 시계를 잃어버렸다.)

ついうっかりして同(おな)じ本(ほん)を二冊(にさつ)も買(か)ってしまった。
(그만 깜빡해서 같은 책을 2권이나 사고 말았다.)

きのう、映画(えいが)を見(み)に行(い)って、一万円(いちまんえん)も使(つか)ってしまった。
(어제 영화를 보러 가서 만 엔이나 써 버렸다.)

車(くるま)を車庫(しゃこ)に入(い)れようとして、塀(へい)にぶつけてしまった。
(차를 차고에 넣으려다가 담에 부딪치고 말았다.)

中田(なかた)さんがぐずぐずしているから、つい「はっきりしろよ！」とどなってしまった。
(나카타 씨가 꾸물대고 있어서 나도 모르게 그만 "똑바로 해!"라고 고함을 쳤다.)

3. 「かぜをひく」(감기에 걸리다)와 같이 주체의 의지로 통제할 수 없는 무의지적 동작이나 상태를 나타내는 동사와 같이 쓰이면 한국어로 직접 대응하지 않으니 어색한 경우에는 굳이 번역할 필요가 없다.

[例] 二、三日(にさんにち)前(まえ)から、かぜをひいてしまって、熱(ねつ)があるんです。
(2,3일전부터 감기에 걸려서 열이 있어요.)

ちょっと飲(の)みすぎて、おなかをこわしてしまったんです。
(좀 과음해서 배탈이 났습니다.)

わたしたちのチームは最後(さいご)の試合(しあい)で負(ま)けてしまいました。
(저희 팀은 마지막 시합에서 지고 말았습니다.)

洗(あら)い物(もの)をしている時(とき)に、割(わ)れたコップで手(て)を切(き)ってしまいました。
(설거지하고 있을 때 깨진 컵에 손을 벴습니다.)

バスがなかなか来(こ)なかったので、大事(だいじ)なミーティングに遅(おく)れてしまいました。
(버스가 좀처럼 오지 않아서 중요한 약속에 늦었습니다.)[40]

わたしは[1]印(いん)を押(お)された者(もの)の数(かず)を聞(き)いたが、[2]イスラエルの子(こ)らのすべての部族(ぶぞく)のうち、印(いん)を押(お)された者(もの)は[3]十四万四千人(じゅうよんまんよんせんにん)であった。[ヨハネの黙示録 7:4]
(나는 도장이 찍힌 사람의 수를 들었는데, 이스라엘 자손 모든 지파 중에서 도장이 찍힌 사람은 14만 4천 명이었다.) [7:4]

---

40) 李成圭等著(1996)『홍익나가누마 일본어2 해설서』 홍익미디어. pp.179-180 등을 참조.

[1] 印(いん)を押(お)された者(もの) : 도장이 찍힌 사람

「印(いん)を押(お)された者(もの)」는「[誰(だれ)かがある]者(もの)に印(いん)を押(お)す」에서 파생된 수동문인데,「印(いん)を押(お)される」에 관해서는 번역본 간의 이동이 보인다.

[例] 印(いん)をつけられた者(もの)[塚本訳1963]
　　(도장이 찍힌 사람)

　　印(いん)を押(お)された人々(ひとびと)[新改訳1970]
　　(도장이 찍힌 사람)

　　印(いん)をされたもの[前田訳1978]
　　(도장이 찍힌 사람)

　　刻印(こくいん)を押(お)された人(ひと)の数(かず)[フランシスコ会訳1984]
　　(각인이 찍힌 사람의 수)

　　刻印(こくいん)を押(お)された人々(ひとびと)[新共同訳1987]
　　(각인이 찍힌 사람들)

　　刻印(こくいん)を押(お)された者(もの)たち[岩波翻訳委員会訳1995]
　　(각인이 찍힌 사람들)

[2] イスラエルの子(こ)らのすべての部族(ぶぞく)のうち、: 이스라엘 자손 모든 지파 중에서 [フランシスコ会聖書研究所(1984)『新約聖書』サンパウロ. p.929 주(7-5)]에 의하면, 「すべての部族(ぶぞく)」(모든 부족(지파))은 전 교회를 의미하고 새 이스라엘을 상징한다고 한다. 초대 교회의 신자는 그리스도 교회에 있어서, 새 이스라엘을 쌓는 것은 자신들이라는 것을 자각하고(마태복음 19:28, 갈라디아서 6:16, 야고보서 1:1, 베드로전서 1:1 참조), 본서의 저자 요한도, 이 생각을 품고 있었다(21:12~21:14 참조)고 한다.

[**例**]イエスは彼(かれ)らに言(い)われた、「よく聞(き)いておくがよい。世(よ)が改(あらた)まって、人(ひと)の子(こ)がその栄光(えいこう)の座(ざ)につく時(とき)には、わたしに従(したが)ってきたあなたがたもまた、十二(じゅうに)の位(くらい)に座(ざ)してイスラエルの<u>十二(じゅうに)の部族(ぶぞく)</u>をさばくであろう。[マタイによる福音書 19:28]

(예수께서 그들에게 말씀하셨다. "잘 들어두어라. 세상이 새롭게 되어, 인자가 그 영광의 보좌에 앉을 때는, 나를 따라온 너희도 열두 보좌에 앉아서, 이스라엘의 열두 지파를 심판할 것이다.) [마태복음 19:28]

この法則(ほうそく)に従(したが)って進(すす)む人々(ひとびと)の上(うえ)に、平和(へいわ)とあわれみとがあるように。また、神(かみ)のイスラエルの上(うえ)にあるように。[ガラテヤ人への手紙 6:16]

(이 법칙을 따라 나아가는 사람들에 위에 평화와 자비가 있기를 빈다. 그리고 하나님 위에 있기를 빈다.) [갈라디아서 6:16]

神(かみ)と主(しゅ)イエス・キリストとの僕(しもべ)ヤコブから、離散(りさん)している<u>十二部族(じゅうにぶぞく)</u>の人々(ひとびと)へ、あいさつをおくる。[ヤコブの手紙 1:1]

(하나님과 주 예수 그리스도의 종인 야고보는 흩어져서 사는 열두 지파의 사람에게 인사를 보낸다.) [야고보서 1:1]

イエス・キリストの使徒(しと)ペテロから、ポント、ガラテヤ、カパドキヤ、アジヤおよびビテニヤに離散(りさん)し寄留(きりゅう)している人(ひと)たち、[ペテロの第一の手紙 1:1]

(예수 그리스도의 사도인 베드로는, 본도와 갈라디아와 갑바도기아와 아시아 및 비두니아에 흩어져서 기류하고 있는 사람들에게.) [베드로전서 1:1]

[3] 十四万四千人(じゅうよんまんよんせんにん)

[フランシスコ会聖書研究所(1984)『新約聖書』サンパウロ. p.929 주(7-5)]에 의하면,「十四万四千人(じゅうよんまんよんせんにん)」라는 수는 이스라엘의 12

지파의 수를 상징적으로 사용하고, 12의 제곱에 천을 곱한 수로 무수의 사람들을 의미한다고 한다.

> [1]ユダの部族(ぶぞく)のうち、一万二千人(いちまんにせんにん)が印(いん)を押(お)され、ルベンの部族(ぶぞく)のうち、一万二千人(いちまんにせんにん)、ガドの部族(ぶぞく)のうち、一万二千人(いちまんにせんにん)、[ヨハネの黙示録 7:4]
> (유다 지파 중에서 1만 2천 명이 도장이 찍혔고, 르우벤 지파 중에서 1만 2천 명, 갓 지파 중에서 1만 2천 명.) [7:4]

[1] ユダの部族(ぶぞく)のうち、: 유다 지파 중에서,

[フランシスコ会聖書研究所(1984)『新約聖書』サンパウロ. p.929 주(7-6)]에 의하면, 12지파 중에서 유다 지파를 필두로 들고 있는 것은 이 지파에서 메시아가 나왔기 때문일 것이다(5:6 주(3) 참조)라고 설명하고 있다.

> アセルの部族(ぶぞく)のうち、一万二千人(いちまんにせんにん)、ナフタリの部族(ぶぞく)のうち、一万二千人(いちまんにせんにん)、マナセの部族(ぶぞく)のうち、一万二千人(いちまんにせんにん)、[ヨハネの黙示録 7:6]
> (아셀 지파 중에서 1만 2천 명, 납달리 지파 중에서 1만 2천 명, 무낫세 지파 중에서 1만 2천 명.) [7:6]
>
> シメオンの部族(ぶぞく)のうち、一万二千人(いちまんにせんにん)、レビの部族(ぶぞく)のうち、一万二千人(いちまんにせんにん)、イサカルの部族(ぶぞく)のうち、一万二千人(いちまんにせんにん)、[ヨハネの黙示録 7:7]
> (시므온 지파 중에서 1만 2천 명, 레위 지파 중에서 1만 2천 명, 잇사갈 지파 중에서 1만 2천 명.) [7:7]

ゼブルンの部族(ぶぞく)のうち、一万二千人(いちまんにせんにん)、ヨセフの部族(ぶぞく)のうち、一万二千人(いちまんにせんにん)、ベニヤミンの部族(ぶぞく)のうち、一万二千人(いちまんにせんにん))が印(いん)を押(お)された。[ヨハネの黙示録 7:8]

(스불론 지파 중에서 1만 2천 명, 요셉 지파 중에서 1만 2천 명, 베냐민 지파 중에서 1만 2천 명이 도장이 찍혀졌다.) [7:8]

〔15〕 国々(くにぐに)の民(たみ) 여러 나라의 백성
[ヨハネの黙示録 7:9 - 7:17]

ヨハネの黙示 7:9 - 7:17
贖(あがな)われし大群衆(だいぐんしゅう) ―
勝利(しょうり)の教会(きょうかい)
속죄 받은 많은 군중 - 승리의 교회

その後(のち)、わたしが見(み)ていると、見(み)よ、あらゆる国民(こくみん)、部族(ぶぞく)、民族(みんぞく)、国語(こくご)のうちから、[1]数(かぞ)え切(き)れないほどの[2]大(おお)ぜいの群衆(ぐんしゅう)が、白(しろ)い衣(ころも)を身(み)にまとい、[3]しゅろの枝(えだ)を手(て)に持(も)って、御座(みざ)と小羊(こひつじ)との前(まえ)に立(た)ち、[ヨハネの黙示録 7:9]
(그 후, 내가 보고 있으니, 보아라! 모든 백성, 부족, 종족, 언어 중에서 수를 다 셀 수 없는 정도의 많은 군중이 흰 옷을 감고, 종려나무 가지를 손에 들고 보좌와 어린 양 앞에 서서,) [7:9]

[1] 数(かぞ)え切(き)れないほどの : 수를 다 셀 수 없는 정도의 「数(かぞ)え切(き)れない」는 「数(かぞ)える」의 연용형 「数(かぞ)え」에 수량적 종결을 나타내는 후항동사 「~切(き)れる」의 부정인 「~切(き)れない」가 접속되어 일종의 불가능의 의미를 나타내고 있다.

□ [動詞＋切(き)れる・切(き)れない]

「~切(き)れる」는 복합동사의 후항요소로 쓰이면 동작 자체의 종결보다도 수량적인 종결을 나타낸다. 그리고 주로 「~切(き)れない」와 같이 부정 형태

로 쓰여 「수량이 너무 많아 전부 할 수 없다」고 하는 불가능의 의미를 나타내는 경우가 많다.

[例]図書館(としょかん)からそんなに借(か)りて来(き)て、一週間(いっしゅうかん)で読(よ)み切(き)れるのかい。
(도서관에서 그렇게 많이 빌려 와서 1주일 만에 다 읽을 수 있어?)

あの蛇(へび)のような男(おとこ)から、逃(に)げ切(き)れると思(おも)っているんですか。
(그 뱀과 같은 남자로부터 도망칠 수 있다고 생각합니까?)

二千(にせん)もの漢字(かんじ)を二年(にねん)で覚(おぼ)え切(き)れるでしょうか。
(2천이나 되는 한자를 2년 만에 다 외울 수 있을까요?)

すごくいいところだが、ここから会社(かいしゃ)までは遠(とお)くてとても通(かよ)い切(き)れない。
(꽤 좋은 데지만 여기서 회사까지는 멀어서 도저히 다닐 수 없다.)

子供(こども)たちは、いつも干(ほ)し切(き)れないほどにたくさん洗濯物(せんたくもの)を出(だ)すんです。
(아이들은 항상 다 말릴 수 없을 정도로 많은 세탁물을 내놓습니다.)

こんなに両手(りょうて)で持(も)ち切(き)れないほど、何(なに)を買(か)って來(き)たんですか。
(이렇게 양손으로 들 수 없을 정도로 무엇을 사 가지고 왔습니까?)

朝(あさ)のラッシュ時(じ)には、電車(でんしゃ)に乗(の)り切(き)れないで残(のこ)る人(ひと)がいつもいる。
(아침 러시아워 시간에는 전철에 다 타지 못 하고 남는 사람이 항상 있다.)

あまりスピードを出(だ)しすぎていたので、カーブを十分(じゅうぶん)に曲(ま)がり切(き)れなかったんでしょう。

(너무 속도를 많이 내는 바람에 커브를 충분히 돌지 못했겠지요?)

こんなにたくさんいただいて、一人(ひとり)では食(た)べ切(き)れない。
(이렇게 많은 음식을 혼자서는 다 먹을 수 없다.)

あの人(ひと)は変(か)わっていて、勝手(かって)なところがあるでしょう。私(わたし)には付(つ)き合(あ)い切(き)れませんね。
(그 사람은 별나서 자기 멋대로 하는 데가 있어요. 저는 도저히 사귈 수가 없어요.)[41]

ぼくは、今(いま)まで両手(りょうて)では数(かぞ)え切(き)れないほど、お見合(みあ)いをしてきたんです。それが、ことごとく断(ことわ)るられちゃったんです。
(나는 지금까지 양손으로는 다 셀 수 없을 정도로 선을 봤습니다. 그게 말이죠, 죄다 딱지를 맞았어요.)

もちろん、はっきりそうとは言(い)い切(き)れないが。もし、別人(べつじん)だとすると、悲鳴(ひめい)を上(あ)げた女性(じょせい)は？　どこにいるのだろう？
(물론 확실히 그렇다고 단언할 수 없지만, 만일 다른 사람이라고 한다면 비명을 지른 여성은 어디에 있을까?)

そこで言(い)われた、「あなたがた律法(りっぽう)学者(がくしゃ)も、わざわいである。負(お)い切(き)れない重荷(おもに)を人(ひと)に負(お)わせながら、自分(じぶん)ではその荷(に)に指(ゆび)一本(いっぽん)でも触(ふ)れようとしない。[ルカによる福音書]
(그러자 말씀하셨다. "너희 율법학자도 화가 있을 것이다. 다 질 수 없는 무거운 짐을 사람에게 지우면서, 스스로는 그 짐에 손가락 하나도 대려고 하지 않는다.)
[누가복음 11:46]

---

41) 李成圭・權善和(2006c)『현대일본어 문법연구Ⅱ』시간의물레. pp.232-234에서 인용하여 일부 수정함.

[2] 大(おお)ぜいの群衆(ぐんしゅう)が、: 많은 군중이,

「大勢(おおぜい)」는 사람이 많은 것을 나타내는 부사인데, 본 절의 「大(おお)ぜいの群衆(ぐんしゅう)」와 같이 명사로도 사용된다.

[例] それから彼(かれ)の家(いえ)で、食事(しょくじ)の席(せき)に着(つ)いておられたときのことである。多(おお)くの取税人(しゅぜいにん)や罪人(つみびと)たちも、イエスや弟子(でし)たちと共(とも)にその席(せき)に着(つ)いていた。こんな人(ひと)たちが大勢(おおぜい)いて、イエスに従(したが)って来(き)たのである。[マルコによる福音書 2:15]
(그리고 나서 그의 집에서 식사 자리에 앉아 계셨을 때의 일이다. 많은 세금 징수인과 죄인들도 예수와 제자들과 함께 그 자리에 앉아 있었다. 이런 사람들이 많이 예수를 따라 왔기 때문이다.) [마가복음 2:15]

多(おお)くの悪霊(あくれい)を追(お)い出(だ)し、大(おお)ぜいの病人(びょうにん)に油(あぶら)を塗(ぬ)って癒(いや)した。[マルコによる福音書 6:13]
(많은 악령을 쫓아내고 수많은 병자들에게 기름을 발라 고쳤다.) [마가복음 6:13]

□ 「たくさん」과 「大勢(おおぜい)」

일본어에는 한국어의 「많이」에 대해 「大勢(おおぜい)」 이외에도 「たくさん」가 있는데 지시 대상에 따라 쓰이는 말이 다르다. 「たくさん」은 사물·동물·사람에 관계없이 두루 쓸 수 있으나 「大勢(おおぜい)」는 지시 내용이 사람인 경우에 한정된다.

1. 따라서 지시 내용이 사람인 경우는 「たくさん」「大勢(おおぜい)」 둘 다 쓸 수 있다.

[例] となりの部屋(へや)に子供(こども)が{たくさん・大勢(おおぜい)}いる。
(옆방에 아이들이 많이 있다.)

2. 지시 내용이 동물인 경우에는「たくさん」은 쓸 수 있으나「大勢(おおぜい)」는 쓸 수 없다.

[例]その池(いけ)鯉(こい)が{たくさん・× 大勢(おおぜい)}いる。
(이 연못에는 잉어가 많이 있다.)

3. 지시 내용이 사물인 경우에도「たくさん」은 쓸 수 있으나「大勢(おおぜい)」는 쓸 수 없다.

[例]この店(みせ)にはいい品物(しなもの)が{たくさん・×大勢(おおぜい)}ある。
(이 가게에는 좋은 물건이 많이 있습니다.)

「大勢(おおぜい)」의 예를 들면 다음과 같다.

[例]こんな人(ひと)たちが大勢(おおぜい)いて、イエスに従(したが)って来(き)た。
(이런 사람들이 많이 있고 예수를 따라왔다.)

驚(おどろ)いたことに、観客(かんきゃく)の中(なか)にきれいな振袖(ふりそで)の女性(じょせい)が大勢(おおぜい)いた。
(놀랍게도 관중 중에 아름다운 긴 소매의 기모노를 입은 여성이 많이 있었다.)

お客(きゃく)さんが大勢(おおぜい)來(き)て忙(いそが)しかったので、勉強(べんきょう)できなかったのです。
(손님이 많이 와서 바빴기 때문에 공부할 수가 없었습니다.)

大事故(だいじこ)によって大勢(おおぜい)の死者(ししゃ)が出(で)た。
(큰 사고 때문에 많은 사망자가 나왔다.)

今度(こんど)の会議(かいぎ)では海外(かいがい)から大勢(おおぜい)の方(かた)がいらっしゃるので、通訳(つうやく)を用意(ようい)しておいていただけますか。
(이번 회의에서는 해외에서 많은 분이 오시니, 통역을 준비해 주시겠습니까?)[42]

[3] しゅろの枝(えだ)を手(て)に持(も)って、: 종려나무 가지를 손에 들고,

구어역 성서에서 「しゅろ [棕櫚·棕梠]」(종려나무)의 예를 들면 다음과 같다.

[例]それゆえ、主(しゅ)はイスラエルから頭(あたま)と尾(お)と、しゅろの枝(えだ)と葦(あし)とを一日(にち)のうちに断(た)ち切(き)られる。[イザヤ書 9:14]
(그러므로 주께서 이스라엘에서 머리와 꼬리, 종려가지와 갈대를 하루 안에 끊어 자르실 것이다.) [이사야 9:14]

エジプトに対(たい)しては、頭(あたま)あるいは尾(お)、しゅろの枝(えだ)あるいは葦(あし)が共(とも)になしうるわざはない。[イザヤ書 19:15]
(이집트에 대해서는 우두머리 혹은 말단에 있는 사람, 종려나무 가지처럼 귀한 자나 갈대처럼 천한 자에게 모두 할 수 있는 일은 없다.) [이사야 19:15]

棕櫚(しゅろ)の枝(えだ)を手(て)に取(と)り、迎(むか)えに出(で)て行(い)った。そして叫(さけ)んだ、「ホサナ、主(しゅ)の御名(みな)によって来(きた)る者(もの)に祝福(しゅくふく)あれ、イスラエルの王(おう)に」。[ヨハネによる福音書 12:13]
(종려나무 가지를 손에 들고, 맞이하기 위해 나갔다. 그리고 외쳤다. "호산나! 주의 이름에 의해 오는 사람에게 축복이 있어라! 이스라엘 왕에게.") [요한복음 12:13]

大声(おおごえ)で叫(さけ)んで言(い)った、「[1]救(すくい)は、御座(みざ)にいますわれらの神(かみ)と小羊(こひつじ)からきたる」。[ヨハネの黙示録 7:10]
(큰소리로 외치며 말했다. "구원은 보좌에 계시는 우리 하나님과 어린 양에게서 온다.") [7:10]

[1] 救(すくい)は、御座(みざ)にいますわれらの神(かみ)と小羊(こひつじ)からきたる」。: 구원은 보좌에 계시는 우리 하나님과 어린 양에게서 온다."

---

42) [マルコによる福音書 2:15]의 설명에서 인용.

[フランシスコ会聖書研究所(1984)『新約聖書』サンパウロ. p.929 주(7-7)]에 의하면, 「勝利(しょうり)あれ=救(すく)い」에 관해 그리스어의 「ソーテリア；소테리아(soteria)」는 「救(すく)い」(구원)이라고도 번역할 수 있다고 한다. 여기에서는 성스러운 사람들을 적으로부터 구원한 하나님과 어린 양의 승리를 비유하는 환호 소리라고 되어 있다.

> 御使(みつかい)たちはみな、御座(みざ)と長老(ちょうろう)たちと四(よっ)つの生(い)き物(もの)との周(まわ)りに立(た)っていたが、[1]御座(みざ)の前(まえ)にひれ伏(ふ)し、神(かみ)を拝(はい)して言(い)った、[ヨハネの黙示録 7:11]
> (천사들은 모두 보좌와 장로들과 네 생물 주위에 서 있었는데 보좌 앞에 넙죽 엎드려 하나님께 예배하며 말했다.) [7:11]

[1] 御座(みざ)の前(まえ)にひれ伏(ふ)し、神(かみ)を拝(はい)して言(い)った、: 보좌 앞에 넙죽 엎드려 하나님께 예배하며 말했다. 「~を拝(はい)する」는 사전류에서는 「절하다, 배하다, 우러러 뵙다」로 나와 있으나, 본서에서는 「예배하다, 경배하다」로 번역해 둔다.

> [例]するとイエスは彼(かれ)に言(い)われた、「サタンよ、退(しりぞ)け。『主(しゅ)なるあなたの神(かみ)を拝(はい)し、ただ神(かみ)にのみ仕(つか)えよ』と書(か)いてある」。[マタイによる福音書 4:10]
> (그러자 예수께서 그에게 말씀하셨다. "사탄아, 물러가라. '주님인 너의 하나님께 경배하고, 오직 그분만을 섬겨라'고 쓰여 있다." [마태복음 4:10]
>
> イエスは答(こた)えて言(い)われた、『主(しゅ)なるあなたの神(かみ)を拝(はい)し、ただ神(かみ)にのみ仕(つか)えよ』と書(か)いてある」。[ルカによる福音書 4:8]
> (예수께서 대답하여 말씀하셨다. '주님인 너의 하나님께 경배하고, 오직 그분만을 섬겨라'라고 쓰여 있다.") [누가복음 4:8]

이 부분에 관해 번역본에서는 다음과 같이 쓰여 있다.

[例] 玉座(ぎょくざ)の前(まえ)に平伏(へいふく)し、神(かみ)を拝(はい)して[塚本訳1963]
(옥좌 앞에 평복하여 하나님을 경배하고,)

彼(かれ)らも御座(みざ)の前(まえ)にひれ伏(ふ)し、神(かみ)を拝(はい)して、[新改訳1970]
(그들도 보좌 앞에 넙죽 엎드려 하나님을 경배하고,)

そして王座(おうざ)の前(まえ)に顔(かお)を伏(ふ)せ、神(かみ)を拝(はい)して[前田訳1978]
(그리고 왕좌 앞에 얼굴을 숙이고, 하나님을 경배하고,)

玉座(ぎょくざ)の前(まえ)にひれ伏(ふ)し、神(かみ)を礼拝(れいはい)して、言(い)った。[フランシスコ会訳1984]
(옥좌 앞에 넙죽 엎드려 하나님을 예배하고 말했다.)

玉座(ぎょくざ)の前(まえ)にひれ伏(ふ)し、神(かみ)を礼拝(れいはい)して、[新共同訳1987]
(옥좌 앞에 넙죽 엎드려 하나님을 예배하고,)

彼(かれ)らは玉座(ぎょくざ)の前(まえ)で顔(かお)を地(ち)につけるようにして平伏(へいふく)し神(かみ)を礼拝(れいはい)した、[岩波翻訳委員会訳1995]
(그들은 옥좌 앞에서 얼굴을 땅에 대도록 하여 평복하여 하나님을 예배했다.)

「アァメン、[1]賛美(さんび)、栄光(えいこう)、知恵(ちえ)、感謝(かんしゃ)、誉(ほま)れ、力(ちから)、勢(いきお)いが、世々(よよ)限(かぎ)りなく、われらの神(かみ)にあるように、アァメン」。[ヨハネの黙示録 7:12]
("아멘, 찬미, 영광, 지혜, 감사, 영예, 힘과, 권능이 세세 영원토록 우리 하나님께 있기 바랍니다. 아멘.") [7:12]

[1] 賛美(さんび)、栄光(えいこう)、知恵(ちえ)、感謝(かんしゃ)、誉(ほま)れ、力(ちから)、勢(いきお)いが、世々(よよ)限(かぎ)りなく、われらの神(かみ)にあるように、: 찬미, 영광, 지혜, 감사, 영예, 힘과, 권능이 세세 영원토록 우리 하나님께 있기 바랍니다,

본 절에서는 〈神(かみ)〉에 대해 「賛美(さんび)、栄光(えいこう)、知恵(ちえ)、感謝(かんしゃ)、誉(ほま)れ、力(ちから)、勢(いきお)いが、」와 같이 7개의 단어가 쓰이고 있는데, 이에 대해 타 번역본에서는 다음과 같이 표현하고 있다.

[例] 願(ねが)わくは賛美(さんび)と栄光(えいこう)と智恵(ちえ)と感謝(かんしゃ)と栄養(えいよう)と権能(けんのう)とが、[塚本訳1963]
(원컨대 찬미와 영광과 지혜와 감사와 영예와 권능이,)

賛美(さんび)と栄光(えいこう)と智恵(ちえ)、感謝(かんしゃ)と誉(ほま)れと力(ちから)は、[フランシスコ会訳1984]
(찬미와 영광과 지혜, 감사와 영예와 힘은,)

賛美(さんび)と栄光(えいこう)と知恵(ちえ)と感謝(かんしゃ)と誉(ほま)れと力(ちから)と勢(いきお)いが、[新改訳1970]
(찬미와 영광과 지혜와 감사와 영예와 힘과 권능이,)

讃美(さんび)と栄光(えいこう)と知恵(ちえ)と感謝(かんしゃ)と誉(ほま)れと力(ちから)と勢(いきお)いが、[前田訳1978]
(찬미와 영광과 지혜와 감사와 영예와 힘과 권능이,)

賛美(さんび)、栄光(えいこう)、知恵(ちえ)、感謝(かんしゃ)、/誉(ほま)れ、力(ちから)、威力(いりょく)が、[新共同訳1987]
(찬미, 영광, 지혜, 감사, /영예, 힘, 위력이,)

賛美(さんび)、栄光(えいこう)、知恵(ちえ)、感謝(かんしゃ)、誉(ほま)れ、力(ちから)、そして強(つよ)さが、[岩波翻訳委員会訳1995]
(찬미, 영광, 지혜, 감사, 영예, 힘 그리고 강함이,)

> 長老(ちょうろう)たちの一人(ひとり)が、わたしに向(む)かって言(い)った、「[1] この白(しろ)い衣(ころも)を身(み)にまとっている人々(ひとびと)は、誰(だれ)か。また、どこから来(き)たのか」。[ヨハネの黙示録 7:13]
> (장로들 중에서 한 사람이 나를 향해 말했다, "이 흰옷을 몸에 걸치고 있는 사람들은 누군가? 또 어디에서 왔는가?") [7:13]

[1] この白(しろ)い衣(ころも)を身(み)にまとっている人々(ひとびと)は、: 이 흰옷을 몸에 걸치고 있는 사람들은, 「まとう」는 착용동사로 쓰이면, [감다, 몸에 걸치다, 입다와 같이 다양한 의미를 나타내는데 본 절의 「衣(ころも)を身(み)にまとう」에서는 [옷을 몸에 걸치다]로 번역해 둔다.

이 부분을 타 번역본에서는 다음과 같이 표현하고 있다.

[例] 白(しろ)い衣(ころも)を着(き)ているこの人(ひと)たちは、[新改訳1970]
    (흰옷을 입고 있는 사람들은,)

これら白(しろ)い衣(ころも)を着(き)た人々(ひとびと)は[前田訳1978]
    (이들 흰옷을 입은 사람들은)

この白(しろ)い衣(ころも)を着(き)た者(もの)たちは、[新共同訳1987]
    (이 흰옷을 입은 사람들은,)

白(しろ)い上衣(うわぎ)を纏(まと)うたこの人達(ひとたち)は[塚本訳1963]
    (흰 상의를 걸친 이 사람들은)

この白(しろ)い衣(ころも)をまとっている人々(ひとびと)は[フランシスコ会訳1984]
    (이 흰옷을 걸친 사람들은)

これらの白衣(はくい)を身(み)にまとった者(もの)たちは[岩波翻訳委員会訳1995]
    (이들 흰옷을 몸에 걸친 사람들은)

227

> わたしは彼(かれ)に答(こた)えた、「[1]わたしの主(しゅ)よ、それはあなたがご存(ぞん)じです」。すると、彼(かれ)はわたしに言(い)った、「[2]彼(かれ)らは大(おお)きな患難(かんなん)を通(とお)ってきた人(ひと)たちであって、[3]その衣(ころも)を小羊(こひつじ)の血(ち)で洗(あら)い、それを白(しろ)くしたのである。[ヨハネの黙示録 7:14]
> (나는 그에게 대답했다. "장로님, 그것은 장로님께서 알고 계십니다." 그러자, 그는 내게 말했다, "그들은 큰 환난을 겪은 사람들로, 그 옷을 어린 양의 피로 빨아서 그것을 희게 한 것이다.) [7:14]

[1]「わたしの主(しゅ)よ、それはあなたがご存(ぞん)じです」。: "장로님, 그것은 장로님께서 알고 계십니다."

「わたしの主(しゅ)よ」의 「主(しゅ)」는 [7:13]에 나오는 장로들의 한 사람을 가리킨다.

「ご存(ぞん)じです」는 「知(し)っている」의 특정형 경어 「ご存(ぞん)じだ」의 정녕체로 レル형 경어 「知(し)っておられる」보다 경의도가 높다.

[例]そのとき、弟子(でし)たちが近寄(ちかよ)ってきてイエスに言(い)った、「パリサイ人(びと)たちが御言(みことば)を聞(き)いてつまずいたことを、ご存(ぞん)じですか」。[マタイによる福音書 15:12]
(그 때 제자들이 다가와서 예수께 말했다. "바리새파 사람들이 말씀을 듣고 좌절한 것을 알고 계십니까?") [마태복음 15:12]

彼(かれ)らが食事(しょくじ)を済(す)ませると、イエスはシモン・ペテロに言(い)われた、「ヨハネの子(こ)シモンよ、あなたはこの人(ひと)たちが愛(あい)する以上(いじょう)に、わたしを愛(あい)するか」。ペテロは言(い)った、「主(しゅ)よ、そうです。わたしがあなたを愛(あい)することは、あなたがご存(ぞん)じです」。イエスは彼(かれ)に「わたしの小羊(こひつじ)を養(やしな)いなさい」と言(い)われた。[ヨハネによる福音書 21:15]

(그들이 식사를 끝내자, 예수께서 시몬 베드로에게 말씀하셨다. "요한의 아들 시몬아, 너는 이 사람들이 사랑하는 것 이상으로 나를 사랑하느냐?" 베드로는 말했다. "주님, 그렇습니다. 내가 주님을 사랑하는 것은 주께서 알고 계십니다." 예수께서 그에게 "내 어린 양을 길러라." 라고 말씀하셨다.) [요한복음 21:15]

誘拐(ゆうかい)事件(じけん)のことは、何(なに)かご存(ぞん)じですか。
(「유괴 사건에 관해 무엇인가 알고 계십니까?」)

授業(じゅぎょう)するための英会話(えいかいわ)、例文集(れいぶんしゅう)というものを私(わたくし)どもが作(つく)っていますが、ご存(ぞん)じですか。
(수업하기 위한 영어회화, 예문집이라는 것을 저희가 만들고 있는데 아십니까?)

戦前(せんぜん)が間違(まちが)っていたということは、みなさんよくご存(ぞん)じです。
(제2차 세계대전 전이 잘못되었다고 하는 것은 여러분께서도 잘 알고 계십니다.)

さすが多(おお)くの著書(ちょしょ)を出(だ)されている先生(せんせい)だけあってよくご存(ぞん)じです。
(역시 많은 저서를 내시고 있는 선생님이니 만큼 잘 알고 계십니다.)

私(わたし)たちの地球(ちきゅう)は、太陽(たいよう)からエネルギーを受(う)け取(と)って暖(あたた)められていることは、皆(みな)さんご存(ぞん)じですよね。
(우리들 지구는 태양으로부터 에너지를 받아서, 따뜻해지고 있는 것은 여러분 잘 알고 계시지요, 그렇지요?)[43]

[2] 彼(かれ)らは大(おお)きな患難(かんなん)を通(とお)ってきた人(ひと)たちであって、: 그들은 큰 환난을 겪은 사람들로, [フランシスコ会聖書研究所(1984) 『新約聖書』サンパウロ. p.929 주(7-8)]에 의하면, 「大(おお)きな艱難(かんな

---

43) [ヨハネによる福音書 21:15]의 설명에서 인용.

ん)」(큰 환난)」・「大(おお)きな試練(しれん)」(큰 시련)은 당시의 역사적 사실인 네로 황제, 혹은 도미티아누스 황제의 큰 박해를 암시하고, 이 세상의 마지막에 앞서 일어나는 여러 가지 재앙(다니엘 12:1, 마태복음 24:21, 마가복음 13:19 참조)을 의미하고 있다고 한다.

[例]その時(とき)あなたの民(たみ)を守(まも)っている大(おお)いなる君(きみ)ミカエルが立(た)ちあがります。また国(くに)が始(はじ)まってから、その時(とき)にいたるまで、かつてなかったほどの悩(なや)みの時(とき)があるでしょう。しかし、その時(とき)あなたの民(たみ)は救(すく)われます。すなわちあの書(しょ)に名(な)をしるされた者(もの)は皆(みな)救(すく)われます。[ダニエル書 12:1]
(그 때에 너의 백성을 지키는 위대한 천사장 미가엘이 일어납니다. 그리고 나라가 생긴 이후 그 때에 이르기까지 여태껏 없었을 정도의 고민의 시기가 있을 것이다. 그러나 그 때 너의 백성은 구원을 받습니다. 즉 그 책에 이름이 적힌 사람들은 모두 구원을 받습니다.) [다니엘 12:1]

その時(とき)には、世(よ)の初(はじ)めから現在(げんざい)に至(いた)るまで、かつてなく今後(こんご)もないような大(おお)きな患難(かんなん)が起(おこ)るからである。[マタイによる福音書 24:21]
(그 때에는 세상 처음부터 현재에 이르기까지 여태껏 없고, 앞으로도 없을 큰 환난이 일어나기 때문이다.) [마태복음 24:21]

その日(ひ)には、神(かみ)が万物(ばんぶつ)を造(つく)られた創造(そうぞう)の初(はじ)めから現在(げんざい)に至(いた)るまで、かつてなく今後(こんご)もないような患難(かんなん)が起(おこ)るからである。[マルコによる福音書 13:19]
(그 날에는 하나님께서 만물을 만드신 창조 초기부터 현재에 이르기까지 여태껏 없고, 앞으로도 없을 환난이 일어나기 때문이다.) [마가복음 13:19]

그리고 미래의 순교자에게 주어지는 행복에 관한 묘사(7:15~7:17)는 그리스도 신자들이 죽음에 이르기까지 충실을 다하라고 격려하는 것(2:10 참조)을 목적으로 한 것이라고 한다.

[3]その衣(ころも)を小羊(こひつじ)の血(ち)で洗(あら)い、それを白(しろ)くしたのである。: 그 옷을 어린 양의 피로 빨아서 그것을 희게 한 것이다.

[フランシスコ会聖書研究所(1984)『新約聖書』サンパウロ. p.929 주(7-8)]에 따르면, 「子羊(こひつじ)の血(ち)で……白(しろ)くした」에 관해서는 [히브리서 9:7, 9:12~9:14], [요한1서 1:7~1:8]을 참조하라고 설명하고 있다.

[例]幕屋(まくや)の奥(おく)には大祭司(だいさいし)が年(ねん)に一度(いちど)だけはいるのであり、しかも自分(じぶん)自身(じしん)と民(たみ)とのあやまちのためにささげる血(ち)をたずさえないで行(ゆ)くことはない。[ヘブル人への手紙 9:7]

(장막 안쪽에는 대제사장만이 일 년에 한 번만 들어가는데, 게다가 자기 자신과 백성의 잘못을 위해 바치는 피를 가지지 않고는 가지 않는다.) [히브리서 9:7]

かつ、やぎと子牛(こうし)との血(ち)によらず、ご自身(じしん)の血(ち)によって、一度(いちど)だけ聖所(せいじょ)にはいられ、それによって永遠(えいえん)のあがないを全(まっと)うされたのである。[ヘブル人への手紙 9:12]

(또한 염소나 송아지의 피로써가 아니라 당신의 피로써, 오직 한 번 성소에 들어가셔서, 그것에 의해 영원한 대속을 이룩하여 하신 것이다.) [히브리서 9:12]

もし、やぎや雄牛(おうし)の血(ち)や雌牛(めうし)の灰(はい)が、汚(けが)れた人(ひと)たちの上(うえ)にまきかけられて、肉体(にくたい)をきよめ聖(せい)別(べつ)するとすれば、[ヘブル人への手紙 9:13]

(만일 염소나 황소의 피와 암소의 재가, 더러워진 사람들 위에 뿌려져서 육체를 깨끗하게 하고 성별한다고 하면,) [히브리서 9:13]

永遠(えいえん)の聖霊(せいれい)によって、ご自身(じしん)を傷(きず)なき

者(もの)として神(かみ)にささげられたキリストの血(ち)は、なおさら、わたしたちの良心(りょうしん)をきよめて死(し)んだわざを取(と)り除(のぞ)き、生(い)ける神(かみ)に仕(つか)える者(もの)としないであろうか。[ヘブル人への手紙 9:14]
(영원한 성령에 의해 당신을 흠 없는 사람으로 삼아, 하나님께 바친 그리스도의 피는 더욱더 우리의 양심을 깨끗하게 하여, 죽은 행위를 없애고, 살아 있는 하나님을 모시는 사람으로 삼지 않을까?) [히브리서 9:14]

しかし、神(かみ)が光(ひかり)の中(なか)にいますように、わたしたちも光(ひかり)の中(なか)を歩(ある)くならば、わたしたちは互(たがい)に交(まじ)わりをもち、そして、御子(みこ)イエスの血(ち)が、すべての罪(つみ)からわたしたちをきよめるのである。[ヨハネの第一の手紙 1:7]
(그러나 하나님께서 빛 가운데 계신 것과 같이, 우리도 빛 속을 걷는다면, 우리는 서로 교류를 가지고, 그리고 하나님의 아들 예수의 피가 모든 죄에서 우리를 깨끗하게 할 것이다.) [요한일서 1:7]

もし、罪(つみ)がないと言(い)うなら、それは自分(じぶん)を欺(あざむ)くことであって、真理(しんり)はわたしたちのうちにない。[ヨハネの第一の手紙 1:8]
(만일 죄가 없다고 말한다면, 그것은 자기를 속이는 것이고, 진리는 우리 속에 없는 것이 된다.) [요한일서 1:8]

それだから彼(かれ)らは、神(かみ)の御座(みざ)の前(まえ)におり、昼(ひる)も夜(よる)もその聖所(せいじょ)で神(かみ)に仕(つか)えているのである。[1]御座(みざ)にいますかたは、彼(かれ)らの上(うえ)に幕屋(まくや)を張(は)って[2]共(とも)に住(す)まわれるであろう。[ヨハネの黙示録 7:15]
(그래서 그들은 하나님의 보좌 앞에 있고, 밤낮으로 그 성전에서 하나님을 섬기고 있는 것이다. 보좌에 계신 분은 그들의 위에 장막을 치고 함께 사실 것이다.) [7:15]

[1] 御座(みざ)にいますかたは、彼(かれ)らの上(うえ)に幕屋(まくや)を張(は)って共(とも)に住(す)まわれるであろう。: 보좌에 계신 분은 그들의 위에 장막을 치고 함께 사실 것이다.

「幕屋(まくや)を張(は)る」(장막을 치다)의 「張(は)る」는 5단활용 타동사로서 「펴다, 뻗치다」「활짝 펴다, (펼)치다」에 상당하는 뜻을 나타낸다.

한편, [フランシスコ会聖書研究所(1984)『新約聖書』サンパウロ. p.929 주(7-9)]에 따르면, 「ともに住(す)まわれる」(함께 사시다)는 직역으로는 「그들 위에 장막을 치다」이고 이 비유적 표현은 [이사야 4:4~4:6]에 근거한다고 한다.

[例] そして主(しゅ)が審判(しんぱん)の霊(れい)と滅亡(めつぼう)の霊(れい)とをもって、シオンの娘(むすめ)らの汚(けが)れを洗(あら)い、エルサレムの血(ち)をその中(なか)から除(のぞ)き去(さ)られるとき、シオンに残(のこ)る者(もの)、エルサレムにとどまる者(もの)、すべてエルサレムにあって、生命(せいめい)の書(しょ)にしるされた者(もの)は聖(せい)なる者(もの)ととなえられる。[イザヤ書 4:4]

(그리고 주께서 심판의 영과 멸망의 영으로, 시온의 딸들의 부정을 씻고, 예루살렘의 피를 그 속에서 말끔히 없애버리실 때, 시온에 남은 사람들, 예루살렘에 머무는 사람들, 모두 예루살렘에 있고, 생명의 서에 기록된 사람들은 거룩한 사람으로 칭송된다.) [이사야 4:4]

その時(とき)、主(しゅ)はシオンの山(やま)のすべての場所(ばしょ)と、そのもろもろの集会(しゅうかい)との上(うえ)に、昼(ひる)は雲(くも)をつくり、夜(よる)は煙(けむり)と燃(も)える火(ひ)の輝(かがや)きとをつくられる。これはすべての栄光(えいこう)の上(うえ)にある天蓋(てんがい)であり、あずまやであって、[イザヤ書 4:5]

(그 때, 주께서는 시온 산의 모든 장소와 그 갖가지 집회 위에 낮에는 구름을 만들고, 밤에는 연기와 타오르는 불빛을 만드신다. 이것은 모든 영광 위에 있는 천개이며, 정자이고,) [이사야 4:5]

昼(ひる)は暑(あつ)さをふせぐ陰(かげ)となり、また暴風(ぼうふう)と雨(あめ)を避(さ)けて隠(かく)れる所(ところ)となる。[イザヤ書 4:6]
(낮에는 더위를 막는 그늘이 되고, 그리고 폭풍과 비를 피해 숨는 곳이 된다.) [이사야 4:6]

그럼 한국어 성경에서는 본 절이 어떻게 번역되어 있는지 살펴보자.

[例]「그러므로 그들이 하나님의 보좌 앞에 있고 또 그의 성전에서 밤낮 하나님을 섬기매 보좌에 앉으신 이가 그들 위에 장막을 치시리니」[개역개정 7:15]

「그러므로 그들이 하나님의 보좌 앞에 있고 또 그의 성전에서 밤낮 하나님을 섬기매 보좌에 앉으신 이가 그들 위에 장막을 치시리니」[개역한글 7:15]

「그러므로 그들은 하느님의 옥좌 앞에 있으며 하느님의 성전에서 밤낮으로 그분을 섬기는 것입니다. 그리고 옥좌에 앉으신 분이 그들을 가려주실 것입니다.」[공동번역 7:15]

「그러므로 그들은 하나님의 보좌 앞에 있고, 하나님의 성전에서 밤낮 그분을 섬기고 있습니다. 그리고 그 보좌에 앉으신 분께서 그들을 덮는 장막이 되어 주실 것입니다.」[표준새번역 7:15]

「그래서 그들이 하나님의 보좌 앞에 있고 그분의 성전에서 밤낮으로 그분을 섬기므로 보좌에 앉으신 이가 그들 위에 거하실 것입니다.」[우리말성경 7:15]

이 부분을 일본어 타 번역본에서는 다음과 같이 기술하고 있다.

[例]そして玉座(ぎょくざ)に坐(ざ)し給(たま)う者(もの)は、彼(かれ)らの上(うえ)に天幕(てんまく)を張(は) (って彼(かれ)らを護(まも)) り給(たま)うであろう。[塚本訳1963]
(그리고 옥좌에 앉으신 이는 그들의 위에 천막을 치고 그들을 지키실 것이다.)

そして、御座(みざ)に着(つ)いておられる方(かた)も、彼(かれ)らの上(うえ)

に幕屋(まくや)を張(は)られるのです。[新改訳1970]
(그리고 보좌에 앉아 계신 분도 그들의 위에 장막을 치실 것이다.)

そして王座(おうざ)に座(ざ)すものは彼(かれ)らと幕屋(まくや)を共(とも)にしたもう。[前田訳1978]
(그리고 왕좌에 앉아 있는 그들과 장막을 함께 하시다.)

玉座(ぎょくざ)におられるかたは、彼(かれ)らとともに住(す)む[44]。[フランシスコ会訳1984]
(옥좌에 계신 분은 그들과 함께 산다.)

玉座(ぎょくざ)に座(すわ)っておられる方(かた)が、／この者(もの)たちの上(うえ)に幕屋(まくや)を張(は)る。[新共同訳1987]
(옥좌에 앉아 계신 분이 / 이 사람들 위에 장막을 친다.)

そして、玉座(ぎょくざ)に座(すわ)っている方(かた)は彼(かれ)らを庇護(ひご)なさる。[岩波翻訳委員会訳1995]
(그리고 옥좌에 앉아 있는 분은 그들을 비호하시다.)

[2] 共(とも)に住(す)まわれるであろう。: 함께 사실 것이다.

「住(す)まわれる」는 「住(す)まう」의 レル형 경어로 여기에서는 〈神(かみ)〉를 높이기 위해 쓰인 것이다. 「すまう[すまふ]【住まう】」는 《동사「す(住)む」의 미연형(未然形)+반복 계속의 조동사「ふ」에서》만들어진 것으로 문어적 동사이다. 한국어의 「살고 있다, 계속 살다」에 상당하는 뜻을 나타낸다.

구어역 구약성서에서 「住(す)まわれる」의 예를 들면 다음과 같다.

[例] しかし神(かみ)は、はたして地上(ちじょう)に住(す)まわれるでしょうか。見(み)よ、天(てん)も、いと高(たか)き天(てん)もあなたをいれることはできません。ましてわたしの建(た)てたこの宮(みや)はなおさらです。[列王紀上8:27]

---

44) 「ともに住(す)む」는 직역하면 「그들 위에 장막을 치다」가 된다.

(그러나 하나님께서 과연 땅에 사실까요? 보아라! 하늘도, 가장 높은 하늘도 주님을 받아들일 수 없습니다. 하물며 제가 세운 이 성전은 어떻겠습니까?) [열왕기상 8:27]

ダビデは言った、「イスラエルの神(かみ)、主(しゅ)はその民(たみ)に平安(へいあん)を与(あた)え、ながくエルサレムに住(す)まわれる。[歴代志上 23:25]
(다윗이 말하였다. "이스라엘의 하나님, 주께서는 그의 백성에게 평안을 주시고, 오랫동안 예루살렘에 사신다.) [역대지상 23:25]

しかし神(かみ)は、はたして人(ひと)と共(とも)に地上(ちじょう)に住(す)まわれるでしょうか。見(み)よ、天(てん)も、いと高(たか)き天(てん)もあなたをいれることはできません。わたしの建(た)てたこの家(いえ)などなおさらです。[歴代志下 6:18]
(그러나 하나님께서 과연 사람과 함께 지상에 사실까요? 보아라! 하늘도, 가장 높은 하늘도 주님을 받아들일 수 없습니다. 제가 세운 이 집은 어떻겠습니까?) [역대지하 6:18]

シオンに住(す)まわれる主(しゅ)にむかってほめうたい、そのみわざをもろもろの民(たみ)のなかに宣(の)べ伝(つた)えよ。[詩篇 9:11]
(시온에 사시는 주님을 향해 찬양하고 싶다. 그 하신 일을 만민 속에 전파하라.) [시편 9:11]

主(しゅ)よ、わたしはあなたの住(す)まわれる家(いえ)と、あなたの栄光(えいこう)のとどまる所(ところ)とを愛(あい)します。[詩篇 26:8]
(주님, 나는 주께서 사시는 집과, 주의 영광이 머무르는 곳을 사랑합니다.) [시편 26:8]

あなたの光(ひかり)とまこととを送(おく)ってわたしを導(みちび)き、あなたの聖(せい)なる山(やま)と、あなたの住(す)まわれる所(ところ)に／わたしをいたらせてください。[詩篇 43:3]
(주의 빛과 진실함을 보내 나를 인도하고, 주의 거룩한 산과 주님이 계시는 곳에 / 나를 도달하게 해 주십시오.) [시편 43:3]

峰(みね)かさなるもろもろの山よ、何(なに)ゆえ神(かみ)がすまいにと望(のぞ)まれた山(やま)をねたみ見(み)るのか。まことに主(しゅ)はとこしえにそこに住(す)まわれる。[詩篇 68:16]
(봉우리들이 겹쳐 있는 온갖 산들아, 무엇 때문에 하나님께서 거처로 삼겠다고 바라시던 산을 질투하며 보는가? 정말 주께서는 영원토록 거기에 사신다.) [시편 68:16]

あなたはとりこを率(ひき)い、人々(ひとびと)のうちから、またそむく者(もの)のうちから／贈(おく)り物(もの)をうけて、高(たか)い山(やま)に登(のぼ)られた。主(しゅ)なる神(かみ)がそこに住(す)まわれるためである。[詩篇 68:18]
(주께서 포로들을 이끌고, 사람들 중에서 그리고 배반하는 사람 중에서 / 선물을 받고, 높은 산에 올라가셨다. 주님인 하나님께서 거기에 사시기 위해서이다.) [시편 68:18]

エルサレムに住(す)まわれる主(しゅ)は、シオンからほめたたえらるべきである。主(しゅ)をほめたたえよ。[詩篇 135:21]
(예루살렘에 사시는 주께는 시온으로부터 칭송받아야 한다. 주를 칭송하라.) [시편 135:21]

主(しゅ)は高(たか)くいらせられ、高(たか)い所(ところ)に住(す)まわれる。主(しゅ)はシオンに公平(こうへい)と正義(せいぎ)とを満(み)たされる。[イザヤ書 33:5]
(주님은 위대하시고, 높은 곳에 사신다. 주님은 시온에 공평과 정의를 충만하게 하신다.) [이사야 33:5]

わたしは彼(かれ)らに血(ち)の報復(ほうふく)をなし、とがある者(もの)をゆるさない。主(しゅ)はシオンに住(す)まわれる」。[ヨエル書 3:21]
(나는 그들에게 피의 보복을 하고, 허물이 있는 자를 용서하지 않는다. 주님은 시온에 계신다.) [요엘 3:21]

> [1]彼(かれ)らは、もはや飢(う)えることがなく、渇(かわ)くこともない。[2]太陽(たいよう)も炎暑(えんしょ)も、彼(かれ)らを侵(おか)すことはない。[ヨハネの黙示録 7:16]
> (그들은 더 이상 굶주리지 않고, 목마르지도 않는다. 태양도 염서도 그들을 침범하지 않는다.) [7:16]

본 절은 구약성서 [이사야 49:10]과 관련이 있다고 한다[45].

[例]彼(かれ)らは飢(う)えることがなく、かわくこともない。また熱(あつ)い風(かぜ)も、太陽(たいよう)も彼(かれ)らを撃(う)つことはない。彼(かれ)らをあわれむ者(もの)が彼(かれ)らを導(みちび)き、泉(いずみ)のほとりに彼(かれ)らを導(みちび)かれるからだ。[イザヤ書 49:10]
(그들은 굶주리지 않고, 목마르지도 않는다. 또 뜨거운 바람도, 태양도 그들을 치지 못한다. 그들을 불쌍히 여기는 이가 그들을 이끌고 샘물가에 그들을 이끌어 주시기 때문이다.)[이사야 49:10]

[1] 彼(かれ)らは、もはや飢(う)えることがなく、渇(かわ)くこともない。太陽(たいよう)も炎暑(えんしょ)も、彼(かれ)らを侵(おか)すことはない。: 그들은 이제 굶주리지 않고, 목마르지도 않는다. 태양도 염서도 그들을 침범하지 않는다.
「飢(う)えることがない」와「渇(かわ)くことがない」 그리고 후속의「侵(おか)すことがない」의「～ことがない」는 동사 연체형에 접속되어「～하는 일이 없다」의 뜻에서「～지 않다」와 같이 동사의 부정으로 쓰이고 있는 예이다.

그럼 이하, 각각의 예를 들면 다음과 같다.

---

45) [이사야 49:10] 참조. 이상은 フランシスコ会聖書研究所(1984)『新約聖書』サンパウロ. p.931 주(7 10)에 의함.

I. 「[飢(う)える]ことがなく、」の 예

[例] 女(おんな)はイエスに言(い)った、「主(しゅ)よ、わたしが渇(かわ)くことがなく、また、ここに汲(く)みに来(こ)なくてもよいように、その水(みず)をわたしに下(くだ)さい」。[ヨハネによる福音書 4:15]
(여자가 예수에게 말했다. "선생님, 제가 목마르지 않고, 또 여기에 물을 길러 오지 않아도 되게끔 그 물을 제게 주십시오.") [요한복음 4:15]

キリストの復活(ふっかつ)をあらかじめ知(し)って、『彼(かれ)は黄泉(よみ)に捨(す)て置(お)かれることがなく、またその肉体(にくたい)が朽(く)ち果(は)てることもない』と語(かた)ったのである。[使徒行伝 2:31]
(그리스도의 부활을 미리 알고, '그는 지옥에 방치되지 않고 또 그의 육체가 썩지도 않는다.'고 이야기했던 것이다.) [사도행전 2:31]

よくよくあなたがたに言(い)っておく。わたしの言葉(ことば)を聞(き)いて、わたしを遣(つか)わされた方(かた)を信(しん)じる者(もの)は、永遠(えいえん)の命(いのち)を受(う)け、また裁(さば)かれることがなく、死(し)から命(いのち)に移(うつ)っているのである。[ヨハネによる福音書 5:24]
(분명히 말해 두겠다. 내 말을 듣고 나를 보내신 분을 믿는 사람은 영원한 생명을 받고 또한 심판받지 않고 죽음에서 생명으로 옮겨진다.) [요한복음 5:24]

II. 「[渇(かわ)く]こともない。」の 예

[例] 彼(かれ)が正義(せいぎ)に勝(か)ちを得(え)させる時(とき)まで、いためられた葦(あし)を折(お)ることがなく、煙(けむ)っている燈心(とうしん)を消(け)すこともない。[マタイによる福音書 12:20]
(그가 정의에 승리를 얻게 할 때까지, 상한 갈대를 꺾지 않고, 연기가 나는 심지를 끄지도 않는다.) [마태복음 12:20]

木(き)はそれぞれ、その実(み)でわかる。いばらからいちじくを取(と)ること

はないし、野(の)ばらからぶどうを摘(つ)むこともない。[ルカによる福音書 6:44]
(나무는 각각 그 열매를 보면 안다. 가시나무에서 무화과를 따지는 못하고, 가시덤불에서 포도를 따지도 못한다.) [누가복음 6:44]

道(みち)ばたに落(お)ちたのは、聞(き)いたのち、信(しん)じることも救(す)われることもないように、悪魔(あくま)によってその心(こころ)から御言(みことば)が奪(うば)い取(と)られる人(ひと)たちのことである。[ルカによる福音書 8:12]
(길가에 떨어진 것은, 말씀을 들은 후, 믿지도 못하고 구원도 받지 못하도록 악마에 의해 그 마음에서 말씀을 빼앗기는 사람들을 의미한다.) [누가복음 8:12]

キリストの復活(ふっかつ)をあらかじめ知(し)って、『彼(かれ)は黄泉(よみ)に捨(す)ておかれることがなく、またその肉体(にくたい)が朽(く)ち果(は)てることもない』と語(かた)ったのである。[使徒行伝 2:31]
(그리스도의 부활을 미리 알고, '그(그리스도)는 지옥에 버림을 당하지 않고, 또 그의 육체가 썩지도 않는다.' 라고 이야기하였다.) [사도행전 2:31]

III. 「[侵(おか)す]ことはない」의 예

[例]雨(あめ)が降(ふ)り、洪水(こうずい)が押(お)し寄(よ)せ、風(かぜ)が吹(ふ)いてその家(いえ)に打(う)ちつけても、倒(たお)れることはない。岩(いわ)を土台(どだい)としているからである。[マタイによる福音書 7:25]
(비가 내리고, 홍수가 밀려오고, 바람이 불어서, 그 집에 부딪쳐도, 무너지지는 않는다. 바위를 토대로 하고 있기 때문이다.) [마태복음 7:25]

二羽(にわ)のすずめは一(いち)アサリオンで売(う)られているではないか。しかもあなたがたの父(ちち)の許(ゆる)しがなければ、その一羽(いちわ)も地(ち)に落(お)ちることはない。[マタイによる福音書 10:29]
(참새 두 마리는 앗사리온 동전 한 개에 팔리고 있지 않느냐? 게다가 너희 아버지

께서 허락하지 않으시면, 그 한 마리도 땅에 떨어지지는 않는다.) [마태복음 10:29]

わたしの弟子(でし)であるという名(な)のゆえに、この小(ちい)さい者(もの)のひとりに冷(つめ)たい水(みず)一杯(いっぱい)でも飲(の)ませてくれる者(もの)は、よく言(い)っておくが、決(けっ)してその報(むく)いからもれることはない」。[マタイによる福音書 10:42]

(내 제자라는 이름 때문에 이 작은 사람 중의 한 사람에게 냉수 한 그릇이라도 마시게 해 주는 사람은, 분명히 말해 두지만 결코 그 보상에서 빠지지는 않는다.") [마태복음 10:42]

口(くち)にはいるものは人(ひと)を汚(けが)すことはない。かえって、口(くち)から出(で)るものが人(ひと)を汚(けが)すのである」。[マタイによる福音書 15:11]

(입에 들어가는 것은 사람을 더럽히지는 않는다. 오히려 입에서 나오는 것이 사람을 더럽히는 것이다.") [마태복음 15:11]

そこで、わたしもあなたに言(い)う。あなたはペテロである。そして、わたしはこの岩(いわ)の上(うえ)にわたしの教会(きょうかい)を建(た)てよう。黄泉(よみ)の力(ちから)もそれに打(う)ち勝(か)つことはない。[マタイによる福音書 16:18]

(그래서 나도 너에게 말한다. 너는 베드로다. 그리고 나는 이 바위 위에 내 교회를 세우겠다. 황천의 힘도 그것에 싸워 이기지는 못한다.) [마태복음 16:18]

[2] 太陽(たいよう)も炎暑(えんしょ)も、彼(かれ)らを侵(おか)すことはない : 태양도 염서도 그들을 침범하지 않는다.

「侵(おか)す」는 한국어의 「침범하다, 침해하다」에 상당하는 뜻을 나타내는 동사인데, 구어역 성서에서 예를 들면 다음과 같다.

[例]わたしは国々(くにぐに)の民(たみ)をあなたの前(まえ)から追(お)い払(はら)って、あなたの境(さかい)を広(ひろ)くするであろう。あなたが年(ねん)に三度(さんど)のぼって、あなたの神(かみ)、主(しゅ)の前(まえ)に出(で)る

時(とき)には、だれもあなたの国(くに)を侵(おか)すことはないであろう。
[出エジプト記 34:24]
(나는 여러 나라의 백성을 너희 앞에서 쫓아내고, 너희의 영토를 넓히게 할 것이다. 너희가 한 해에 세 번, 너희의 하나님, 주 앞에 나올 때에는, 아무도 너희의 땅을 침범하지는 않을 것이다.) [출애굽기 34:24]

이 부분에 대해 타 번역본에서는 다음과 같이 기술하고 있다.

[例] 太陽(たいよう)も、どんな熱風(ねっぷう)も、彼(かれ)らを侵(おか)さない。
[前田訳1978]
(태양도 어떤 열풍도 그들을 침범하지 않는다.)

太陽(たいよう)もどんな炎熱(えんねつ)も彼(かれ)らを打(う)つことはありません。[新改訳1970]
(태양도 어떤 염열(염서)도 그들을 치지는 않습니다.)

太陽(たいよう)も熱風(ねっぷう)も、彼(かれ)らをそこなうことはない。[フランシスコ会訳1984]
(태양도 열풍도 그들을 해치지는 않는다.)

太陽(たいよう)も如何(いか)な暑(あつ)さも (最早(もはや)) 彼(かれ)らを襲(おそ)わないであろう。[塚本訳1963]
(태양도 어떤 더위도 (더 이상) 그들을 습격하지 않을 것이다.)

太陽(たいよう)も、どのような暑(あつ)さも、／彼(かれ)らを襲(おそ)うことはない。[新共同訳1987]
(태양도 어떤 더위도 /그들을 습격하지는 않는다.)

また太陽(たいよう)も、あるいはいかなる暑(あつ)さも、もはや彼(かれ)らを襲(おそ)うことはない。[岩波翻訳委員会訳1995]
(그리고 태양도 혹은 어떤 더위도 더 이상 그들을 습격하지는 않는다.)

御座(みざ)の正面(しょうめん)にいます小羊(こひつじ)は彼(かれ)らの牧者(ぼくしゃ)となって、[1]いのちの水(みず)の泉(いずみ)に導(みちび)いて下(くだ)さるであろう。また[2]神(かみ)は、彼(かれ)らの目(め)から涙(なみだ)をことごとくぬぐいとって下(くだ)さるであろう」。[ヨハネの黙示録 7:17]
(보좌 정면에 계신 어린 양은 그들의 목자가 되어 생명의 물의 샘으로 이끌어 주실 것이다. 그리고 하나님께서는 그들 눈에서 눈물을 모두 닦아 주실 것입니다.) [7:17]

[フランシスコ会聖書研究所(1984)『新約聖書』サンパウロ. p.931 주(7-11)]의 설명에 기초하여, 본 절과 관계있는 성구를 들면 다음과 같다.

[例] 主(しゅ)はわたしの牧者(ぼくしゃ)であって、わたしには乏(とぼ)しいことがない。[詩篇 23:1]
(주께서는 내 목자이니 내게는 부족한 것이 없다.)[시편 23:1]

主(しゅ)はわたしを緑(みどり)の牧場(まきば)に伏(ふ)させ、いこいのみぎわに伴(ともな)われる。[詩篇 23:2]
(주께서는 나를 푸른 목장에 엎드리게 하고 휴식의 물가로 함께 가신다.) [시편 23:2]

主(しゅ)はとこしえに死(し)を滅(ほろ)ぼし、主(しゅ)なる神はすべての顔(かお)から涙(なみだ)をぬぐい、その民(たみ)のはずかしめを全地(ぜんち)の上(うえ)から除(のぞ)かれる。これは主(しゅ)の語(かた)られたことである。[イザヤ書 25:8]
(주께서는 영원히 죽음을 멸하고, 주인 하나님께서 모든 얼굴에서 눈물을 닦아 주고, 그의 백성의 수치스러움을 땅 위에서 없애 주신다. 이것은 주께서 하신 말씀이다.) [이사야 25:8]

彼(かれ)らは飢(う)えることがなく、かわくこともない。また熱(あつ)い風(かぜ)も、太陽(たいよう)も彼(かれ)らを撃(う)つことはない。彼(かれ)らを

あわれむ者(もの)が彼(かれ)らを導(みちび)き、泉(いずみ)のほとりに彼(かれ)らを導(みちび)かれるからだ。[イザヤ書 49:10]
(그들은 굶지 않고, 목마르지도 않는다. 그리고 더운 바람도 태양도 그들을 쏘지는 않는다. 그들을 불쌍히 여기는 이가 그들을 이끌고, 샘 주위에 그들을 이끌어 주시기 때문이다.) [이사야 49:10]

あなたがナイルの水(みず)を飲(の)もうとして、エジプトへ行(い)くのは何(なん)のためか。またユフラテの水(みず)を飲(の)もうとして、アッスリヤへ行(い)くのは何(なに)のためか。[エレミヤ書 2:18]
(네가 시홀 강의 물을 마시려고 이집트로 가는 것은 무슨 까닭이냐? 그리고 유프라테스 강의 물을 마시려고 앗시리아로 가는 것은 무슨 연유이냐?) [예레미야 2:18]

わたしは彼(かれ)らの上(うえ)にひとりの牧者(ぼくしゃ)を立(た)てる。すなわちわがしもべダビデである。彼(かれ)は彼(かれ)らを養(やしな)う。彼(かれ)は彼(かれ)らを養(やしな)い、彼(かれ)らの牧者(ぼくしゃ)となる。[エゼキエル書 34:23]
(내가 그들 위에 목자를 한 사람 세운다. 즉 내 종 다윗이다. 그가 그들을 키운다. 그는 그들을 키우고 그들의 목자가 된다.) [에스겔 34:23]

イエスは答(こた)えて言(い)われた、「もしあなたが神(かみ)の賜物(たまもの)のことを知(し)り、また、『水(みず)を飲(の)ませてくれ』と言(い)った者(もの)が、だれであるか知(し)っていたならば、あなたの方(ほう)から願(ねが)い出(で)て、その人(ひと)から生(い)ける水(みず)をもらったことであろう」。[ヨハネによる福音書 4:10]
(예수께서 대답하여 말씀하셨다. "만일 네가 하나님의 은사에 관한 것을 알고 또한 '물을 달라'고 하는 사람이 누구인지를 알고 있었더라면, 네 쪽에서 청해서 그에게서 생명의 물을 받았을 것이다.") [요한복음 4:10]

女(おんな)はイエスに言(い)った、「主(しゅ)よ、あなたは、汲(く)む物(もの)をお持(も)ちにならず、その上(うえ)、井戸(いど)は深(ふか)いのです。その生(い)ける水(みず)を、どこから手(て)に入(い)れるのですか。[ヨハネによる福

音書 4:11]
(여자는 예수에게 말했다. "선생님, 선생님은 물을 풀 것을 가지고 계시지 않고, 게다가 우물은 깊습니다. 그 생명의 물을 어디에서 구하겠습니까?") [요한복음 4:11]

あなたは、この井戸(いど)を下(くだ)さったわたしたちの父(ちち)ヤコブよりも、偉(えら)いかたなのですか。ヤコブ自身(じしん)も飲(の)み、その子(こ)らも、その家畜(かちく)も、この井戸(いど)から飲(の)んだのですが」。[ヨハネによる福音書 4:12]
(선생님은 이 우물을 주신 우리 선조인 야곱보다도 위대한 분입니까? 야곱 자신도 마시고, 그 자녀들도, 그 가축도 이 우물을 마셨습니다만.) [요한복음 4:12]

イエスは女(おんな)に答(こた)えて言(い)われた、「この水(みず)を飲(の)む者(もの)はだれでも、また渇(かわ)くであろう。[ヨハネによる福音書 4:13]
(예수께서 여자에게 대답하여 말씀하셨다. "이 물을 마시는 사람은 누구든지 다시 목마를 것이다.) [요한복음 4:13]

しかし、わたしが与(あた)える水(みず)を飲(の)む者(もの)は、いつまでも、渇(かわ)くことがないばかりか、わたしが与(あた)える水(みず)は、その人(ひと)のうちで泉(いずみ)となり、永遠(えいえん)の命(いのち)に至(いた)る水(みず)が、]わき上(あ)がるであろう」。[ヨハネによる福音書 4:14]
(그러나 내가 주는 물을 마시는 사람은 언제까지나 목마르지 않을 뿐만 아니라, 내가 주는 물은 그 사람 안에서 샘물이 되어, 영생에 이르는 물이 펑펑 솟아날 것이다.") [요한복음 4:14]

祭(まつり)の終(おわ)りの大事(だいじ)な日(ひ)に、イエスは立(た)って、叫(さけ)んで言(い)われた、「だれでも渇(かわ)く者(もの)は、わたしのところに来(き)て飲(の)むがよい。[ヨハネによる福音書 7:37]
(명절의 중요한 날인 마지막 날에 예수께서 일어나서 큰소리로 말씀하셨다. "누구든지 목마른 사람은 내게로 와서 마셔라.") [요한복음 7:37]

わたしはよい羊飼(ひつじかい)である。よい羊飼(ひつじかい)は、羊(ひつじ)

のために命(いのち)を捨(す)てる。[ヨハネによる福音書 10:11]
(나는 선한 목자이다. 선한 목자는 양을 위해 목숨을 버린다.) [요한복음 10:11]

わたしはよい羊飼(ひつじかい)であって、わたしの羊(ひつじ)を知(し)り、わたしの羊(ひつじ)はまた、わたしを知(し)っている。[ヨハネによる福音書 10:14]
(나는 선한 목자이어서 내 양을 알고, 내 양들도 또한 나를 안다.) [요한복음 10:14]

[1] いのちの水(みず)の泉(いずみ)に導(みちび)いて下(くだ)さるであろう。: 생명의 물의 샘으로 이끌어 주실 것이다.

「導(みちび)いて下(くだ)さる」는 「導(みちび)く」에 수수표현 「~てくれる」의 존경 표현인 「~てくださる」가 접속된 것이다. 그리고 후속의 「ぬぐいとって下(くだ)さる」도 「ぬぐいとる」에 「~てくださる」가 접속되어 〈神(かみ)〉를 높이는 데에 사용되고 있다.

「~てくださる」의 예를 들면 다음과 같다.

[例] また立(た)って祈(いの)るとき、だれかに対(たい)して、何(なに)か恨(うら)み事(ごと)があるならば、許(ゆる)してやりなさい。そうすれば、天(てん)にいますあなたがたの父(ちち)も、あなたがたの過(あやま)ちを、許(ゆる)してくださるであろう。[マルコによる福音書 11:25]
(또 서서 기도할 때 누군가에 대해 무엇인가 원망할 일이 있다고 한다면, 용서해 주어라. 그렇게 하면 하늘에 계신 너희 아버지께서도 너희의 잘못을 용서해 주실 것이다.) [마가복음 11:25]

それは、あなたのする施(ほどこ)しが隠(かく)れているためである。すると、隠(かく)れた事(こと)を見(み)ておられるあなたの父(ちち)は、報(むく)いてくださるであろう。[マタイによる福音書 6:4]
(그것은 네가 하는 자선이 감추어져 있기 위해서이다. 그러면 감추어진 일을 보고 계시는 네 아버지께서 갚아 주실 것이다.) [마태복음 6:4]

あなたは祈(いの)る時(とき)、自分(じぶん)の部屋(へや)に入(はい)り、戸(と)を閉(と)じて、隠(かく)れた所(ところ)においでになるあなたの父(ちち)に祈(いの)りなさい。すると、隠(かく)れた事(こと)を見(み)ておられるあなたの父(ちち)は、報(むく)いてくださるであろう。[マタイによる福音書 6:6]
(너는 기도할 때, 자기 방에 들어가 문을 닫고, 숨은 곳에 계시는 네 아버지께 기도해라. 그러면 감추어진 일을 보고 계시는 네 아버지께서 갚아 주실 것이다.) [마태복음 6:6]

あなたがたに言(い)っておくが、神(かみ)はすみやかにさばいてくださるであろう。しかし、人(ひと)の子(こ)が来(く)るとき、地上(ちじょう)に信仰(しんこう)が見(み)られるであろうか」。[ルカによる福音書 18:8]
(너희에게 말해 두지만, 하나님께서는 신속하게 심판해 주실 것이다. 그러나 인자가 올 때, 지상에 믿음을 찾아볼 수 있을까?) [누가복음 18:8]

もし、イエスを死人(しにん)の中(なか)から蘇(よみがえ)らせた方(かた)の御霊(みたま)が、あなたがたの内(うち)に宿(やど)っているなら、キリスト・イエスを死人(しにん)の中(なか)から蘇(よみがえ)らせた方(かた)は、あなたがたの内(うち)に宿(やど)っている御霊(みたま)によって、あなたがたの死(し)ぬべき体(からだ)をも、生(い)かしてくださるであろう。 [ローマ人への手紙 8:11]
(만일 예수를 죽은 자 가운데에서 살아나게 한 분의 영이 너희 안에 살고 있다면, 그리스도 예수를 죽은 자 가운데에서 살아나게 한 분이, 너희 안에 살고 있는 영에 의해 너희의 죽을 몸도 살아나게 해 주실 것이다.) [로마서 8:11]

アブラハムは言(い)った、「子(こ)よ、神(かみ)みずから燔祭(はんさい)の小羊(こひつじ)を備(そな)えてくださるであろう」。こうしてふたりは一緒(いっしょ)に行(い)った。[創世記 22:8]
(아브라함이 말했다, "내 아들아, 하나님께서 친히 번제로 드릴 어린 양을 준비하실 것이다." 이렇게 두 사람은 함께 갔다.) [창세기 22:8]

バラムはバラクに言(い)った、「あなたは燔祭(はんさい)のかたわらに立(

た)っていてください。その間(あいだ)にわたしは行(い)ってきます。主(しゅ)はたぶんわたしに会(あ)ってくださるでしょう。そして、主(しゅ)がわたしに示(しめ)される事(こと)はなんでもあなたに告(つ)げましょう」。こうして彼(かれ)は一(ひと)つのはげ山(やま)に登(のぼ)った。[民数記 23:3]
발람이 발락에게 말했다. "당신은 번제 옆에 서 있으십시오. 그 동안, 저는 갔다 오겠습니다. 주께서 아마 저를 만나 주실 것입니다. 그리고 주께서 제게 보여 주시는 일은 무엇이든지 당신께 말씀드리겠습니다." 이렇게 하고 그는 민둥산에 올랐다.) [민수기 23:3]

[2] 神(かみ)は、彼(かれ)らの目(め)から涙(なみだ)をことごとくぬぐいとって下(くだ)さるであろう」。: 하나님께서는 그들의 눈물을 모두 닦아 주실 것입니다. 「拭(ぬぐ)い取(と)る」는 「拭(ぬぐ)う」의 연용형에 「~取(と)る」가 결합한 복합동사로 한국어의 「닦아 내다, 닦아 없애다, 불식시키다」에 상당하는 뜻을 나타낸다.

[例]丁寧(ていねい)な説明(せつめい)で家(いえ)を購入(こうにゅう)する不安(ふあん)を拭(ぬぐ)いとってくれた。
(친절한 설명으로 집을 구입하는 불안을 불식시켜 주었다.)

掃除(そうじ)を効率(こうりつ)よく行(おこ)なえるだけでなく、「いざとなれば手伝(てつだ)ってくれる誰(だれ)か」がいるという心強(こころづよ)さは、日々(ひび)の漠然(ばくぜん)とした不安(ふあん)をぬぐいとってくれるのではないでしょうか。
(청소를 효율적으로 행할 수 있을 뿐만 아니라,「여차하면 도와줄 누군가?」가 있다고 하는 든든한 마음은 나날의 막연한 불안을 불식시켜 주지 않을까요?)

본 절의 이 부분에 대해 타 번역본에서는 다음과 같이 기술하고 있다.

[例]神(かみ)は彼(かれ)らの目(め)の涙(なみだ)をすっかりぬぐい取(と)ってくださるのです。[新改訳1970]
(하나님께서 그들 눈의 눈물을 깨끗하게 모두 닦아 줄 것입니다.)

神(かみ)は彼(かれ)らの目(め)から悉(ことごと)く涙(なみだ)を拭(ぬぐ)い去(さ)り給(たま)うからである。[塚本訳1963]
(하나님께시 그들 눈에서 모두 눈물을 닦아 없애 주시기 때문입니나.)

神(かみ)は彼(かれ)らの目(め)から[流(なが)れる]涙(なみだ)を一滴(いってき)残(のこ)らず拭(ぬぐ)い去(さ)って下(くだ)さるのだから」。[岩波翻訳委員会訳1995]
(하나님께서 그들 눈에서 [흐르는] 눈물을 한 방울 남김없이 닦아 주실 것입니다.")

神(かみ)は彼(かれ)らの目(め)からすべての涙(なみだ)を拭(ぬぐ)われよう」と。[前田訳1978]
(하나님께서 그들 눈에서 모든 눈물을 닦아 주실 것이다."라고.)

神(かみ)は、彼(かれ)の目(め)から涙(なみだ)をことごとくぬぐわれる。[フランシスコ会訳1984]
(하나님께서 그들 눈에서 눈물을 모두 닦아 주신다.)

神(かみ)が彼(かれ)らの目(め)から涙(なみだ)をことごとく／ぬぐわれるからである。[新共同訳1987]
(하나님께서 그들 눈에서 눈물을 모두 / 닦아 주시기 때문이다.)

그리고 「ことごとく[悉く・尽く]」는 「많은 사항이 예외 없이 일치하는 모양」을 나타내는 부사인데 한국어의 「전부, 모두, 죄다」에 해당하고, 유의어로는 「すべて[모두], 全部(ぜんぶ)[전부], 残(のこ)らず[남김없이]」 등이 있다. 「ことごとく」로 사용되고 있는 한자는 「悉く」, 「尽く」, 「盡く」, 「咸く」, 「畢く」와 같이 5개인데, 이 중에서 사전에 실려 있는 것은 「悉く・尽く」와 같이 2개이다.

[例]そこで、彼(かれ)は立(た)ち去(さ)り、そして自分(じぶん)にイエスがしてくださったことを、ことごとくデカポリスの地方(ちほう)に言(い)い広(ひろ)め出(だ)したので、人々(ひとびと)はみな驚(おどろ)き怪(あや)しんだ。[マルコによる福音書 5:20]
(그러자 그는 떠나가서, 그리고 예수께서 자기에게 해 주신 일을 죄다 데가볼리 지방에 말을 퍼뜨리기 시작했기 때문에 사람들은 놀라며 의아해했다.) [마가복음 5:20]

「わたしたちにお話(はな)しください。いつ、そんなことが起(お)るのでしょうか。またそんなことがことごとく成就(じょうじゅ)するような場合(ばあい)には、どんな前兆(ぜんちょう)がありますか」。[マルコによる福音書 13:4]
("저희에게 말씀해 주십시오. 언제 그런 일이 일어날까요? 또 그런 일이 모두 성취되는 그런 경우에는 어떤 전조가 있습니까?") [마가복음 13:4]

よく聞(き)いておきなさい。これらの事(こと)が、ことごとく起(お)るまでは、この時代(じだい)は]滅(ほろ)びることがない。[マルコによる福音書 13:30]
(잘 들어 두어라. 이 일들이 모두 일어날 때까지는 이 시대는 멸망하지 않는다.) [마가복음 13:30]

これらのものはみな、異邦人(いほうじん)が切(せつ)に求(もと)めているものである。あなたがたの天(てん)の父(ちち)は、これらのものが、ことごとくあなたがたに必要(ひつよう)であることをご存(ぞん)じである。[マタイによる福音書 6:32]
(이러한 것들을 모두 이방인들이 절실히 구하는 것이다. 너희 하늘에 계신 아버지께서는 이런 것들이 죄다 너희에게 필요한 것을 아신다.) [마태복음 6:32]

ガリラヤに着(つ)かれると、ガリラヤの人(ひと)たちはイエスを歓迎(かんげい)した。それは、彼(かれ)らも祭(まつり)に行(い)っていたので、その祭(まつり)の時(とき)、イエスがエルサレムでなされたことをことごとく見(み)

ていたからである。[ヨハネによる福音書 4:45]
(갈릴리에 도착하시자, 갈릴리 사람들은 예수를 환영했다. 그것은 그들도 축제에 갔었기 때문에 그 축제 때, 예수께서 예루살렘에서 행하신 것을 모두 보았기 때문이다.) [요한복음 4:45]

わたしの父(ちち)のみこころは、子(こ)を見(み)て信(しん)じる者(もの)が、ことごとく永遠(えいえん)の命(いのち)を得(え)ることなのである。そして、わたしはその人々(ひとびと)を終(おわ)りの日(ひ)に蘇(よみがえ)らせるであろう」。[ヨハネによる福音書 6:40]
(내 아버지의 뜻은 아들을 보고 믿는 사람이 모두 영원한 생명을 얻는 것이다. 그리고 나는 그 사람들을 마지막 날에 살아나게 할 것이다.") [요한복음 6:40]

しかし、助(たす)け主(ぬし)、すなわち、父(ちち)がわたしの名(な)によって遣(つか)わされる聖霊(せいれい)は、あなたがたにすべてのことを教(おし)え、またわたしが話(はな)しておいたことを、ことごとく思(おも)い起(おこ)させるであろう。[ヨハネによる福音書 14:26]
(그러나 보혜사, 즉 아버지께서 내 이름에 의해 보내실 성령은 너희에게 모든 것을 가르치고, 또 내가 이야기해 둔 것을 모두 생각나게 할 것이다.) [요한복음 14:26]

しかしイエスは、自分(じぶん)の身(み)に起(お)ころうとすることをことごとく承知(しょうち)しておられ、進(すす)み出(で)て彼(かれ)らに言(い)われた、「だれを捜(さが)しているのか」。[ヨハネによる福音書 18:4]
(그러나 예수께서는 자기 몸에 일어나려고 하는 것을 모두 알고 계셔 앞으로 나아가, 그들에게 말씀하셨다. "누구를 찾고 있느냐?") [요한복음 18:4]

お選(えら)びになった使徒(しと)たちに、聖霊(せいれい)によって命(めい)じたのち、天(てん)に上(あ)げられた日(ひ)までのことを、ことごとく記(しる)した。[使徒行伝 1:2]
(택하신 사도들에게 성령으로 명한 후, 하늘에 올라간 날까지의 일을 모두 기록했다.) [사도행전 1:2]

[참고] 「ことごとく」는 다음과 같이 바람직하지 않은 것에 관해 사용하는 경우도 있다.

[例] 斧(おの)がすでに木(き)の根(ね)もとに置(お)かれている。だから、良(よ)い実(み)を結(むす)ばない木(き)はことごとく切(き)られて、火(ひ)の中(なか)に投(な)げ込(こ)まれるのだ」。[ルカによる福音書 3:9]
(도끼가 이미 나무뿌리에 놓여 있다. 그러므로 좋은 열매를 맺지 않는 나무는 모두 찍혀서, 불 속에 던져진다.") [누가복음 3:9]

すべての人(ひと)は迷(まよ)い出(で)て、ことごとく無益(むえき)なものになっている。善(ぜん)を行(おこな)う者(もの)はいない、一人(ひとり)もいない。[ローマ人への手紙 3:12]
(모든 사람이 곁길로 빠져, 죄다 무익한 것이 되었다. 선을 행하는 사람은 없다. 한 사람도 없다.) [로마서 3:12]

見(み)るもの聞(き)くものことごとくが珍(めずら)しい。
(보는 것 듣는 것 죄다 신기하다.)

軍事(ぐんじ)政権(せいけん)はこれらをことごとく黙殺(もくさつ)した。
(군사 정권은 이것들을 죄다 묵살했다.)

そのため笠間(かさま)らはことごとく目的(もくてき)を果(は)たさず憤死(ふんし)した。
(그 때문에 가사마 등은 모두 목적을 달성하지 못하고 분사했다.)

記憶(きおく)はことごとく捏造(ねつぞう)されたもので、時間(じかん)は直線(ちょくせん)に流(なが)れてはいない。
(기억은 모두 날조된 것으로 시간은 직선으로 흐르지는 않는다.)

이상의 예를 검토한 결과, 「ことごとく」는 중립적 의미를 지닌 부사로 해석히는 것이 타당하다.

索 引

■ 한국어

【가】
경어동사　52
계조사　105
그 후　18
그랬더니　22
그러면　21

【다】
動詞＋切(き)れる・切(き)れない　217

【마】
몸에 걸치다　29
문맥지시 용법　198
문어 조동사　62

【바】
복합동사　50, 133

【사】
수수표현　23
시간부사　193
12장로　29

【아】
연어(連語；れんご)　202
연어　49
연용 수식　38
연용 중지법　52
연체 수식　37
연체형　26

위치명사　39
유생명사　73
유의어　39
음변화(音変化)　121
이연형(已然形)　171
인대명사(人代名詞)　81

【자】
자발동사　103
자타 양용동사　54
전항동사　135
전화(轉化)　122
조동사　23
지시 부사　21
지시대명사　81

【차】
착용동사　226
처음 소리　21

【하】
하늘이 열리다　20
형용사적 동사　36
후속명사　26
후항동사　50, 135

■ 일본어

【あ】
あかし(証)を立(た)てる　153
～合(あ)う　133

青(あお)ざめる　146
青白(あおじろ)い　146
贖(あがな)う　94
新(あたら)しい歌(うた)　91
言(い)い渡(わた)される　161
怒(いか)り　175
生(い)ける神(かみ)　202
生(い)きておられる　53
生(い)き物(もの)　145
一面(いちめん)に　41
います【在す・坐す】　26
いらっしゃる　26
印(いん)を押(お)される　213
印(いん)を押(お)してしまう　210
飢(う)えることがない　237
受(う)ける　63
受(う)け取(と)る　86
奪(うば)い取(と)る　137
おいでになる　26
雄牛(おうし)　44
大(おお)きな艱難(かんなん)　229
おおいなる【大いなる】　185
大勢(おおぜい)　220
侵(おか)す　240
侵(おか)すことがない　237
おのおの　88
思(おも)われる　141

【か】
かくまる　176
かぜをひく　212
かた　26
かぶらせる(씌우다)　32
神(かみ)　53
渇(かわ)くことがない　237

感謝(かんしゃ)をささげる　57
カ行変格活用　122
消(き)えていく　169
帰(き)する　54
来(き)たる　121
黒(くろ)　139
獣(けもの)ら　150
声(こえ)が上(あ)がる　101
~こそ　105
~ことができようか　194
ことごとく[悉く・尽く]　248
この後(のち)　198
ご存(ぞん)じです　227
小羊(こひつじ)　81
衣(ころも)を身(み)にまとう　226

【さ】
ささげる[捧げる]　57
死(し)　147
しし[獅子]　43
四方(しほう)の風(かぜ)　199
知(し)らせる　177
主(しゅ)なる　62
しゅろ[棕櫚・棕梠]　222
救(すく)い　223
進(すす)み出(で)て　84
すでに+과거　193
住(す)まわれる　234
全面(ぜんめん)　164
聖(せい)なるかな　51
そうしたら　21
そこなう[損なう]　143
その後(のち)　18
そば[側・傍]　39

【た】
夕형 36
絶(た)え間(ま)なく 50
たくさん 220
立琴(たてごと) 89
~たまう 27
~だけ 38
近(ちか)く 40
造(つく)られる 64
テ형 31
天(てん)が開(ひら)ける 20
~てあげる 23
~てくださる 245
~てくれ 177
~てしまう 210
~であります 92
デナリオン 142
解(と)く 121
唱(とな)える 111
富(と)める者(もの) 171
ともに住(す)まわれる 232

【な】
投(な)げ出(だ)す 61
なさらない 157
なさる 98
七(なな)つの角(つの) 82
七(なな)つの目(め) 83
二十四(にじゅうよん) 29
~に向(む)かって 206
~に至(いた)る 99
似(に)る 36
拭(ぬぐ)い取(と)る 247
~のために 152
~の上(うえ)に 128

【は】
計(はか)り 139
激(はげ)しく 76
初(はじ)めての声(こえ) 21
発(はっ)する 33
引(ひ)き止(と)める 201
額(ひたい)に印(いん)を押(お)す 208
開(ひら)く 121
昼(ひる)も夜(よる)も 48
吹(ふ)きつけない 202
振(ふ)り落(お)とされる 168
ほふられる 80
ほふる[屠る] 80

【ま】
幕屋(まくや)を張(は)る 232
まとう[纏う] 29, 226
御(み)ー 179
見当(みあた)らない 75
御顔(みかお) 175
身(み)にまとい 29
無(む)に帰(き)する 54
もろもろ[諸々] 34

【や】
弓(ゆみ) 125
揺(ゆ)らぐ 167
揺(ゆ)られる 167
~よう 23
~ようとする 160
呼(よ)ばわる 71
黄泉(よみ) 149

【ら】
霊魂(れいこん) 154

礼拝(れいはい)する　115
レル형　53

【わ】
鷲(わし)　45

~をかぶる　31
~をなさらず　155
~を与(あた)えられる　126
~を拝(はい)する　223
~を許(ゆる)される　138

■ 참고문헌 일람

다국어 성경(Holy-Bible) : www.holybible.or.kr/B_SAE/
대한성서공회(2001)『표준새번역 성경』대한성서공회.
www.basicchurch.or.kr/%EC%83%88%EB%B2%88%EC%97%AD-%EC%84%B1%EA%B2%BD/
대한성서공회(2002)『한일대조 성경전서』(개역개정판/신공동역) 대한성서공회.
GOODTV 온라인성경 : goodtvbible.goodtv.co.kr/bible.asp
생명의말씀사 편집부(1982)『현대인의성경』생명의말씀사.
GODpia 성경 : bible.godpia.com/index.asp#popup
李成圭(1993~1996)『東京日本語 1, 2, 3, 4, 5』時事日本語社.
_____等著(1995)『現代日本語研究 1, 2』不二文化社.
_____等著(1996)『홍익나가누마 일본어 1, 2, 3』홍익미디어.
_____等著(1996)『홍익나가누마 일본어 1, 2, 3 해설서』홍익미디어.
_____等著(1997)『홍익일본어독해 1, 2』홍익미디어.
_____(1998)『東京現場日本語1』不二文化社.
_____(2000)『東京現場日本語2』不二文化社.
_____(2003a)『도쿄 비즈니스 일본어1』不二文化.
_____(2003b)『日本語受動文の研究』不二文化.
_____(2003c)『日本語 語彙Ⅰ - 日本語 実用文法의 展開 Ⅱ-』不二文化.
_____(2006a)「使役受動의 語形에 대한 일고찰」『日本學報』68輯 韓国日本学会. pp.69-80.
_____(2006b)「使役受動 語形의 移行에 대하여」『日本學報』69輯 韓国日本学会. pp.67-82.
_____(2007a)「日本語 依頼表現 研究의 課題」『日本學報』70輯 韓国日本学会. pp.111-124.
_____(2007b)1「〈お/ご~くださる〉 계열의 서열화 및 사용가능성에 대해」『日本學報』71輯 韓国日本学会. pp.93-110.
_____(2007c)「일본어 의뢰표현Ⅰ - 肯定의 依頼表現의 諸相 -」시간의물레. pp.16-117.
_____(2008a)「일본어 의뢰표현의 유형화 및 서열화에 대해 -〈てくれる〉계열〈てもらえる〉계열을 대상으로 하여 -」『日本學報』74輯 韓国日本学会. pp.17-34.
_____(2010a)「「おっしゃる」와「言われる」의 사용상의 기준 - 신약성서(신공동역)의 4복음서를 대상으로 하여 -」『日本學報』82輯 韓国日本学会. pp.99-110.
_____(2010b)「잉여적 선택성에 기초한「なさる」와「される」의 사용상의 기준- 신약성서(신공동역)의 4복음서를 대상으로 하여 -」『日本學報』84輯 韓国日本学会. pp.209-225.
_____(2011a)「ナル형 경어와 レル형 경어의 사용상의 기준 - 복수의 존경어 형식이 혼용되고 있는 예를 중심으로 -」『日本學報』86輯 韓国日本学会. pp.121-141.
_____(2011b)「ナル형 경어와 レル형 경어의 사용실태 - 화체적 요인을 중심으로 하여 -」『日本學報』87輯 韓国日本学会. pp.39-52.

_____(2011c)「사용상의 기준과 복음서 간의 이동 - ナル형 경어와 レル형 경어의 사용실태를 대상으로 하여 - 」『日本語教育』56輯 韓国日本語教育学会. pp.175-203.
_____(2012)「〈ないでもらえる〉계열의 의뢰표현 - 각 형식의 사용실태 및 표현가치(정중도)를 중심으로 하여 - 」『日本学報』92輯 韓国日本学会. pp.63-83.
_____(2013a)「의뢰표현 〈ないでくださいますか〉의 표현가치」『외국학연구』23 중앙대학교 외국학연구소. pp.121-38.
_____(2013b)「〈ないでくださる?〉〈ないでくださらない?〉의 의뢰표현 - 사용실태 및 사용가능성, 그리고 표현가치 - 」『日本学報』95輯 韓国日本学会. pp.47-61.
_____(2014a)「의뢰표현 〈ないでくださいませんか〉의 운용 실태와 표현가치」『외국학연구』27 中央大学校 外国学研究所. pp.237-257.
_____(2014b)「〈ないでくださるでしょうか〉의 의뢰표현 - 사용 가능성 및 표현가치 - 」『日本学報』99輯 韓国日本学会. pp.137-150.
_____(2016b)『일본어 의뢰표현 - 부정의 의뢰표현의 제상 - 』시간의물레.
_____(2016c)「「お答えになる」・「答えられる」・「言われる」의 사용상의 기준에 있어서의 번역자의 표현의도 - 일본어 성서(新共同訳) 4복음서를 대상으로 하여 - 」『일본언어문화』제36집, 한국일본언어문화학회. pp.155-176.
_____(2017a)「日本語口語訳新約聖書における〈おる〉の使用実態」『日本言語文化』第38輯, 韓国日本言語文化学会. pp.67-84.
_____(2017b)「〈おる〉〈ておる〉の意味・用法 - リビングバイブル旧約聖書(1984)を対象として - 」『日本言語文化』第40輯, 韓国日本言語文化学会. pp.69-90.
_____(2017c)『신판 생활일본어』시간의물레.
_____(2017d)『신판 비즈니스 일본어1』시간의물레.
_____(2017f)『신판 비즈니스 일본어2』시간의물레.
_____(2018a)「「なさる」에 의한 존경어 형식과 사역의 존경화 - 일본어 구어역 신약성서를 대상으로 하여 - 」『日本研究』第48輯, 中央大学校 日本研究所. pp.7-29.
_____(2018b)「発話動詞〈言う〉の尊敬語の使用実態 - 日本語口語訳新約聖書を対象として - 」『日本言語文化』第43輯, 韓国日本言語文化学会. pp.105-120
_____(2018c)『일본어 구어역 마가복음의 언어학적 분석Ⅰ』, 시간의물레.
_____(2019a)『일본어 구어역 마가복음의 언어학적 분석Ⅱ』, 시간의물레.
_____(2019b)『일본어 구어역 마가복음의 언어학적 분석Ⅲ』, 시간의물레.
_____(2020a)『일본어 구어역 마가복음의 언어학적 분석Ⅳ』, 시간의물레.
_____(2021a)『일본어 구어역 요한복음의 언어학적 분석Ⅰ』, 시간의물레.
_____(2021b)『일본어 구어역 요한복음의 언어학적 분석Ⅱ』, 시간의물레.
_____(2021c)『일본어 구어역 요한복음의 언어학적 분석Ⅲ』, 시간의물레.
_____(2022)『일본어 구어역 요한복음의 언어학적 분석Ⅳ』, 시간의물레.

李成圭·権善和(2004a)『일본어 조동사 연구Ⅰ』不二文化.
＿＿＿＿＿＿＿(2004b)『일본어 조동사 연구Ⅱ』不二文化.
＿＿＿＿＿＿＿(2006a)『일본어 조동사 연구Ⅲ』不二文化.
＿＿＿＿＿＿＿(2006b)『현대일본어 문법연구Ⅰ』시간의물레.
＿＿＿＿＿＿＿(2006c)『현대일본어 문법연구Ⅱ』시간의물레.
＿＿＿＿＿＿＿(2006d)『현대일본어 문법연구Ⅲ』시간의물레.
＿＿＿＿＿＿＿(2006e)『현대일본어 문법연구Ⅳ』시간의물레.
＿＿＿＿＿＿＿(2019a)『개정판 현대일본어 문법연구Ⅱ』시간의물레.
＿＿＿＿＿＿＿(2020a)『개정판 현대일본어 문법연구Ⅰ』시간의물레.
李成圭·閔丙燦(1999)『現代日本語敬語の研究』不二文化社.
＿＿＿＿＿＿＿(2006)『일본어 경어의 제문제』不二文化.
李成圭·崔珉曛(2022)『일본어 구어역 요한묵시록의 언어학적 분석Ⅰ』시간의물레.
任鎭永外(2012)「접사「一よい」의 의미용법에 관한 일고찰」일본어 교육학회 Vol.60.
任鎭永外(2013)「의뢰표현〈ないでくださいますか〉의 표현가치」『중앙대학교 외국학연구소』 Vol.23.
任鎭永(2021)「한국의 일본어 교과서 어휘 분석 - 중학교 교과서를 대상으로 - 」 한국출판학회 Vol.47 No.6.
荒木博之(1983)『敬語日本人論』PHP研究所.
尾山令仁(2001)『現代訳聖書』現代訳聖書刊行会.
　　　www.fbible.com/seisho/gendaiyaku.htm
オンライン聖書 回復訳編集部(2009)『オンライン聖書 回復訳』www.recoveryversion.jp/
菊地康人(1996)『敬語再入門』丸善ライブラリー 丸善株式会社.
＿＿＿＿＿(1997)『敬語』講談社学術文庫 講談社.
窪田富男(1990)『日本語教育指導参考書17 敬語教育の基本問題(上)』国立国語研究所.
＿＿＿＿＿(1992)『日本語教育指導参考書18 敬語教育の基本問題(下)』国立国語研究所.
坂田幸子·倉持保男(1980)『教師用日本語教育ハンドブック④ 文法(ぶんぽう) Ⅱ』
　　　国際交流基金 凡人社.
柴谷方良(1978)『日本語の分析』大修館書店. pp.346-349.
新改訳聖書刊行会(1970)『新改訳聖書』日本聖書刊行会
新約聖書翻訳委員会(1995)『岩波翻訳委員会訳』岩波書店.
聖書本文検索(口語訳) 日本聖書協会. www.bible.or.jp/read/vers_search.html
聖書本文検索(新共同訳) 日本聖書協会. www.bible.or.jp/read/vers_search.html
プロジェクト(2012)『現代日本語書き言葉均衡コーパス』(BCCWJ:Balanced Corpus of
　　　Contemporary Written Japanese)
大学共同利用機関法人人間文化研究機構国立国語研究所と文部科学省科学研究費特定

領域研究「日本語コーパス」プロジェクト www.kotonoha.gr.jp/shonagon/
高橋照男・私家版(2003)『塚本虎二訳 新約聖書・電子版03版』
www.ne.jp/asahi/ts/hp/index.html#Anchor94064
高橋照男編(2004)『BbB - BIBLE by Bible 聖書で聖書を読む』bbbible.com/
塚本虎二(1991)『新約聖書 福音書』岩波書店.
寺村秀夫(1982)『日本語のシンタクスと意味Ⅰ』くろしお出版. pp.155-161.
日本語聖書口語訳統合版(口語訳+文語訳)聖書 口語訳「聖書」(1954/1955年版)
　　　　bible.salterrae.net/
日本語版リビングバイブル改訂委員会(1993)『リビングバイブル』
erkenntnis.icu.ac.jp/jap/LivBibleJIF.htm#Instructions
日本聖書協会(1954)『聖書』(口語訳). pp.(新)1-(新)409. 日本聖書協会.
日本聖書協会(1987)『聖書』(新共同訳). pp.(新)1-(新)480. 日本聖書協会.
庭三郎(2004)『現代日本語文法概説』(net版).
フランシスコ会聖書研究所(1984)『新約聖書』サンパウロ.
文化審議会(2007)『敬語の指針』(答申) 文化審議会. pp.14-26.
文化庁(2007)『敬語の指針』文化庁.
前田護郎(1983)『新約聖書』中央公論社.
松下大三朗(1930)『標準日本口語法』中文館書店. 復刊, (改正再版), 勉誠社. 1978.
柳生直行(1985)『新約聖書』新教出版社.
Martin, Samuel. 1975. *A Reference Grammar of Japanese*. Yali Univ. Press.

저자 약력

● 이성규(李成圭)
忠北 淸州 出生
(현) 인하대학교 교수, 한국일본학회 고문
(전) KBS 일본어 강좌「やさしい日本語」진행, (전) 한국일본학회 회장
한국외국어대학교 일본어과 졸업,
일본 쓰쿠바(筑波)대학 대학원 문예・언어연구과(일본어학) 수학
언어학박사(言語学博士)
〈전공〉 일본어학(일본어문법・일본어경어・일본어교육)
〈저서〉『도쿄일본어 1-5』,『現代日本語研究 1-2』,『仁荷日本語 1-2』,
『홍익나가누마 일본어 1-3』,『홍익일본어독해 1-2』,『도쿄겐바일본어 1-2』,
『現代日本語敬語の研究』,『日本語表現文法研究 1』,『클릭 일본어 속으로』,
『実用日本語 1』,『日本語 受動文 研究의 展開1』,『도쿄실용일본어』,
『도쿄 비즈니스 일본어1』,『日本語受動文の研究』,『日本語 語彙論 구축을 위하여』,
『일본어 어휘 I』,『日本語受動文 用例研究 I-Ⅲ』,『일본어 조동사 연구 I-Ⅲ』,
『일본어 문법연구 서설』,『현대일본어 경어의 제문제』,
『현대일본어 문법연구 I-Ⅳ』,『일본어 의뢰표현 I- 肯定의 依賴表現의 諸相 -』,
『일본어 의뢰표현 -부정의 의뢰표현의 제상- 』,『신판 생활일본어』,
『신판 비즈니스일본어 1, 2』,『일본어 구어역 마가복음의 언어학적 분석 I-Ⅳ』,
『개정판 現代日本語 文法研究 I-Ⅱ』,『일본어 구어역 요한복음의 언어학적 분석 I-Ⅳ』

● 임진영(任鎭永)
서울 출생
츠쿠바가쿠인대학(筑波学院大学) 비교문화학과 졸업
인하대학교 교육대학원 일본어교육 졸업
인하대학교 일반대학원 일어일본학과 졸업
문학박사(文学博士)
(현)서경대학교 인성교양대학 강사

■ 논저
「한국의 일본어 교과서 어휘 분석 -중학교 교과서를 대상으로-」,
「의뢰표현〈ないでくださいますか〉의 표현가치」,
「접사「ーよい」의 의미용법에 관한 일고찰」

초판 인쇄	2022년 06월 20일
초판 발행	2022년 06월 25일
저　　자	이성규·임진영
발 행 인	권 호 순
발 행 처	시간의물레
등　　록	2004년 6월 5일
주　　소	경기도 파주시 숲속노을로 150, 708-701
전　　화	031-945-3867
팩　　스	031-945-3868
전자우편	timeofr@naver.com
블 로 그	http://blog.naver.com/mulretime
홈페이지	http://www.mulretime.com
I S B N	978-89-6511-387-4 (93730)
정　　가	25,000원

* 이 책의 저작권은 저자에게 출판권은 시간의물레에 있습니다.
* 잘못된 책은 바꿔드립니다.